JN011271

話す力が身につく

5分間英単語

「知ってる単語」を
「使える単語」に変える
毎日の練習

ダイヤモンド社

はじめに

英語力は「知ってる単語の数」ではなく「使える単語の数」で決まる

　本書は「英単語を使えるようになる」ということに特化した単語集です。単語を使いこなす力が身につけば、英語の表現力が飛躍的に高まり、その結果スピーキングやライティングのスキルが大きく伸びます。また、単語の使い方に精通することで英語の理解力も高まるので、リーディングやリスニングのスキルが伸びるのはもちろん、TOEIC®や英検®などの資格試験にも効果を発揮します。そして何より、自分の英語に自信が持てるようになります。

　「ボキャブラリー学習とは何か？」と聞かれれば、多くの人は「単語をたくさん覚えることだ」と答えるでしょうが、そもそも「覚える」の基準とは何でしょうか？　英単語の意味を暗記することですか？　実は、日本語訳を知っている単語をただ増やすだけでは、英語力は思ったほど伸びないのです。大事なのは、その単語を使いこなせる力。そこまで身につけて初めて、その単語を「覚えた」と言えるのです。

　例えば、in factという表現があります。「この意味は？」と聞かれれば、「実際」という訳語が出てきたかもしれません。それでは「どんな場面で使われる表現か？」と聞かれたら、具体的な使い方がイメージできますか？　「実際」という訳語を知っていても、これを使いこなすのは別問題だということがお分かりいただけたのではないでしょうか（in factについてはp. 310参照）。

　もちろん「desk＝机」のように、意味さえ覚えていれば使うのに困らないようなシンプルな語もあります。しかしながらin factのような抽象度の高いものを使いこなすには、単に意味の暗記を超えた深い理解や、代表的な用例に精通するといった特別な知識が必要。この本は、それをマスターするためのものです。もう１つ例を出しましょう。

次の上下の文の空所に共通して入る語は？
（最初の1文字のみ与えられています）

(1)

Mr. Johnson (s　) three terms as governor.
ジョンソン氏は知事を3期務めた

The tickets will be given out on a first-come,
first-(s　) basis.
チケットは先着順で配布されます

(2)

I see your (p　),
but I don't think I can agree with you.
言いたいことは分かりますが、同意はしかねます

What's the (p　) of following these rules?
こうしたルールに従う意味って一体何よ？

　いかがでしたか（以下、答えが目に入らないように伏せ字にします。正解はこのページの最後）。s****やp****という語を見たことがあるのに答えが出てこなかった方は、単語の学習法を根本的に見直す必要があります。おそらく、代表的な訳語を覚えるだけで終わりにしているのでは？　単語学習において、意味を覚えるのは最初の一歩に過ぎません。それ以外にも、その語が持つニュアンスやイメージ、他にも代表的な使い方などを含めて身につけなければ自分で運用できないのです。
　大切なのは、一つ一つの語を深く丁寧に学び、完璧に理解し使えるようにすること。「英語が使えない」のは、単語の学習が浅いことが原因である場合が多いですよ。
（正解：(1) **served** (2) **point** ※それぞれp. 350、p. 352参照）。

「使える単語」が増えるにつれて、英語力は飛躍的に伸びる

　本書では、単に意味の暗記だけでは対応できない語句を深く理解して身につけることができ、最終的に「**英語が使える**」状態になっていきます。想像してください。serveやpointなど様々な単語を完全に「**自分のもの**」にして使いこなせるようになれば、一気に英語の表現力や理解力が高まりますよね。本書を仕上げる頃には英語力の伸びをはっきり実感できるようになり、見える世界が変わってくるはずです。

　私自身、学習用英字新聞の編集長を10年以上務める過程で数千万語に及ぶ英語を読んできて（趣味の読書も含む）、さらに仕事柄多くの学習者の方とも接してきました。そうした経験から、特に注意が必要な語や、マスターすると英語の表現力・理解力が大きく高まるような語を優先的に選んでいます。そのため、本書で学習した方々が飛躍的な伸びを実感していただけると確信しています。

　続いて、この本を手に取った皆さまが抱く可能性がある疑問にお答えしましょう。

よくある質問

Q. 既存の単語集とどう違うの？

一言で言えば「**深さ**」です。一般の単語集は、前述のin factやserve、pointといった抽象度の高い語句をマスターするには情報量が不足しています。本書では、こうした語句を深く理解し、使えるようになるために、じっくり掘り下げた解説を提供しています。

これらの語句を独学で身につけるのはほぼ不可能。そのため、本書は「単語の授業」をするつもりで書きました。授業を受ける感覚で取り組んでもらえれば、既存の単語集がカバーしきれない深い知識が身につき、最終的にマスターできるようになります。そのため、他の単語集をお使いの方も、本書に取り組んでみることで単語の学習が「完成」します。

Q. どんな力がつくの？

上記の通り、独学では学びにくい「**単語の本質的な意味**」「**典型的な使い方**」といった知識が身につくことで、特に英語の表現力、そして理解力が大きく伸びます（カジュアルな会話から、フォーマルなリーディング・ライティングまで対応できます）。こうした知識は本来、何年も英語に触れ続けることで徐々に身についていくものですが、それらを手っ取り早く効率的にマスターできます。試しに、10 ユニットごとに取り組む復習問題「Review Exercise」をご覧ください。ここで問われている問題に全問正解できるような力が身につきます。

Q. どんな人にオススメ？

どのレベルの方にもお使いいただけますが、特に「それなりに英語を学習してきたけれど、上級レベルに達している自信はない。英語で言いたいことがすっと出てこないし、知っているはずの単語が使われた文なのにいまいち理解できない」という人にとっては、大きな改善が期待できます。

Q. 結構簡単な語が掲載されているのはなぜ？

「簡単」だと感じたのは「意味を知っている」からでしょう。だからといって、その語を本当に使えるとは限りません。例えば、「彼は父親に性格が似ている」を英語にしてください。

正解（例）はHe is similar in character to his father. です（詳しくはp.284参照）。similarという語を何となく知っていても、前置詞のinやtoとの結びつきも含めて英語にできましたか？　「言われてみれば、toやinを使うことは理解できる」と言う人がいるかもしれませんが、「言われてみれば分かる」のでは不十分。それを「**当たり前のように使いこなす**」のが上級者であり、ここに達するのが本書の目的です。その意味で、一見「**簡単そうな語**」を改めて深く学び直して「**使える語**」に変えていくことには、大きな意義があります。そのため、本書ではまずはChapter 1で、takeやget、makeといった基本動詞の用法を学び直します。

本書の使い方

　本書はボキャブラリーの力を伸ばすために、①まずはその単語を深く理解する、②典型的な使い方を押さえる、③身につけた知識を定着させる、という「3 STEP方式」で構成されています。具体的には、以下の手順で進めましょう。

①解説を読んで、深く理解する
②例文を読んで、使い方を身につける
③例文を読み上げた音声を聞き、自分でも音読する。その後、音声を聞き続けて、用例を頭に定着させる

　②の「使い方」に関しては、特に学習者がつまずきやすいコロケーション（単語同士のよく使われる結びつき。英語で文を作るためにこの知識は必須）などを例文で重点的に取り上げています。また、使えるようになるには、とにかくたくさんの用例に触れることが大切。そこで、本書では他に類を見ないほど数多くの例文を掲載しています。さらに復習に役立つように、例文の中にはそれより前のユニットで取り上げた単語を積極的に入れるといった工夫をしています。

　③においては、「音声を聞き続ける」ことが定着のためのポイントです。単語の使い方を理解したとしても、しばらく経てば人間は確実に忘れます。忘却を防いで知識を頭に残すためには、繰り返し音声を聞くことがベスト。一度学習した例文の音声を、通勤通学時間や家事の間、トイレの中など、生活の中の「ながら時間」に繰り返し聞いて、頭に定着させましょう（この辺りのノウハウは拙著『英語 最後の学習法』（ジャパンタイムズ出版）を参照）。

　以上を「1日に2ユニットずつ」を目安に進めていくと、100日間で完成する構成になっています。目次に取り組んだ日付を書き込めるので活

用してください。1ユニット当たりの学習時間は5分程度ですから、仕事や勉学で忙しい方でも取り組みやすいはずです。できれば「起床後の10分」など、1日の中で、本書で学習する時間を決めておくのが、長続きするコツです。また、10ユニット終えるごとに「Review Exercise」で知識を確認してください。楽しく問題に取り組めるように、「生前に3回、死後1回雷に打たれた男の話」など、読者の皆さんの興味を引くような英文素材をご用意しました。

　100日間、本気でボキャブラリー学習に取り組んで、「一生もの」の英語力を手に入れましょう。

音声を聴く方法

▷ スマートフォンで聴く

下記のQRコードまたはhttps://www.abceed.comより、アプリ「abceed」をダウンロードし、「5分間英単語」と検索してください。abceedは株式会社Globeeの商品です。

スマホで音声をダウンロードする場合

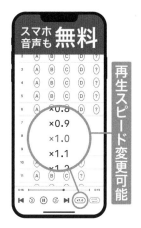

▷ パソコンで聴く

ダイヤモンド社「5分間英単語」ページからダウンロードしてください。

https://www.diamond.co.jp / go / pb / 5min_english /

※zip形式になっているので、展開（解凍）してお使いください。PCの機種により解凍ソフトが必要な場合もあります。

CONTENTS

Chapter 1

脱・知ってるつもり！ 基本動詞を使いこなす

Chapter 2
比べれば理解が深まる！セットで身につける単語

Chapter 3
コアイメージと語源で語彙を増やす

CHAPTER

脱・知ってるつもり！

基本動詞を使いこなす

まずは、**take**や**get**、**walk**といった基本的な動詞の使い方を徹底的にマスターしましょう。「そんな簡単な単語は既に知ってる」と思った人がいるかもしれませんが、本当に胸を張って「知っている」と言えますか？

　walkは「歩く」という意味が基本ですが、ネイティブスピーカーがよく使う**Walk me through it.** という表現を知っていますか？　takeを使って「八つ当たりする」という意味の表現を作ることができますか？　残念ながら、多くの人はこうした動詞の理解が不十分で、「知ってるつもり」になっているケースが多いのが現状です。

　基本動詞はとにかく奥が深く、幅広い用法を持っています。また、英語ネイティブはこれらの動詞を会話で頻繁に使います。つまり、こうした基本動詞の用法に精通すれば、英語で表現できること・理解できることが大幅に広がるのです。上級者になるには、ここで取り上げるような基本的な動詞の使い方をマスターすることが必須。じっくり学んでいきましょう。

take

001

❶「〜を受け取る」

❷「〜を受け入れる」

物理的にも心理的にも「取る」イメージ

takeは超基本語だが、そのイメージをしっかり頭に描けている人は少ないのではないだろうか。takeは幅広い意味で使われるものの、**（自分の意思で）取る**」というイメージを持つ用法が多い。まずは、このイメージで理解できる用法をいくつか見ていこう。

「（自分の意思で）取る」ということから、**何かを受け取る**」のような意味が出てくる。「受け取る」のは物理的なものだけでなく、「〜を真剣に受け止める」ような場合にもtakeは使われる。また、「受け取る」の他に、「**（アドバイス・オファーなど）を受け入れる**」というニュアンスでも使われる。

He was accused of **taking** bribes.

彼は賄賂を受け取った罪で告発された〔①〕

Don't **take** it too seriously.

そのことをそんなに深刻に受け取るなよ〔①〕

📝 take A seriouslyで「Aを真剣に［深刻に］受け取る」。seriouslyの他、lightly（軽く受け止める）、calmly（冷静に受け止める）、personally（個人への攻撃として受け取る）、the wrong way（変な風に誤解して受け取る）などのパターンも使われる

I hope you won't **take** this the wrong way, but you remind me of my ex-boyfriend.

変な風には取らないで欲しいんだけど、あなたを見ていると元彼を思い出すの〔①〕

I'll **take** that as a compliment.

それを褒め言葉として受け取ることにします〔①〕

📝 take A as Bで「AをBとして受け取る」

Hey, cheer up. You don't have to **take** his word for it.

おい、元気を出せよ。彼の言葉を真に受ける必要はないぞ〔①〕

📝 take one's word for itは「（誰かの）言葉をそのまま［額面通りに］受け取る、真に受ける」という意味の表現

I **took** my doctor's advice and stopped wearing contact lenses for a while.

医者のアドバイスを聞いて、しばらくの間コンタクトレンズの使用をやめた〔②〕

I decided to **take** the job offer.

私はその仕事のオファーを受けることにした〔②〕

Do you **take** American Express?

アメリカン・エキスプレスは使えますか？〔②〕

📝 クレジットカードが「使える」も「受け入れる」の一種と考えることができる

I can't **take** it anymore! It's driving me crazy.

もうこれ以上耐えられない！ 気が狂いそうだよ〔②〕

📝 直訳は「それをこれ以上受け入れることができない」

I won't **take** no for an answer!

ノーという返事は許さないぞ！〔②〕

📝 直訳は「ノーを答えとして受け入れることはしない」

That's our final offer — **take** it or leave it.

それが私どもの最後の申し出です。受け入れるか否かお決めください〔②〕

📝 take it or leave itは「それを受け入れるか、それともそのままにしておくか」、つまり「受け入れるかどうかを決めてくれ」という表現。特に、「これ以上交渉の余地はない。これが嫌なら、これ以上交渉する気はない」というニュアンスで用いられる

I'm not going to **take** that lying down!

それを黙って受け入れるようなことはしないぞ！〔②〕

📝 take 〜 lying downは直訳すると「寝転がった (lying down) 状態で〜を受け入れる」だが、これは「(抗議・反論などをせずに) 黙って〜を受け入れる」という意味の表現

📑
- □ **bribe**（名）賄賂／（動）〜に賄賂を渡す
- □ **seriously**（副）真剣に
- □ **compliment**（名）褒め言葉
- □ **cheer up** 元気を出す ※命令文で用いることが多い
- □ **drive 〜 crazy** 〜を怒らせる、〜の気を狂わせる

take

❶「～を盗む、奪う」　❷「～を持っていく、連れていく」

❸「～を手に取る」　❹「(授業) を取る」

「取る」から派生するtakeの4つの重要な意味

引き続き、「**(自分の意思で) 取る**」というイメージを持つtakeの用法を見ていこう。takeは「取る」⇒「取って持ち去る」から「**盗む**」という意味でも使われる。単に「盗む」だけでなく、強引に「奪い取る」場合や、災害などが「命を奪う」ような場合もこれに含まれる。

また、「盗む」と同じ発想で「**～をどこかに持っていく、連れていく**」という意味でも使われる。他にも、「**～を手に取る、つかむ**」という意味の用法もある。さらに、take his classのように「**(授業) を取る**」も「(自分の意思で) 取る」の仲間と考えられるため、takeを使うと覚えておこう。

Someone **took** my bag.

誰かが私のバッグを盗んだ〔①〕

The hurricane **took** the lives of 10 people.

そのハリケーンは10人の命を奪った〔①〕

The actor **took** his own life.

その俳優は自らの命を絶った〔①〕

John, **take** the knife away from the baby!

ジョン、赤ちゃんからナイフを取り上げて!〔①〕

📝 awayと共に用いることで「取り上げる」というニュアンスが出る

Her performance **took** my breath away.

彼女のパフォーマンスに息をのんだ〔①〕

📝 take one's breath awayは「(主語が) ～の息を奪う」から「(主語は) 息をのむほど素晴らしい」という意味を表す決まり文句

Don't forget to **take** an umbrella with you.

傘を持っていくのを忘れないようにしなさい〔②〕

We **took** her to the hospital.

私たちは彼女を病院に連れていった〔②〕

The child was **taken** against his will.

その子供は意思に反して連れていかれた〔②〕

This song **takes** me back to my high school days.

この歌は私を高校時代へと連れていってくれる（高校時代を思い出す）〔②〕

📝 このように比喩的に「連れていく」場合にも使える

She **took** my hands and looked into my eyes.

彼女は私の手を取り、私を見つめた〔③〕

I **took** the pen and signed the contract.

私はペンを手に取って、契約書にサインした〔③〕

Emma **took** the letter from him and read it aloud.

エマはその手紙を彼から奪い取って、声に出して読んだ〔③〕

📝 この例は①「盗む」と解釈することもできる。①〜④は同じイメージから派生しているので、複数の用法として解釈できるものもある。よって、こうした分類自体にはあまり神経質にならずに、あくまで「（自分の意思で）取る」という本質に目を向けよう

The officer **took** me by the arm.

警官が私の腕をつかんだ〔③〕

📝 〈take＋人＋by the＋身体の一部〉で「人の〜をつかむ、手に取る」。took my armも可

I decided not to **take** Mr. Greene's class.

グリーン先生の授業は取らないことにした〔④〕

> 🔖 □ **will**（名）意思、遺書
> □ **contract**（名）契約書
> □ **officer**（名）警察官

take

❶「〜を選択する」　**❷**「(交通機関)を利用する」

❸「(手段・行動・態度)を取る」

「take＝選ぶ」の意味でよく使われる

takeは「自分の意思で取る」から発展して、「**自分の意思で何らかのことを選ぶ、選んで取る**」という〈選択〉のニュアンスで使うこともある。例えば、Take your pick.(好きなものを選んでください)、take the easy way out (楽な方法を選ぶ) などは文字通り〈選択〉を意味するし、take a bus (バスに乗る) のように交通機関の利用にもtakeを用いるが、これもある意味、その交通手段を「選択している」と考えることができる。

また、「**(何らかの手段・行動・態度) を取る**」にもtakeを用いる。これも〈選択〉の一種だと考えておこう。

Take whichever you want.

どちらでも好きな方を選んでいいよ〔①〕

I'll **take** the blue one.

青いのをもらうことにします〔①〕

Take your pick.

好きなものを選んでください〔①〕

📝 take one's pickは「(複数の選択肢から) 選ぶ」という意味

Take the 40 bus and get off at City Center.

40番のバスに乗って、シティーセンターで下車してください〔②〕

We **took** the 11:15 flight to Sydney.

私たちはシドニー行きの11時15分の便に乗った〔②〕

Joshua **took** a different route to work today.

ジョシュアは今日、仕事に行くのにいつもとは違う道を通った〔②〕

How many calories can I burn if I **take** the stairs instead of the elevator?

エレベーターではなく階段を使ったら、どれくらいのカロリー消費になるかな〔②〕

📝 これも「経路の選択」と考えることができる

Governments around the globe **took** drastic measures to stop the spread of the disease.

その病気の拡大を防ぐため、各国政府は思い切った手段を取った〔③〕

📝 measures（手段）、action（行動）、precaution（予防策）など「手段・行動」を意味する語と結びついて「〜を取る」という意味を表す

Stronger measures should be **taken** to protect the environment.

環境を保護するために、もっと強い対策が取られるべきだ〔③〕

We **take** firm action against all forms of hate speech.

我々はあらゆる種類のヘイトスピーチに対して断固たる措置を取る〔③〕

Take precautions to protect your skin from the sun.

肌を日光から守るために予防策を取りなさい〔③〕

🔖
- □ **stairs**（名）階段（階段の「一段」はstair）
- □ **drastic**（形）思い切った
- □ **measures**（名）手段、対策（この意味では主に複数系で用いる）
- □ **environment**（名）環境
- □ **precaution**（名）予防策

take

①「(責任)を引き受ける」　②「(時間など)〜がかかる」

③「〜を取り上げる」　④「〜を測る」

必ず押さえておきたい4つのニュアンス

「(責任)を引き受ける、負う」の意味でもtakeは使われる。「これは私がやるべきことだ」という具合に、責任をしっかり「手に取っている」様子をイメージすると分かりやすいと思う。

また、It took 5 hours.（5時間かかった）のように、**「(主語は)〜の時間・労力がかかる」**という意味もある。日本語でも「時間を取る」という言い方をするので、ここでも「取る」のニュアンスが生きているのが、見て分かるだろう。「時間」以外にも、take courage（勇気がかかる⇒勇気が必要）、it takes talent to do 〜（〜するには才能が必要）など、様々なものが「かかる、必要となる」という意味で使われるので注意しよう。

他にも、何かを例として**「取り上げる」**際にもtakeは使われる。これも、プレゼンの場などでその話題を「手に取って話している」様子をイメージしておこう。

最後に、**「(体温・血圧など)を測る」**という場合にも、takeが使われる。日本語的な発想では、「体温・血圧を取る」というのにはやや違和感があるかもしれないが、英語ではこうした場面にもtakeを用いると覚えておこう。このような日英の表現の違いを柔軟に受け入れることが、英語学習では大切な姿勢だ。

We **take** full responsibility for the correctness of the translation.

翻訳の正確さについては、私たちが全責任を負う〔①〕

The work is expected to **take** two to three hours.

その作業には2〜3時間かかる見込みです〔②〕

Don't worry. It won't **take** long.

心配しないで。そんなに長くはかからないから〔②〕

It'll **take** at least two people to move the bed.

そのベッドを動かすには最低でも2人必要だ〔②〕

It **took** her a week to watch all 72 episodes.

彼女が全72話を視聴するのに1週間かかった〔②〕

📝 〈take＋人＋時間＋to〜〉（人が〜するのに時間がかかる）という形も使われる

It **took** a lot of courage for me to admit that I was wrong.

自分が間違っていると認めるには、とても勇気が必要だった〔②〕

It **takes** talent and hard work to become a top player.

トップ選手になるには、才能と努力が必要だ〔②〕

It **takes** two to tango.

タンゴを踊るには2人必要〔②〕

📝 一方だけに責任があるわけではないという意味の決まり文句

Thank you for **taking** time out of your busy schedule.

お忙しい中、お時間を取っていただきありがとうございます〔②〕

📝 このように「時間がかかる」だけでなく「（人が）時間をかける」という使い方もする

The jury **took** three days to reach a verdict.

陪審員は評決に至るまでに3日を要した〔②〕

Let's **take** this as an example of what I mean.

これを私が言わんとしていることの例として取り上げましょう〔③〕

The nurse **took** his temperature.

看護師は彼の体温を測った〔④〕

📑
- □ **responsibility**（名）責任
- □ **correctness**（名）正しさ（correctの名詞形）
- □ **translation**（名）翻訳 □ **courage**（名）勇気
- □ **jury**（名）陪審員 □ **verdict**（名）（陪審員が出す）評決

take

1 **take off** 2 **take out** 3 **take up**
4 **take over** 5 **take back**

よく使われるtakeのphrasal verb

takeの最後に、phrasal verb（take offのように〈動詞＋副詞／前置詞〉で成り立つ表現）を見ていこう。

takeを用いたphrasal verbは数多くあるが、本書では特に使用頻度が高く、かつ覚えておくと有用な以下のものを取り上げる。

・**take off**：off（離れて）と一緒に使うことで「離陸する」「出発する」「脱ぐ」「その場を急に立ち去る」など、様々な意味で用いる。
・**take out**：out（外）と合わさったtakeは「取り出す」というのが基本イメージ。そこから、「〜を取り除く、削除する」「（お金を）引き出す」など、様々な意味で使われる。
・**take up**：「（趣味・習慣など）を始める」という意味の他、「（主語が）（場所・空間）を占める」という使い方をすることも多い。
・**take over**：主に「引き継ぐ」という意味で用いる。
・**take back**：back（戻す）と共に用いることで、「（発言などを）取り消す、撤回する」という意味を表す。

The plane is about to **take off** for Hong Kong.

当機は間もなく香港に向けて離陸します

Hey, how come you **took off**?

おい、どうして急にいなくなっちゃったんだよ

Please **take** your shoes **off**.

靴を脱いでください

📝〈ミス防止〉目的語が名詞の場合はtake A off / take off Aという両方の形が可能だが、thatやitのような代名詞の場合はtake that / it offのみ可。これは〈動詞＋副詞〉で構成される全てのphrasal verbに当てはまる

The reporter **took out** her notebook.

その記者はノートを取り出した

Take out the "to" after "approach."

「approach」の後ろにある「to」を削除してくれ

Don't **take out** your anger on me.

私に八つ当たりするのはやめてくれ

📝 直訳は「自分の怒り（anger）を取り出して、私の上にのせる（on me）」。つまり、日本語の「八つ当たり」と同じく、「自分の怒りを人にぶつける」ということを意味する

My mother has **taken up** tennis.

母はテニスを始めた

📝 趣味やスポーツの他、take up smoking（喫煙を始める）のような習慣にも使う

This bookshelf **takes up** too much room.

この本棚は場所を取り過ぎる

These video files **take up** a lot of hard disk space.

これらの動画ファイルは、ハードディスクの容量をかなり食っている

📝 このように「ハードディスクの容量を占める」という文脈でも使われる

His daughter **took over** as CEO last year.

昨年、彼の娘がCEOを引き継いだ

Can someone **take over** the cooking while I go to the bathroom?

トイレに行く間、誰か料理を変わってくれるかい？

Sorry, I **take** it **back**.

ごめん、それは撤回するよ

🔖 □ **anger**（名）怒り
□ **room**（名）スペース ※「部屋」の意味では数えられる名詞だが、「スペース」の意味では数えられない名詞として扱う

get

「〜を手に入れる、受け取る、得る」

「買う」もgetで表現できる

getの基本的な意味は、日本語でも使う**「ゲットする＝手に入れる、受け取る」**。この
イメージで捉えておけば、大きくずれることはない。ただ、一口に「手に入れる、受け取る」
と言っても非常に幅広く、**「〜を買う」**や**「（教育）を受ける」**など様々な使い方をする。
ここでは、「手に入れる」から派生してどんな意味で使われるのかを、例文を通していくつ
か見ていくことにしよう。簡単そうに見えて、意外と言えないものも多いのではないだろう
か。

I like your shirt. Where did you **get** it?
君の着ているシャツ、いいね。どこで買ったんだい?

I **got** a phone call from him yesterday.
昨日彼から電話があった

I want my son to **get** a decent education.
息子にはきちんとした教育を受けさせたい

I raised my hand to **get** the waiter's attention.
私はウエーターに気づいてもらうため、手を上げた

📝 「attention（注目）をゲットする」から「気づいてもらう」という意味になる

Lisa **got** an "A" on her history exam.
リサは歴史のテストでAを取った

Ethan **got** a promotion and a pay raise last month.
イーサンは先月、昇進して昇給した

The house doesn't **get** much sun.
その家は、日当たりがあまりよくない

Perth **gets** a lot of rain in the winter.

パースは冬に雨がたくさん降る

We **got** permission from the city to extend the tunnel.

トンネルを延長する許可を市から得た

We stood up to **get** a better view of the screen.

私たちはスクリーンがもっとよく見えるように立ち上がった

The man **got** six years in prison for fraud.

その男は詐欺で懲役6年の刑を受けた

I **got** a fine for speeding.

スピード違反で罰金を食らった

I was invited to my friend's house for dinner and **got** food poisoning.

友人の家での夕食に招かれて、食中毒になった

📝 「病気・けがを得る⇒病気になる、けがをする」という意味でも使う

How did you **get** that bruise on your chin?

あごのその傷はどうやってできたの?

"You have very beautiful eyes." "Thank you. I **get** that a lot."

「あなたの目はとてもきれいね」「ありがとう。よく言われるよ」

📝 get that a lotは、「そうした発言をよく得る」から「よく言われる」の意味になる

There he is! **Get** him!

あいつがいたぞ!　捕まえろ!

📝 〈get＋人〉は文脈によって「〜を捕まえる、やっつける、殺す」など様々な意味で使う

🔖　□ **promotion**（名）昇進　□ **permission**（名）許可
　□ **extend**（動）〜を引き伸ばす、延長する
　□ **fraud**（名）詐欺　□ **speeding**（名）スピード違反
　□ **food poisoning**（名）食中毒　□ **bruise**（名）傷　□ **chin**（名）あご

get

❶「～を取りに行く」　❷「～の考えを持つ」

❸「～を理解する」　❹「～に応答する」

getの発展した意味を押さえよう

引き続きgetの用法を見ていこう。「ゲットする＝手に入れる、受け取る」という基本イメージから発展して、「**～を取りに行く、迎えに行く**」という意味でも使われる。

他にも、「**何らかの考えや印象を持つ**」という意味でも用いる。この意味ではgetはidea（考え）、impression（印象）、feeling（感じ）といった名詞と結びつくことが多い。

また、「**～を理解する**」という意味の用法もある。understandをカジュアルに言ったものだと考えておこう。

それから、電話や呼び鈴が鳴った場合、それに「**応答する**」という意味でもgetは使われる。

Go **get** your coat.

コートを取ってきなよ〔①〕

📝 正式にはGo and get...だが、Goの後のandは、くだけた会話ではしばしば省略される

Can I **get** you anything?

何かお持ちしましょうか〔①〕

📝 〈get＋人＋A〉で「人にAを持ってくる」。get a glass for you（あなたにグラスを持ってくる）のように〈get＋A＋for 人〉の形も使われる

Amanda has just gone to **get** her son from school.

アマンダは息子を学校に迎えに行ったところだ〔①〕

You think I hate you? Where did you **get** that idea?

私があなたのことを嫌っているって？　どこでそんな考えを持ったんだい？〔②〕

I **got** the impression that she's really into me.

彼女は僕にかなり気があるという印象を持った〔②〕

I **got** a funny feeling that I was being watched.

誰かに見られているという、妙な感じがした〔②〕

I don't **get** it. What's the problem?

分からないな。いったい何が問題なんだい?〔③〕

📝〈ミス防止〉I don't get it. は I don't understand. と同じく「分からない、理解できない」という意味だが、I don't understand. につられて I don't get. としないこと。必ず「何を」理解できないのかを getの後ろに続けよう

Got it?

分かったかい?〔③〕

📝 Did you get it? を簡略化した表現

I still don't **get** why it took so long.

なぜそんなに時間がかかったのかいまだに理解できない〔③〕

📝 getの後にwhyやhowなどの疑問詞をつなげることがある

He who laughs last didn't **get** the joke.

最後に笑う人は、ジョークを理解していない〔③〕

📝 これはHe who laughs last laughs best/loudest. (最後に笑う人が最もよく笑う⇒あまり早急に喜んではいけない) ということわざのパロディー。get the jokeで「ジョークを理解する」。つまり最後に笑う人は、ジョークが分からなかったけれど周りが笑っているのを見て、自分も合わせて笑っているだけだということを言っている

Can you **get** the phone, please?

電話に出てもらえるかな〔④〕

📝 get the doorなら「(誰かが呼び鈴を鳴らしたので) 玄関に出る」。getの代わりにanswerも使える

📑 □ **impression** (名)印象
　　□ **into** (前)〜に夢中になっている

get

❶「〜の状態になる、させる」

❷「(ある方向に)動く、動かす」

getの後ろに続く形を頭に入れよう

getは、get dark(暗くなる)、get drunk(酔っ払う)のように、後ろに形容詞や過去分詞を続けると、「**〜の状態になる**」という意味を表す。becomeも「〜になる」という意味があるが、becomeよりもgetの方が、カジュアルな響きがあると考えておこう。また、〈get＋A＋形容詞／過去分詞〉で「**Aを〜の状態にする**」という使い方をすることもある。

他にも、getはout(外へ)、off(離れて)、down(下に)などの〈方向・動き〉を表す副詞／前置詞と結びついて、「**(ある方向に)動く、動かす**」という意味を表す用法がある。

I'm **getting hungry**.

おなかが空いてきた〔①〕

Don't **get mad** at me. It's not my fault.

私に怒らないでよ。私の責任じゃないんだから〔①〕

My wife **got pregnant** with our second child.

妻が2人目の子供を身ごもった〔①〕

I **got lost** on my way to the hotel.

そのホテルに行く途中で道に迷った〔①〕

She **got dressed** quickly and went out.

彼女はすぐに着替えて外出した〔①〕

She **got** her son **dressed**.

彼女は息子を着替えさせた〔①〕

I will prove you **got** my daughter **pregnant**.

うちの娘を妊娠させたのはお前だと証明してやるからな〔①〕

I **got** my fingers **caught** in the door.

ドアに指を挟んでしまった〔①〕

📝 get ～ caughtで「～を挟んでしまう」

Get out of my room!

私の部屋から出て行って！〔②〕

The cat couldn't **get down** from a tree.

その猫は木から下りることができなかった〔②〕

She stopped her car and told me to **get in**.

彼女は車を止めて、私に乗るように言った〔②〕

The kids managed to **get past** the guards.

その子たちは、警備員の脇をうまくすり抜けることができた〔②〕

📝 pastは「～のそばを通り過ぎて」という前置詞

She finally **got** the car **out of** the garage.

彼女はついにガレージから車を出すことができた〔②〕

Let's **get** the puppy **into** the house.

子犬を家の中に入れよう〔②〕

A boy climbed a ladder and **got** the cat **down**.

男の子がはしごを上って、猫を下ろしてくれた〔②〕

Brad, can you help me **get** the table **up** the stairs?

ブラッド、テーブルを階段の上に運ぶのを手伝ってくれない？

I can't **get** this ring **off** my finger.

この指輪が指から外れない〔②〕

I **got** my money **back**.

お金を返してもらった〔②〕

🔖　□ **fault**（名）過失　□ **ladder**（名）はしご

009

go

❶「〜になる」　❷「進行する、ある結果になる」　❸「〜のものとなる」

❹「去る、死ぬ」　❺「（動物が）〜と鳴く」

意外と知らない「〜になる」のニュアンス

goは「行く」という文字通りの意味の他にも、様々な使い方をする。まず、go bald（はげる）、go blind（盲目になる）のように、後ろに形容詞を続けて「**〜になる**」という意味で使われる。becomeやgetが幅広く「〜になる」という意味を表すのに対し、goは「正常な状態を脱して好ましくない方向に変化する」というニュアンスで使うことが多い。

また、「調子はどう?」の意味で、How are things going? やHow's it going? という形を使うが、これらは直訳すると「物事（things/it）はどんな具合に動いていますか?」。つまり、このgoは「物事の進行」を意味している。他にも、It went pretty well.（それはとてもうまくいきました）のように「物事の結果」を表す用法もある。まとめると、go自体に「**物事の動き**」を表す意味があり、それがHow are things going? のような進行形では物事の進行具合を意味し、過去形で使うと最終的な結果を表すというわけだ。

それから、アカデミー賞の授賞式で受賞者を発表する際に、"The Oscar goes to … Leonardo DiCaprio!" のように言うのがお決まりだが、このように「**賞が〜のところへ行く＝賞が〜のものとなる**」というときにもgoが使われる。

他にも、goには「**（組織などから）去る、処分される、（転じて）死ぬ**」「**（動物が）〜と鳴く**」という意味もある。

The milk will **go** bad if you don't put it in the fridge.
冷蔵庫に入れておかないと、牛乳が腐ってしまうよ〔①〕

Suddenly the sky **went** dark and it started to rain.
突然空が暗くなり、雨が降り始めた〔①〕

The company **went** bankrupt last year.
その会社は昨年倒産した〔①〕

My hair is starting to **go** grey.
私の髪は白髪になり出している〔①〕

"How's everything **going**?" "Everything's **going** fine."

「調子はどうだい?」「万事問題ないよ」(②)

"How did the presentation **go**?" "It **went** pretty well."

「プレゼンはどうだった?」「とてもうまくいったよ」(②)

"It **goes** like this," he said, and started to play his guitar.

「こんな感じの曲なんだよ」と彼は言って、ギターを演奏し始めた(②)

🖊 メロディーの「進行」を表す際にも使う

The 2016 Nobel Prize in Literature **went** to Bob Dylan.

2016年のノーベル文学賞はボブ・ディランが受賞した(③)

He has to **go**.

彼には辞めてもらわなければならない(④)

These old books have to **go**.

この古い本は処分しなければならない(④)

Jim **went** peacefully this morning.

ジムは今朝、安らかに息を引き取った(④)

Jim is **gone**, but not forgotten.

ジムは亡くなったが、忘れられたわけではない(④)

🖊 be gone but not forgottenは「亡くなっても忘れられはしない、心の中で生きている」というニュアンスで使う表現

Cows **go** "moo."

牛は「モー」と鳴く(⑤)

🖊 このように〈go+鳴き声〉の形で用いる

> 🔖 □ **bankrupt**(形)倒産している
> □ **prize**(名)賞
> □ **literature**(名)文学

go on

❶ go on「続く、続ける」 ❷ go out「敗退する」「(流行が)廃れる」

❸ go with「(主語は)〜と合う」

go on 〜 ingとgo on to doの違いは？

ここでは、goを使ったphrasal verbをいくつか見ていこう。

・**go on**：様々な意味があるが、特に「**続く、続ける**」という意味で使うことが多い。go on with 〜で「〜を続ける」、go on 〜 ingで「〜の動作を続ける」などのパターンがある。また、Go on. と言うだけで「続けてくれ」と相手に話や何らかの動作を続けるように促すこともある。注意して欲しいのはgo on to do 〜という形。go on 〜 ingが1つの動作を続けるのに対し、go on to do 〜は「**(ある動作を終えて)続けて〜する**」という意味を表す。同じ「続ける」でも、使われる場面が異なるので気をつけよう。また、go onは「**(何かが)起きる**」という意味でも用いられる。特にWhat's going on?（何が起きているのか？）のように進行形で使うことが多い。

・**go out**：文字通り「外に行く」から転じて、「**敗退する**」「**(流行が)廃れる**」などの意味で使われる。また、go out with 〜で「**〜と交際する**」という意味になる。

・**go with**：文字通りには「〜と一緒に行く」だが、衣類や料理の組み合わせにおいて「**(主語は)〜と合う**」という意味で使われる。go well with 〜やgo best with 〜を使うことも多い。味や色彩がぴったりマッチしている様子を、「一緒に行っている」と表現しているわけだ。また、日本語でも「よし、その案で行こう！」と言うことがあるが、これと同じくgo with 〜も「**〜で決める、〜を採用する**」という意味で使われる。

Go on, what happened next?

続けてくれ、その次に何が起きたんだ？

Karen **went on and on** about her new boyfriend.

カレンは新しい彼氏のことを延々と話し続けた

📝 「話し続ける」の意味でも使う。on and onとすることで「延々と」という感じが出る

How much longer will this meeting **go on**?

このミーティングはあとどれくらい続くんだ？

He paid no more attention to me and **went on with** his work.

彼はそれ以上私に注意を払うことなく、自分の仕事を続けた

He **went on** talking about the issue for hours.
彼は何時間もその問題について話し続けた

He briefly introduced himself and **went on** to give his speech.
彼は簡単に自己紹介をして、続けてスピーチをした

Only 25% of people who click on the first chapter **go on to** read the next one.
最初の章をクリックした人のうち、わずか25%しか続けて次のチャプターを読まない

It took some time to understand what was **going on**.
何が起きているのか理解するのに少し時間がかかった

That hairstyle **went out** years ago.
そのヘアスタイルは何年も前に廃れた

📝 go out of fashionと表現することもある

Keith used to **go out with** Diana.
キースは以前、ダイアナと付き合っていた

The shirt you're wearing doesn't really **go with** your pants.
あなたの着ているシャツはズボンと合っていない

📝 go withの代わりにmatch（p.170参照）も使える

Which tie do you think **goes best with** this jacket?
このジャケットに一番合うネクタイはどれだと思う?

This **goes well with** beer.
これはビールとよく合う

I think we should **go with** his plan. What do you think?
彼の計画でいくべきだと思うけど、どうかな?

🔖 □ **briefly**（副）短く

❶ 適切な語を選ぼう。

① Mr. Newman won't (get / take) no for an answer.

② Ashley, can you (get / take) the door, please?

③ The fire (got / took) the lives of four people.

④ I was trying to (get / take) his attention, but he didn't hear me.

⑤ Mr. Burnett will be taking (up / over) as CEO next month.

❷ 次のイラストの内容に合うように、空所に適語を入れよう。

1

She has decided to _____ French.

2

She's trying to _____ the ring off her finger.

❸ 次の文の下線部を[　]内の語を使って言い換えよう。

① She killed herself in 1990. [took]

② How long have they been dating? [going]

③ My dentist says I need to have my wisdom teeth removed. [taken]

④ Jack talked for a long time about his achievements. [went]

⑤ It's time to put on clothes and go to work. [get]

❹ 次の日本文を英語にしよう。

① ジムは亡くなったが、忘れられたわけではない。

② お忙しい中、お時間を取っていただきありがとうございます。

③ 環境を保護するために、もっと強い対策が取られるべきだ。

④ 彼女は僕にかなり気があるという印象を持った。

❺ 下線部に注意して、次の英文の意味を考えてみよう。

① A dream does not become reality through magic; it takes sweat, determination and hard work. – Colin Powell

② In 1915, a woman arrived late at her sister's funeral. When she arrived, the coffin was raised so that she could see her sister one last time. When the coffin lid was opened, her sister, Essie Dunbar, sat up and smiled. Essie was actually alive! She went on to live another 47 years.

*coffin:「棺」　　*lid:「ふた」

make

「〜を生み出す」

makeの語源は、手でこねて生み出す

makeの語源は**「手でこねて生み出す」**。そこから、皆さんご存じの「作る」という意味が生じた。この「生み出す」という意味が根底にあるため、単に「物を作る」だけでなく、**「(利益)を生み出す、(お金)を稼ぐ」**という意味でも使われる。

また、make (a) noise(音を出す)、make room(場所を空ける)、make a difference(違いが生まれる)、make sense(意味をなす)などの表現の中でmakeが使われるが、これは音や場所を**「生み出す、生じさせる」**と考えることができる。

この他、「生み出す」という意味のmakeを使った重要な表現は数多くあり、その中からいくつかを以下に紹介しよう。

I need to **make** more money.

もっとお金を稼がなくてはいけない

Last year they **made** a large profit from the deal.

昨年、彼らはその契約で莫大な利益を生み出した

Her husband **made** a fortune in the stock market.

彼女の夫は株で財産を築いた

She **makes** a living as a freelance writer.

彼女はフリーライターとして生計を立てている

📝 make a livingで「生計を立てる」

She **made** her niece a beautiful dress for her wedding.

彼女は姪に、結婚式のための美しいドレスを作ってあげた

📝 make her niece a beautiful dressのように〈make＋人＋A〉の形で「人にAを作ってあげる」

She **made** a beautiful blouse out of an old piece of cloth.

彼女は古い布から美しいブラウスを作った

📝 make A from/out of 〜は「〜からAを生み出す」

My neighbor sometimes **makes** noise in the middle of the night.

私の隣人は、時々真夜中に物音を立てる

Please **make** room for me.

私のために場所を空けてください

It **makes** no difference to me.

それは私にとってはどうでもよいことだ

📝 make a differenceは直訳すると「違いを生み出す」。つまり、何らかの効果や重要性につながるようなことに対して使われる。一方、make no differenceは「(そんなことしても) 違いなんて生み出さない」。こちらは、やっても意味がないことや重要とは思われないことに対して用いる。It doesn't make much difference. は「たいして意味がない」

Wait! That doesn't **make** sense at all.

ちょっと待って！ それは全然意味が分からないよ

📝 make senseは「意味を生み出す」から「しっかり意味をなしている、筋が通っている」という意味の表現。これを否定で使うと「意味をなさない」となる

That would **make** more sense.

(何かと比較して) その方が、筋が通るね

"I have no idea." "That **makes** two of us."

「さっぱり分からない」「僕も同じだよ」

📝 That makes two of us. は「それは私たち2人を生み出す」から、相手と同じ状態や感情であることを伝える表現

OK. I'll **make** an exception this time.

分かったよ。今回だけは例外的に認めてあげる

📝 make an exceptionは「例外を生み出す」から、「ルールに合わないことを例外的に認める」際に用いる表現

🔖
- □ **profit**（名）利益
- □ **fortune**（名）富、財産
- □ **stock market**（名）株式市場
- □ **niece**（名）姪（⇔nephew〔甥〕）　□ **cloth**（名）布
- □ **neighbor**（名）近所の人　□ **exception**（名）例外

make

❶「AをBにする」　❷「AにBさせる」

❸「〜になる（資質がある）」

—🔅—

make me happy、make him do itの形を使いこなそう

makeは、make me happy（私を幸せにする）、make him a star（彼をスターにする）のように、〈make＋A＋B（形容詞／名詞）〉の形で「**AをBにする**」という意味を表す。前述の通り、makeの語源は「手でこねて生み出す」。make me happyは、主語が私を手でこねて、幸せな私を作り出している様子をイメージしておこう。

また、make him do it（彼にそれをさせる）のように、〈make＋A＋B（動詞の原形）〉で使われると、「**AにBを（強制的に）させる**」という意味になる。ここで紹介した2つの用法は、以下のようにセットで押さえておこう。

・**make＋A＋B（形容詞／名詞）**：「AをBという状態にさせる」
・**make＋A＋B（動詞の原形）**：「AにBという動作をさせる」

このように、Aをある状態にするのか、何らかの動作をさせるのかの違いで、いずれも「〜にさせる」という点では共通している。

それから、He'll make a good husband.（彼は良い夫になるだろう）のような形を見たことがあるだろうか。makeには「**（主語は）〜になる、〜になる資質がある**」という意味もある。…make himself a good husband（自分自身を良い夫にする）のhimselfが落ちたものだと考えられており、結果的にmake a good husbandの形で使われるようになった。a good husbandのように、〈形容詞＋名詞〉の形が続くのが、この用法の大きな特徴だ。

——

The smell of fish **makes** me sick.

魚の臭いは私の気分を悪くさせる〔①〕

What **makes** you so angry, John?

ジョン、何があなたをそんなに怒らせているの？〔①〕

To **make** a long story short, nothing he said was true.

かいつまんで話せば、彼が言ったことは全てうそだったということだ〔①〕

📝 to make a long story (=A) short (=B)は「長い話を短くすると」。つまり「かいつまんで話せば、手短に言うと」という意味を表す

We can **make** our voice heard by voting.

私たちは投票によって自分たちの声を届けることができる〔①〕

📝 make 〜 heardは直訳すると「〜を聞かれた (heard) 状態にする」。〜の部分には主に「意見」などを意味する語やoneself (myselfやhimselfなど) が使われて「自分の意見を届ける、聞いてもらう」という意味を表す

Mom always **makes** me do my homework before I go to bed.

ママはいつも、寝る前に私に宿題をやらせる〔②〕

He yelled at Jane and **made** her cry.

彼はジェーンをどなりつけて、彼女を泣かせた〔②〕

This photo **makes** me look fatter than I really am.

この写真では、私は実際より太って見える〔②〕

What **makes** you think he is the father of the baby?

何があなたに、彼が赤ん坊の父親だと思わせているの?⇒どうしてそう思うの?〔②〕

I was **made** to wait for hours before receiving treatment.

治療を受けるまで、何時間も待たされた〔②〕

📝 「〜させられる」という受け身の意味ではbe made to doの形が使われる

I'm sure Liam will **make** a good teacher.

リアムはきっと良い教師になるだろう〔③〕

A plastic box **makes** a wonderful plant container.

プラスチックの箱は、素晴らしい植木鉢になる〔③〕

🔖 □ **vote** (動) 投票する　□ **yell** (動) どなる ※yell at 〜で「〜をどなりつける」
　□ **treatment** (名) 治療　□ **plant** (名) 植物

make it

① 「目的地に着く」　② 「成功する」

③ 「出席できる」　④ 「生き延びる」

よく使われるmake itの形を使いこなそう

make itは非常によく使われる重要表現だが、何となく曖昧に覚えている人も多いのではないだろうか。make itの基本となるイメージは「**何らかの目標に到達する**」。そこから転じて、上記の4つの意味で使われることが多い。いずれも目標に到達するニュアンスを見て取れるはずだ。このitは漠然とした目標を指していると考えておこう。

Our train leaves in three minutes. We'll never **make it**.

私たちの乗る電車は3分後に出てしまう。間に合わないよ（①）

📝 「何かに間に合って着く」というニュアンスで使うことが多い。make my 11:30 flight（11:30のフライトに間に合う）のように、itではなく具体的に「何に間に合うのか」を明示する場合もある

I just **made it** in time for the meeting.

会議に間に合った（①）

The climbers finally **made it** to the top of the mountain.

登山家達はついに山の頂上に到達した（①）

📝 具体的に到達した場所を明示する場合は、make it to 〜の形で表す

The team **made it** to the finals against all odds.

そのチームは、大方の予想に反して決勝戦に進出した（①）

Roger couldn't **make it** as an actor.

ロジャーは俳優として芽が出なかった（②）

📝 make it as 〜で「〜として成功する」

Bill worked hard and was able to **make it** in the fashion industry.

ビルは努力して、ファッション業界で成功を収めることができた（②）

Recently I read about people who **made it** big in real estate.

最近、不動産で大成功を収めた人たちについて読んだ〔②〕

📝 make it bigで「大成功する」

Good to see you again. I'm glad you could **make it**.

また会えてうれしいです。あなたが来られてよかった〔③〕

📝 このように③の意味では都合がついて会合や催し物などに出席できるという文脈で使うことが多い

I'm sorry, but I won't be able to **make it** on Sunday. Can I take a rain check?

すみませんが日曜日は伺えません。またの機会にさせていただきます〔③〕

Mrs. Hall is very sick. The doctors don't think she is going to **make it**.

ホールさんはとても具合が悪い。医者はもう無理だろうと考えている〔④〕

Only 25 percent of new businesses **make it** to 10 years.

新会社のうち、10年存続できるのは25パーセントに過ぎない〔④〕

📝 企業が「存続する、生き延びる」という意味でも用いる

🔖
- □ **against all odds** あらゆる予想に反して、大きな困難を乗り越えて
- □ **industry** (名) 業界
- □ **real estate** 不動産
- □ **take a rain check** 「今回は行けないが、またの機会に行きたい」ことを伝える表現
- □ **glad** (形) うれしい

make up

❶「〜をでっち上げる」　❷「埋め合わせをする」

❸「〜を構成する」　❹「仲直りする」

よく使われるmake upの形を使いこなそう

ここではmakeを使ったphrasal verbのうち、特によく使われるmake upを取り上げる。

make a story up（話をでっち上げる）のように「**〜をでっち上げる**」という意味で用いる。

また、「**埋め合わせをする**」という意味もある。make up for 〜で「〜の埋め合わせをする」。〈make it up to＋人〉は「人に対してその埋め合わせをする」という決まり文句なので覚えておこう。

それから、Women make up 35 percent of the workforce.（女性は労働人口の35％を構成している）のように「**（主語は）〜を構成している**」という意味でも使われる。これを受け身にしたbe made up of 〜（（主語）は〜で構成されている）という形も押さえておこう。

他にも、make upは「**仲直りする**」という意味でも用いられる。

最後に、日本語でも「メークアップ（化粧）する」と言うが、英語のmake upもmake myself up（化粧をする）やmake her face up as a witch for the play（劇のために彼女の顔に魔女のメークを施す）という使い方をすることもある。ただ、「化粧をする」の意味では、put on (my) makeupのように、makeup/make-up（化粧）という名詞を使って表現する方が圧倒的に多い。

Sorry. There is no such thing as "Chick Magnet Cologne." I **made** that **up**.

ごめん。「女子にモテモテ香水」なんてものは無いんだ。僕がでっち上げたものだ〔①〕

He **made up** some excuses to justify it.

彼はそのことを正当化するための言い訳をでっち上げた〔①〕

Frank entertains kids by **making up** funny stories.

フランクは面白い話を作って子供たちを楽しませる〔①〕

📝 この例のように、必ずしも悪い意味で使うわけではない

Beth bought me a beer to **make up for** being late.

ベスは遅刻したことの埋め合わせに、ビールをおごってくれた〔②〕

Mike was not naturally talented, but he **made up for** it with hard work.

マイクは生まれつき才能があったわけではないが、それを努力で埋め合わせた〔②〕

I'm sorry. Let me **make it up to** you somehow.

ごめんなさい。何らかの方法でその埋め合わせをあなたにさせてください〔②〕

Men aged 26-35 **make up** over 40 percent of the workforce in the country.

その国では26歳から35歳の男性が労働人口の40％を占めている〔③〕

The book **is made up of** eight chapters.

その本は8つの章で構成されている〔③〕

Why don't you two stop fighting and **make up**?

あなたたち二人は、けんかをやめて仲直りしなさいよ〔④〕

Justin still hasn't **made up** with his brother.

ジャスティンはまだ弟と仲直りしていない〔④〕

📝 「〜と仲直りする」はmake up with 〜で表せる

They broke up and **made up** several times before deciding to get married in 2016.

彼らは2016年に結婚を決意するまで、別れたり、またくっついたりを何度か繰り返した〔④〕

George apologized to Michelle and they finally kissed and **made up**.

ジョージはミシェルに謝り、ついに彼らは仲直りした〔④〕

📝 kiss and make upは直訳すると「キスして仲直りする」だが、必ずしも本当にキスをするわけではなく、これで1つの決まり文句として使われる表現。夫婦・恋人だけでなく、友人同士に対しても用いられる

🔖 □ **chick magnet**（名）女性が寄ってくる魅力的な物、男性
□ **cologne**（名）香水　□ **justify**（動）〜を正当化する
□ **talented**（形）才能がある

have

❶「(物が)～を持っている」　❷「(形のない抽象的なもの)を持っている」

❸「～を経験する」　❹「～を食べる・飲む」

❺「～を開催する」　❻「～を受け取る、もらう」

💡

「食べる」「開催する」など幅広い意味で使おう

haveは「持っている」というのが基本的な意味。ただし、日本語の「持つ」より意味の幅が広く、**「(物が)何かを持っている、含んでいる」「(形のない抽象的なもの)を持っている」**「何かを体験として持つ⇒経験する」など、様々な意味で使われる。
また、**「～を食べる・飲む」「～を開催する」「～を受け取る」**といった意味でも用いられる。

The room **has** a great view.

その部屋からの眺めは素晴らしい〔①〕

You **have** a really good memory.

君はとても記憶力が良いね〔②〕

My son **has** a slight fever.

息子は微熱がある〔②〕

The coach **had** a huge impact on her life.

そのコーチは彼女の人生に多大な影響を及ぼした〔②〕

📝〈ミス防止〉英語では「影響を持つ」と考えてhave an impact on ～(～に影響を及ぼす)のようにhaveを用いる(makeも可)。日本語の「影響を与える」につられてgive an impactとしないこと

It has been reported that the country now **has** the ability to make nuclear weapons.

その国は今や核兵器を作る能力があると報道された〔②〕

Have you **had** a car accident?

自動車事故を起こしたことがありますか〔③〕

I **had** a great time last weekend.

先週末は楽しい時間を過ごした〔③〕

📝 〈ミス防止〉I spent a great time...としないこと。spendは、spend hours thinking about it (何時間もそのことを考えて過ごす) や spend Christmas with my family (クリスマスを家族と過ごす) など、「(一定の長さの) 時間をどう使うか、何をして過ごすか」に焦点を当てる語。単に「楽しい時間を過ごす」なら、have a great timeを使おう

I'm **having** a hard time finding information about it.

それに関する情報を見つけるのに苦労している〔③〕

📝 have a hard time ～ ingで「～するのに苦労する」

I **had** a few glasses of wine last night.

昨夜はワインを数杯飲んだ〔④〕

📝 〈ミス防止〉Do you drink wine? (〔普段〕ワインを飲みますか) のように「習慣的に食べる／飲む」という文脈では、haveではなくeat/drinkを使おう

I'll **have** the chicken salad, please.

チキンサラダをください〔④〕

We're **having** a huge sale this weekend.

今週末は特大セールを開催します〔⑤〕

Could I **have** your passport, please?

パスポートを拝見させてください〔⑥〕

Have a seat.

お掛けになってください〔⑥〕

📝 Take a seat. の方が、やや命令口調。Sit down. は完全に命令

"Thank you for coming." "You're welcome. Thank you for **having** me."

「来てくれてありがとう」「どういたしまして。お招きいただき、ありがとうございます」〔⑥〕

📝 このように「(ゲストとして) ～を招く」という意味でも使われる

🔖 □ **slight** (形) 軽い
□ **fever** (名) 発熱
□ **nuclear** (形) 核の、原子力の

have

① 「Aに〜してもらう」

② (have something to do with 〜の形で)「〜と関係がある」

③ (have had enoughの形で)「うんざりだ」

④ (have it comingの形で)「自業自得だ」

⑤ (have itの形で)「(うわさ・伝説によると)〜だ」

haveとmakeの共通点と微妙な違い

haveは、makeと同じく〈have＋A＋動詞の原形〉の形で用いられるが、makeが「Aの意思とは関係なく〜させる」という意味を表すのに対し、haveは「**（makeほど強制ではなく）Aに〜させる**」「**Aに頼んで〜してもらう**」というニュアンスで使われる。特に、専門の人に頼んで（時にお金を払って）やってもらうという文脈で使うことが多い。

ちなみに、letも〈let＋A＋動詞の原形〉の形で用いるが、こちらは「Aに自由に〜させる」というニュアンスで使われる（p.134参照）。また、これと関連して、〈have＋A＋過去分詞〉（Aを〜してもらう）という表現もよく使われる。

これに加えて、ここではhaveを使った重要表現を見ていこう。

まずはhave something to do with 〜。これで「**（主語は）〜と関係がある**」という意味を表す。関連表現として、have nothing to do with 〜（〜とは関係がない）、have a lot to do with 〜（〜と大いに関係がある）、have little to do with 〜（〜とほとんど関係がない）などのパターンも押さえておこう。

この他、have had enoughで「**うんざりだ**」。原則として〈have＋過去分詞〉の現在完了形を使う点に注意しよう。特に何にうんざりしているのかを明示する場合はhave had enough of 〜（〜にはうんざりだ）という形を用いる。

さらに、have it comingで「**自業自得だ**」という意味を表す。また、Rumor/Word has it that 〜（うわさによると〜だ）、Legend has it that 〜（伝説によると〜だ）のように、A has it that 〜（Aによると〜だ）という決まり文句も覚えておこう。

I'll **have** the porter bring up your suitcase.

ポーターにお客様のスーツケースを運ばせましょう〔①〕

The teacher **had** his students create their own websites.

その先生は生徒達に自分のウェブサイトを作らせた〔①〕

Toni **had** us laughing all through the meal.

トニは私たちを食事の間中笑わせていた〔①〕

📝 特に「Aに〜させている」という〈進行〉のニュアンスでは〈have＋A＋ing形〉の形が使われることもある

She **had** her portrait taken by a professional photographer.

彼女はプロの写真家に写真を撮ってもらった〔①〕

📝 haveの代わりにgetを使うこともある

You've **had** your hair cut. It looks great!

髪を切ったんだね。とても素敵だよ!〔①〕

📝 cut your hairでは「自分で髪を切った」というニュアンスが出る

"What does Tim do?" "I think it **has something to do with** fashion."

「ティムは、仕事は何をしているの?」「ファッションに関係したことだと思う」〔②〕

The question **has nothing to do with** what we're discussing.

その質問は私たちが話し合っていることと関係がない〔②〕

Go away, Jack. This **has nothing to do with** you.

あっちに行ってろ、ジャック。これはお前には関係ないことだ〔②〕

Your state of mind **has a lot to do with** what you eat.

あなたの心の状態は、あなたが食べるものと大いに関係がある〔②〕

I've **had enough of** your excuses.

お前の言い訳にはうんざりだ〔③〕

You **had it coming**, Larry. You never listened to us.

自業自得だよ、ラリー。僕らの話を聞かなかっただろう〔④〕

📝 「あなたがそれを来るようにさせた」から「自業自得だ」の意味になる

Rumor **has it** that the house is haunted.

うわさによると、その家には幽霊が出るらしい〔⑤〕

017

come

❶「(特定の形で) 販売される、提供される」　❷「起こる、生じる」

❸「〜の状態になる」

意外と知らない 3つのニュアンス

comeも「来る」という文字通りの意味の他に、様々な使い方をする動詞だ。

This dress comes in pink, blue and yellow. (このドレスはピンク、青、黄色の3色で販売されている) のように、comeには「**(色やサイズなど特定の形で) 販売される、提供される**」という意味がある。これは特別な意味だとして丸暗記する必要はない。あくまで、comeの元の意味は「来る」。ここで使われているcomeも「(消費者の手元に) やってくる」から転じて「手に入る、販売されている」という意味になっていると考えておこう。また、comeの後ろにはinが使われているが、これも難しく考える必要はない。「〜の色で」や「〜のサイズで」といった形態を表すときには前置詞のinが使われるというだけのこと。よって、come in 〜で「〜の形態で販売される」という意味になるというわけだ。前置詞はinばかりでなく、come with 〜 (〜付きで販売される) など、文脈によって変わるので注意しよう。

また、comeは「**(ある出来事が) 起こる、生じる、行われる**」という意味でも使われる (出来事が「来る」=「起こる」という発想)。この用法では、came amid 〜 ((主語は) 〜のさなかに起こった) のように、comeの後に「状況・タイミングを表す語句」(※amid 〔〜のさなか〕、after 〔〜の後〕、when/as 〔〜の時〕、at a time 〜 〔〜の時に〕など) が続いて、「(主語は) 〜という状況・タイミングで起きた」といった具合に主語がどんな状況・タイミングで起きたのかを伝える。

最後にDreams come true. (夢が現実になる) でおなじみの「**〜になる**」の用法についても見ていこう。comeもbecomeやgetなどと同じく後ろに形容詞を続けて「〜になる」という意味を表すが、この意味ではあまり幅広くは使われない。come true (現実になる) の他、come loose (ゆるくなる)、come untied/undone (ほどける)、come apart (ほつれる、ばらばらになる) などの組み合わせで用いることが多い。

This shirt **comes** in four different colors.

このシャツは4色の色違いがある〔①〕

The cabinet **comes** in three sizes.

そのキャビネットにはサイズが3つある〔①〕

Beer **comes** in bottles and cans.

ビールはボトル入りと缶入りで売られている〔①〕

This bike **comes** with eight speeds.

この自転車は8段階の変速ギアが付いてくる〔①〕

Each room **comes** complete with free WiFi access.

各部屋には無料のWiFiが完備されている〔①〕

🖉 complete with 〜で「〜完備で」という意味を表す

The agreement **came** after several days of negotiations.

その合意は、何日間にもわたる交渉の末に達成された〔②〕

The increase in immigration from Venezuela **came** amid a financial crisis in the country.

ベネズエラからの移民の増加は、同国の経済危機の中で生じた〔②〕

Hitler's rise to power **came** at a time when millions of people were unemployed because of the Great Depression.

ヒトラーが政権に就いたのは、世界恐慌で数百万の人々が失業していた中でのことだった〔②〕

The doorknob has **come loose**.

ドアノブがゆるんできた〔③〕

Her shoelace **came untied**.

彼女の靴紐がほどけた〔③〕

🔖
- □ **agreement** (名) 合意
- □ **immigration** (名) 移住、移民 ※immigrantは「外国から来た移民」
- □ **unemployed** (形) 失業している
- □ **Great Depression** 世界恐慌 ※depressionは「不況」
- □ **shoelace** (名) 靴紐

come to

❶ **(come to 〜の形で)「(様々な状態に) 至る、合計が〜になる」**

❷ **(come to doの形で)「〜するようになる」**

❸ **(come down to 〜の形で)「結局〜ということに行き着く」**

---

come to 〜のバリエーションを押さえよう

ここでは、comeを使った様々な表現を見ていこう。

come to 〜は「〜に来る」から転じて、いろいろな意味で使われる。come to an end / a stop / a haltのように後ろに「停止」を意味する言葉を続けることで、「停止状態へと至る」⇒「停止する、中断する」という意味を表す。他にも、come to a conclusion / decision (結論に至る)、come to power (権力の座に就く) などの表現も同様に捉えておこう。また、買い物などで〈come to＋金額〉(金額の合計が〜になる) が使われることがあるが、これも「最終的にその金額に至る」というのが元の意味だと考えておくと分かりやすい。

一方、come to realize (〜が分かるようになる) のように、toの後ろに動詞の原形をつなげると「**〜するようになる**」という意味になる。これは、「自然とそうなるようになっていた」という文脈で使う表現で、「自転車に乗れるようになった」など、練習を通じて習得するようなことにはあまり用いない (その場合はlearned to ride a bikeを使おう)。

この他、come down to 〜という表現もある。これは「**結局は〜ということに行き着く、つまるところは〜だ**」という意味を表す。これもイメージで捉えよう。come down toなので、直訳は「〜へと下りていく」。つまり「挙げればいろいろあるが、最終的に何か1つのことにストンと落ちていく感じ」を、この表現は表している。「最後は1つのことに落ちていく」とは、「結局はそれに集約される」ということだ。

The project **came to** a halt for financial reasons.

そのプロジェクトは資金面の理由から中断した〔①〕

After DNA tests, the doctors **came to** the conclusion that Troy is the father of the baby.

DNA鑑定をして、医師たちはトロイが赤ん坊の父親だという結論に達した〔①〕

New information has recently **come to** light.

新たな情報が最近明るみに出た〔①〕

📝 come to lightは「光のあるところに至る」から「(事実・情報などが) 明るみに出る」という意味で使われる表現

All of my efforts **came to** nothing.

私の努力は無駄に終わった〔①〕

📝 come to nothingは「何も無い状態になる」から「(努力などが) 無駄に終わる、失敗する」という意味を表す

How much does it all **come to**?

全部でいくらになりますか〔①〕

The company's annual sales **came to** €4.6 billion.

その企業の年間売上は46億ユーロだった〔①〕

I **came to** realize worrying doesn't solve any problems.

私は、心配したって問題の解決にはならないことが分かるようになった〔②〕

📝 〈ミス防止〉「〜するようになった」につられてbecame to realizeとしないこと

It all **comes down to** money in the end.

それは結局のところ、お金の問題だ〔③〕

📝 come down to 〜は、「結局」を意味するin the endやeventuallyなどの表現と一緒に使うことが多い。この例の中のallは、単なる強調

Success **comes down to** one thing: determination.

成功というものは、結局1つのことに行き着く。それは意志の強さだ〔③〕

🔖 □ **billion**(名)10億
□ **solve**(動) 〜を解決する
□ **determination**(名) 決意、意志の強さ

come up

❶come up「(問題などが) 生じる、持ち上がる」

❷come out「(本・映画・曲などが) 発売・公開される」

❸come across「(思いがけず)〜を見つける」「(相手に)〜という印象を与える」

よく使われるcomeの後ろに続く形を頭に入れよう

ここでは、comeを使ったphrasal verbをいくつか取り上げる。

・**come up**：主に「**(問題などが) 生じる、持ち上がる**」という意味で用いる。upは「上がる」から転じてpop up (出現する)、turn/show up (姿を見せる) のように、「出現する」の意味でも使う。よって、come+upで「来る＋出現する＝生じる」の意味になると捉えておこう。

・**come out**：文字通り「外に出てくる」から転じて、「**(本・映画・曲などが) 発売・公開される**」「**真実が出てくる、知られるようになる**」「**〜という結果が出る**」「**(言葉が) 口から出てくる**」などの意味で使われる。また、日本語でも秘密を告白することを「カミングアウトする」と言うが、英語のcome outは主に「同性愛者であることを公表する」という意味で使う。同じ意味でcome out of the closetも使われる (まるでクローゼットの中に隠れるように同性愛者であることを秘密にしていたが、そこから出て公表するというイメージ)。

・**come across**：これは大きく分けて2つの意味で押さえておこう。①「**(思いがけず)〜を見つける、〜に出くわす**」、②「**(相手に)〜という印象を与える、真意などが伝わる**」。acrossは「横切って、向こう側へ」という意味の語。②については、「相手と自分の間にある空間を越えて、印象や真意が伝わってくる」というニュアンスから発展した意味だと理解しよう。

I have to go. Something urgent has just **come up**.

急を要することが持ち上がったので、行かなきゃ

Call me if anything **comes up**.

もし何かあったら、電話してください

Your name **came up** at the meeting.

会議では君の名前が挙がっていたよ

📝 「話題として出る」という意味でも使われる

His new book is **coming out** in April.

彼の新刊が4月に発売される

The truth has **come out**.

真実が明らかになった

Everything is going to **come out** all right.

全てうまくいくよ

📝 come out (all) rightで「良い結果になる、うまくいく」

I don't know why I said that. It just **came out**.

なぜそんなことを言ってしまったのか分からないけれど、口から出てきたんだ

This morning I **came across** an interesting story in the newspaper.

今朝、新聞で興味深い記事を見つけた

I was on his computer earlier today and **came across** a folder named "Not Pornography."

今日彼のPCを使っていて、「ポルノではない」という名前のフォルダを見つけた

At first Troy **came across** as a nice fellow.

最初トロイは、いい奴だという印象を与えた

📝 「印象を与える」の意味では、acrossの後にas ～や副詞を続けることが多い。come across as ～で「～という印象を与える」

I always **come across** badly in interviews.

私はいつも面接での印象が良くない

She spoke for a long time at the meeting, but her point didn't really **come across**.

彼女は会議で長い間話したが、言いたいことがいまいち伝わってこなかった

📖 □ **urgent**（形）緊急の　□ **fellow**（名）（男性に対して）奴

give

❶「(様々なもの)を与える」

❷ (give upの形で)「あきらめる」「(続けてきた習慣)をやめる」

give upは日本語の「あきらめる」より使用範囲が広い

giveはもちろん「〜を与える」という意味が基本だが、日本語の「与える」より意味の幅がずっと広くgive me a call (私に電話する)、give me a warm welcome (私を温かく歓迎する)、give me a suspicious look (私に疑いの目を投げ掛ける) など、様々な使い方をする。こうしたものを押さえておくと、表現力を大きくアップさせることができる。ここでは、giveを使ったいろいろなパターンを見ていこう。

また、give upはご存じ「あきらめる」という意味だが、これも日本語の「あきらめる」よりも使われる範囲が広く、「(続けてきた習慣)をやめる」「〜を明け渡す」「(give oneself upで) 投降・出頭する」「見捨てる」など様々な意味で使われるので注意が必要だ。

Give me a call around 7.

7時くらいに電話をくれ〔①〕

She **gave** me a ride to the station.

彼女は私を車で駅に連れていってくれた〔①〕

📝〈give 人 a ride〉で「人を車に乗せていく」。イギリス英語では、rideの代わりにliftを使うことが多い

Cheap wine **gives** me a headache.

安いワインを飲むと頭痛がする〔①〕

They **gave** us a warm welcome on our arrival.

私たちが到着すると、彼らは温かく迎えてくれた〔①〕

I didn't do it, but they **gave** me a suspicious look.

私はやっていないのに、彼らは私を疑いの目で見た〔①〕

📝 give me an angry look (怒った表情で私を見る)、give me a cautious look (疑い深い表情で私を見る)、give me a puzzled look (困惑した表情で私を見る) など、様々なパターンで使われる

Her husband **gave** us a walking tour of the city.

彼女の旦那さんが、私たちに歩いて街を案内してくれた〔①〕

My boss **gave** us the green light to begin the new project.

上司は新規プロジェクト開始の許可を私に与えた〔①〕

📝 green lightは信号の色から「許可、ゴーサイン」を意味する

I have **given** this a lot of thought over the last few days.

私はこのことについて数日間じっくり考えた〔①〕

📝「たくさんの考え (thought) を与える」から「じっくり考える」の意味になる

She **gave** him the cold shoulder.

彼女は彼を冷たくあしらった〔①〕

📝〈give 人 the cold shoulder〉は「人を冷たくあしらう」。「肩で冷たく突き放す感じから」や「昔、もう帰って欲しい客人には冷たい羊の肩肉を出したことから」など、由来に関しては諸説ある

He **gave up** smoking when he had a heart attack in 2011.

彼は2011年に心臓発作を起こした時、たばこをやめた〔②〕

The man refused to **give up** any of his land.

その男はわずかでも自分の土地を明け渡すことを拒否した〔②〕

I **gave up** my seat to a pregnant woman on the train today.

今日電車で妊婦さんに席を譲った〔②〕

📝「席を譲る」も「明け渡す」の一種と考えることができる。give up my seat to ～（～に席を譲る）の形で覚えておこう

They eventually **gave** themselves **up** to the police.

彼らは最終的に警察に出頭した〔②〕

They **gave up** on him.

彼らは彼を見捨てた〔②〕

📝「～を見捨てる、～に見切りをつける」にはgive up on ～を用いる

---

① 日本文に合うように空所に適語を入れよう。

⬜1 I know it doesn't _____ much sense, but it's true.

(論理的に少しおかしいのは分かるが、本当なんだよ)

⬜2 Milk _____ me diarrhea.

(牛乳を飲むと下痢をしてしまう)

⬜3 Mr. Jarrett _____ a fortune in real estate.

(ジャレット氏は不動産で一財産築いた)

⬜4 The tablet _____ in three colors: black, dark blue and white.

(そのタブレットには黒、ダークブルー、白の3色がある)

⬜5 What _____ you think you are better than me?

(どうして君の方が僕よりうまいなんて考えているんだ?)

---

② 上下の文の空所に共通して入る語を答えよう。

⬜1 You had it _____. You shouldn't have started it in the first place.

A new magazine is _____ out next week.

⬜2 The two put their differences aside and made _____.

He later gave himself _____ to the police.

⬜3 Our attempts to change his mind came to _____.

Believe me, I have _____ to do with this.

⬜4 Ian is very ambitious, but I don't think he'll make _____ big in Hollywood.

Legend has _____ that he buried his treasure on the island.

---

③ 次の日本文を英語にしよう。

1 息子は微熱がある。

2 私のために場所を空けてください。

3 この写真では、私は実際より太って見える。

4 それに関する情報を見つけるのに苦労している。

5 最初トロイは、いい奴だという印象を与えた。

6 私はこのことについて数日間じっくり考えた。

7 治療を受けるまで、何時間も待たされた。

④ 下線部に注意して、次の英文の意味を考えてみよう。

1 Great leaders don't set out to be a leader, they set out to make a difference. It's never about the role, always about the goal. — Lisa Haisha

*set out to ～：「～しようとする」　　*role：「役割」

2 World Biggest Liar is an annual competition held in England. Participants have to make up their lies on the spot and tell them to judges for five minutes. To be fair, politicians and lawyers are not allowed to participate.

*participants：「参加者」　　*on the spot：「その場で」

run

❶「**流れる**」 ❷「**(痛み・寒気などが) 走る**」 ❸「**運行する**」

❹「**～を経営・運営する**」 ❺「**(道などが) 伸びている**」

❻「**上映・上演される**」 ❼「**(ストッキングが) 伸線する**」

「走る」以外の意味で、runを使えますか？

runはもちろん「走る」という意味が基本だが、文字通り「走る」だけでなく、走ったり走らせたりするイメージがあるものに対しても使われる。

まずは「**(水が) 流れる**」場合、英語ではrunを用いる。running waterなら「流水」だ。川が流れたり、または鼻水が出ることもrunを使って表現できる。

また、日本語でも「**痛みが走る**」と言うが、英語でもこれにrunを用いる。「痛み (pain)」の他、「寒気 (chill)」などに対しても使われる。

この他、「**運行する**」「**経営・運営する**」(これもある意味、会社や組織を「走らせている」と考えられる)「**道などが伸びている、通っている**」「**上映・上演される**」(日本語でも「ロングラン」のように言う)「**(ストッキングが) 伝線する**」などの意味でも用いる。これら全てに「走る・走らせる」というイメージがあるのが見て取れるだろう。

Alice left the water **running**.

アリスが水を出しっぱなしにした〔①〕

The river **runs** through the town into the sea.

その川は街を通って海へと流れている〔①〕

My nose is **running** and I can't stop sneezing.

鼻水が出ていて、くしゃみが止まらない〔①〕

📝 My nose is running. で「鼻水が出ている」。これと関連してrunny nose (鼻水が出ている症状) という表現を覚えておこう

Blood was **running** down his face.

血が彼の顔を流れ落ちていた〔①〕

A sharp pain **ran** through my back.

鋭い痛みが背中に走った〔②〕

A chill **ran** through me.

寒気がした〔②〕

The ferry **runs** every 30 minutes.

フェリーは30分おきに運行している〔③〕

Andy **runs** a food delivery business in Portland.

アンディーはポートランドで食品配達のビジネスを経営している〔④〕

The highway **runs** from Sydney to Newcastle.

そのハイウェーは、シドニーからニューキャッスルまで伸びている〔⑤〕

📝 〈ミス防止〉「伸びている」につられてis runningとしないこと。進行形は「(いつもしているわけではないが) 今はその動作をしている」という時に用いるもの

A ventilation pipe **runs** across the ceiling.

通風管が天井を横切って伸びている〔⑤〕

📝 「道」以外にも、様々なものが「伸びている」という場合に使われる

They **ran** the cables under the floor.

彼らは床下にケーブルを通した〔⑤〕

📝 「伸びている」だけでなく「(ケーブルなど何か長いもの) を伸ばす、走らせる」という意味でも用いられる

The musical **ran** for nearly six years on Broadway.

そのミュージカルは、ブロードウェーで6年近く上演された〔⑥〕

How do I stop my stockings from **running**?

どうすればストッキングの伝線を防ぐことができるでしょうか〔⑦〕

🔖 □ **sneeze**（動）くしゃみをする
□ **chill**（名）寒気
□ **ventilation**（名）換気、空調

run

① 「（機械など）を動かす、（特定の条件下で）正常に動く」

② 「（目・指など）を走らせる」　③ 「立候補する」

④ 「遺伝している」　⑤ 「（危険）を冒す」

ネイティブはrunを様々なシーンで使っている

引き続き、runの様々な用法を見ていこう。

runは「**（機械など）を動かす**」という意味がある。車に限らず、全般的に機械操作は「走らせる」というイメージがあるのがお分かりになると思う。また、「この車はディーゼルで動く」や「このソフトはWindows 10でも使える」のように、機械・ソフトなどが「**（特定の条件下で）正常に動く**」という意味でも使われる。

また、「**目を走らせる（＝さっと見る）**」や「**指を走らせる（＝指を動かす）**」など、何かを素早く動かす際にもrunは使える。

それから、「**立候補する**」という意味もある。run for 〜（〜を目指して立候補する）、run against 〜（〜の対立候補として立候補する）などの使い方がある。

この他、run in the/one's familyの形で「**（主語は）その家系に遺伝している**」、run a/the riskの形で「**危険を冒す**」という意味になることも覚えておこう。

最後に、本章では基本動詞の用法について解説しているが、runについては名詞としての用法も紹介しよう。「（連勝・連敗など）何かが続くこと」「（the runsの形で）下痢」という意味がある。これらにも何となく「走る」のイメージがあるのが見て取れるのではないだろうか。

The circuit breaker keeps tripping every time I **run** the dishwasher.

食洗機を動かすたびに、ブレーカーが落ちる（①）

Does this **run** on Windows 10?

これってWindows 10で使える?（①）

She quickly **ran** her eyes over the postcards on the desk.

彼女は机の上の葉書に素早く目を走らせた（②）

The guard **ran** his finger down the list, looking for my name.

守衛はリストに指を走らせて、私の名前を探した〔②〕

I lay on the table and Doctor Willis **ran** the scanner over my stomach.

私は診察台に横になり、ウイリス先生がおなかの上でスキャナーを動かした〔②〕

✎ スキャナーを「走らせる」というときにも使われる

He **ran** for a second term as president.

彼は大統領2期目を目指して出馬した〔③〕

Ventura is **running** against the incumbent mayor.

ヴェンチュラは現職市長の対立候補として出馬する〔③〕

My father went bald young and I'm starting to go bald. It **runs** in the family.

父は若くしてはげたし、私もはげ始めている。これは遺伝だ〔④〕

Do twins **run** in your family?

あなたは双子の家系なの?〔④〕

I sometimes come across people who say, "I am not afraid of **running** a risk."

「危険を冒すことを恐れない」なんて言う人に出くわすことがある〔⑤〕

✎ take a riskでも、ほぼ同じ意味。runを使う方がフォーマルな響きがある

I stayed home because I didn't want to **run** the risk of getting infected.

感染するリスクを冒したくなかったので、私は家にいた〔⑤〕

✎ run the risk of 〜で「〜のリスクを冒す」

📖
- □ **trip**（動）（ブレーカーが）落ちる
- □ **dishwasher**（名）食洗機　□ **guard**（名）守衛
- □ **incumbent**（名）現職／（形）現職の
- □ **mayor**（名）市長
- □ **infect**（動）〜を感染させる ※get infectedで「感染する」

leave

❶「出発する」　❷「(組織)を辞める」　❸「〜を見捨てて出ていく」

❹「〜をそのままにしておく」　❺「〜を置き忘れる」

❻「〜を人に任せる」　❼「〜を残す」

「残したままにしておく」「去る」を起点にイメージを広げよう

leaveの基本となる意味は**「〜を残したままにして去る」**。leaveの用法のほとんどは、この「残したままにしておく」と「去る」の2つから派生したものだと考えておこう。

まず、「去る」から転じて**「出発する」「(組織)を辞める」**など「その場を離れる」という意味で使われる。他にも**「〜を見捨てて出ていく」**という意味もある。

また、「残したままにしておく」から**「〜をそのままにしておく」「〜を置き忘れる」「〜を人に任せる」「(遺産など) 〜を残す」**など、様々な意味で用いられる。

I **left** New York for Boston at 2 p.m.

私は午後2時に、ボストンに向けてニューヨークを出発した〔①〕

📝 I left New York. (ニューヨークを出発した)、I left for Boston. (ボストンに向けて出発した) のように、〈目的地〉や〈現在地〉のみ伝えるパターンも押さえよう

At 17 Greg decided to **leave** school in order to support his family.

17歳の時、グレッグは家族を支えるために学校を辞めることにした〔②〕

Don't **leave** me.

僕を見捨てないでくれ、別れないでくれ〔③〕

John's wife **left** him for another man last year.

ジョンの妻は昨年、彼を捨てて別の男のところに行った〔③〕

📝 〈leave＋人＋for 〜〉で「人を捨てて〜のところに行く」という意味を表す

Please **leave** the chairs where they are.

いすは今ある場所に置いておいてください〔④〕

Let's **leave** the topic for some other time.

その話題は、また別の機会に取っておきましょう〔④〕

Don't **leave** the engine running.

エンジンをかけっぱなしにしないで〔④〕

📝 ④の意味では〈leave＋A＋形容詞／ ing形／過去分詞〉で「Aを〜のままにしておく」という形で使うことも多い

I think I **left** my phone at the restaurant.

電話をレストランに置き忘れたみたいだ〔⑤〕

📝〈ミス防止〉leaveは「(ある場所に) 置いたままにする」という意味なので、「どこに置いてきたのか」という情報とセットで用いることが多い。一方、同じ「忘れる」でもforgetは「持ってくるのを忘れる」ということに焦点を当てるため、I forgot my umbrella. (傘を持ってくるのを忘れた)のように、「どこに置いてきたのか」は基本的に明示しない

I'll **leave** it to you.

それはあなたにお任せしますね〔⑥〕

📝 ⑥の意味では〈leave 〜 (up) to 人〉(〜を人に任せる) という形で用いることが多い。また、I'll leave it to you to decide. (決めるのはあなたにお任せしますね)のように、最後にto doを付けることで、具体的に何することを任せるのかを伝えることがある

We **left** the decision up to him.

私たちは決断を彼に委ねた〔⑥〕

Mr. Cooper **left** his daughter-in-law $10 million.

クーパー氏は義理の娘に1000万ドルの財産を残した〔⑦〕

📝〈leave＋人＋A〉で「人にAを残す」

🔖 □ **decision**（名）決断、決定
　　□ **daughter-in-law**（名）義理の娘

leave

① （leave＋人＋aloneの形で）「**人を放っておく、そっとしておく**」

② 「**〜を・・・にしてしまう**」

③ （leave 〜 behindの形で）「**〜を置いていく**」

④ （leave no stone unturnedの形で）「**徹底的に調べる**」

⑤ （leave a lot to be desiredの形で）「**不十分だ、物足りない**」

leaveを使った表現を使いこなそう

引き続き、leaveについて見ていこう。

〈leave＋人＋alone〉で「**人を放っておく、そっとしておく**」。これは前ページで扱った〈leave＋A＋形容詞／ ing形／過去分詞〉（Aを〜のままにしておく）と同じものだと考えよう。この場合は「人をalone（一人）のままにしておく」。そこから、「放っておく、そっとしておく」という意味になる。「〜に声を掛けないでそっとしておく」「〜にちょっかいを出さない」「〜を放置する」など、「放っておく」から発展して、様々なニュアンスで使われる。

また、〈leave＋A＋形容詞／ ing形／過去分詞〉は「Aを〜のままにしておく」だけでなく、「**（主語が）Aを〜にしてしまう**」という意味でも用いられる。makeと似ているが、例えば、「その台風は100名以上を行方不明にした」のように、好ましくない状態にしてしまう際に使われることが多いと覚えておこう。

他にもleave 〜 behindで「**〜を置いていく**」という意味になる。leave自体に「〜を残す、置いておく」という意味があるが、behind（後ろに）と一緒に用いることで意味を強めていると理解しよう。文字通り「物を置いていく」だけでなく、be left behindという受け身の形で「（人が）取り残される、落ちこぼれる」という意味でも使われる。

最後に、leaveを使った重要表現を紹介する。leave no stone unturnedで「**徹底的に調べる、あらゆる策を講じる**」という意味になる。直訳は「ひっくり返していない（unturned）石が１つもないようにしておく」。犯行現場などで、全ての石をひっくり返して証拠を探す様子をイメージすると分かりやすいだろう。そこから「徹底的に調べる」の意味で使われる。

また、leave a lot/much to be desiredは「**（主語は）不十分だ、物足りない**」という意味。直訳すると「望まれる（to be desired）ことを多く残している」。つまり、小学校で先生が押すスタンプで言うと「もっと努力しましょう」ということ。そこから「不十分だ」の意味で用いる。逆にleave nothing to be desiredなら「**完璧だ、申し分ない**」。

"What's the matter?" "Nothing. **Leave** me **alone**."

「どうしたんだよ」「何でもないって。放っておいてくれ」（①）

Jack, stop it! **Leave** your sister **alone**.

ジャック、やめなさい！　妹にちょっかいを出さないの（①）

The tsunami **left** more than 22,000 people dead or missing.

その津波で2万2千人以上が死亡するか行方不明となった（②）

A huge tropical storm swept through the region, **leaving** two million people without power.

巨大な熱帯低気圧がその地域を通過して、200万人を電力が無い状態（停電）にした（②）

I think we should **leave** the past **behind**.

過去は置いていくべきだ⇒過去を引きずるのはやめよう（③）

All the other students were much smarter than me and I was worried I'd get **left behind**.

他の生徒は皆私よりはるかに賢く、私は落ちこぼれてしまうのではないかと不安になった（③）

Police said they would **leave no stone unturned** to find the missing boy.

警察は、行方不明の男の子を見つけるために、あらゆる手を尽くすと発表した（④）

I don't care how much money Troy makes. He **leaves a lot to be desired** as a person.

トロイがいくら稼いでいるかなんてどうでもいい。奴は人として大いに問題ありだ（⑤）

The hotel is reasonably priced and the service **leaves nothing to be desired**.

そのホテルは宿泊費がリーズナブルで、サービスも申し分ない（⑤）

> 🔖　□ **missing**（形）行方不明の
> 　　□ **sweep**（動）通り過ぎる *sweep-swept-sweptと活用する
> 　　□ **region**（名）地域

work

❶「（機械などが）正常に作動・機能する」　❷「（計画などが）うまくいく」

❸「（薬が）効く」　❹「何らかの効果を発揮する」

「働く」以外の意味で使えますか？

workは「働く」という意味が基本だが、The elevator is working again. や Your plan will never work. など「働く」以外の意味で使われている例を見たことがあるだろう。workは「働く、仕事をする」から転じて、**「期待されている役割を果たす」**というニュアンスがある。例えば、美容師の仕事は髪を切ることで、消防士の仕事は火を消すことだ。それでは、エレベーターの"仕事"は何かと言ったら、人を上下階に運ぶこと。つまりエレベーターが「期待されている役割を果たしている」とは、「きちんと人を運んでいる」ということ。このようにworkは**「（機械などが）正常に作動・機能する」**という意味で用いられる。

同様に**「（計画などが）うまくいく」「（薬が）効く」**の意味でも用いる。計画に期待することは、その通りに事が進むこと。薬に期待することは、病気・症状に対して効果があること。よって、これらの意味が出てくるというわけだ。

また、日本語でも「プラス［マイナス］に働く」と言うが、workもこれと同じく**「何らかの効果を発揮する」**の意味で使われる。

This computer isn't **working**.

このコンピューターは動かない〔❶〕

📝 これだけでも「正常に稼働していない」という意味を表せるが、work properlyのようにproperly（正常に）という語を付けることもある

My right click doesn't **work** at all.

右クリックが全く利かない〔❶〕

The new system seems to be **working** perfectly.

その新しいシステムは完璧に機能しているようだ〔❶〕

He explained how the program **works**.

彼はそのプログラムの仕組みを説明した〔❶〕

📝 直訳は「そのプログラムがどのように機能するのか」

I don't think his plan will **work**.

彼の計画がうまくいくとは思えない〔②〕

The tactics **worked** well in the first half.

その戦術は、前半はとてもうまくいった〔②〕

It **worked**! She forgave me. Thank you so much for your great advice.

うまくいったよ！　彼女は許してくれた。素晴らしいアドバイスをありがとう〔②〕

I've tried "Sleeping Diet," "Ramen Diet," and "Meditation Diet." None of them **worked**!

「寝るだけダイエット」「ラーメンダイエット」「瞑想ダイエット」を試してきたが、どれもうまくいかなかった！〔②〕

This medicine **works** by entering bacterial cells.

この薬は、細菌細胞に入り込むことで効き目が出る〔③〕

Throughout my career, being bilingual has always **worked** in my favor.

キャリアを通じて、バイリンガルであることが常に私に有利に働いてきた〔④〕

📝 work in one's favorまたはwork in favor of ～で「～に有利に働く」。「～に不利に働く」は work against ～

Her lack of experience **worked** against her in the election.

経験不足が、その選挙では彼女に不利に働いた〔④〕

Honesty **works** both ways.

正直でいることは、プラスに働くこともマイナスに働くこともある〔④〕

📝 work both ways（直訳すると「両方向の効果を発揮する」）は「プラスの効果が出ることもあるしマイナスの効果が出ることもある、諸刃の剣である」という意味を表す

🔖 □ **tactics**（名）戦術
　　□ **forgive**（動）〜を許す
　　□ **cell**（名）細胞
　　□ **lack**（名）欠けていること／（動）〜を欠いている

work

- **① work for**　**② work out**
- **③ work on**　**④ work off**

💡 ―――――――――――――――――――――

workの後ろに続く形を頭に入れよう

続いて、workを使ったphrasal verbをいくつか見ていこう。

・work for：work for the company（その会社に勤務する）のような使い方だけでなく、work for 〜の形で「**主語は〜にとって（何らかの点で）良い、効果がある**」というニュアンスで使うことがある。例えばThe commercial doesn't work for me. は「私はそのCMが良いと思わない、そのCMを見ても商品を買いたくならない」という意味。このように、work for 〜には「**〜に対して狙った効果を出す**」という意味がある。これは前ページで扱った④「何らかの効果を発揮する」の仲間と考えてもらっても結構だ。また、本書の執筆に当たり、英語ネイティブに「A 〜 Cのどれが自然な英文に見える?」と聞いて助言を求めることがあったが、しばしばOnly A works for me. のような答えが返ってきた。これも「Aだけが私にとって、意図した意味が伝わってくる」と解釈することができる。この他、日時・条件などを主語にして「**（その日時・条件は）〜にとって都合が良い**」という意味でも使われる。

・work out：日本語でも「ワークアウト」という言葉が一般的になってきたが、work outは「**体を鍛える**」という意味を表す。この他、Everything worked out.（全てうまくいった）のように、「**良い結果となる**」という意味もある。これは前ページの②「うまくいく」の仲間だ。ただ、outが付くことで「結果として」というニュアンスが濃くなると考えておこう。outは「外に出る」から「結果として生じてくる」という意味がある。よってwork outで「良い結果となる」という意味になる。

・work on：主に「**〜に取り組む**」という意味で用いられる。

・work off：offはcut it off（それをそぎ落とす）のように、何かが離れて、その結果なくなるというニュアンスを表す語。これとworkが一緒に使われることで「**働いたり運動したりすることで〜をなくす**」という意味を表す。具体的には「働いて借金を返す」「運動で体重を減らす、ストレスを解消する」などの意味で用いることが多い。

 ―――――――――――――――――――――

The method **worked for** me.

そのメソッドは、私には効果があった

I don't think that color **works for** you.

その色はあなたに合わないと思う

✎ 「〜にとって良い」から転じて「〜に適している」という意味でも使う

Personally, yoga **works** best **for** me.

個人的には、ヨガが最も私にとって効果がある

✎ work best for 〜（〜にとって最も効果がある）のように間にbestを挟むこともある

Unfortunately, those times don't **work for** me.

残念ながら、私はその時間に都合がつきません

"How about Tuesday at 3 p.m.?" "**Works for** me!"

「火曜の午後3時はどうかな？」「大丈夫だよ！」

✎ くだけた会話では主語（It）を省略することがある

Jane **works out** at the gym every Saturday.

ジェーンは毎週土曜日にジムで体を鍛えている

Don't worry. I'm sure everything will **work out** in the end.

心配するなよ。最後にはすべてうまくいくって

Things didn't **work out** between us and we broke up.

私たちはうまくいかなくて、結局別れた

✎ things don't work outは、人間関係がうまくいかない時によく使われる表現

The team has started **working on** a new project.

そのチームは新規プロジェクトに取り組み始めた

Cody **worked off** his debts.

コーディーは働いて借金を返した

Cycling is a great way to **work off** stress.

サイクリングはストレスを解消する素晴らしい方法だ

☐ □ **debt**（名）借金

turn

①「(時刻・年齢が)〜になる」　**②**「ページをめくる」

③「〜を(ある方向に)向ける、〜の方を向く」　**④**「(色などが)〜に変わる」

「回転する、向きが変わる」が基本的なイメージ

turnは**「回転する、向きが変わる」**を基本として、様々な意味で使われる。まず**「(時刻・年齢が)〜になる」**という意味がある。日本語でも「時計の針が〜を回る」と言うが、それと同じイメージで捉えよう。また**「ページをめくる」**という意味もある。本のページをめくる動作が、turnのイメージとぴったり合うため、このような意味で使われる。

他にも、幅広いイメージで**「〜を(ある方向に)向ける、〜の方を向く」**という意味で用いられる。turn to 〜なら「〜の方を向く」だし、turn against 〜は「〜に相対する(against)ように向く」から「〜と敵対する」の意味になる。

最後に、getやbecomeと同様に、turnも**「〜になる」**という意味で用いられる。特に色や天候の変化に対して使うことが多いと覚えておこう。

It has just **turned** 1 a.m.

時刻は午前1時を回った〔①〕

My wife and I **turned** 30 this year.

私と妻は今年30歳になった〔①〕

Turn the page.

ページをめくってください〔②〕

📝 page-turner(読み出したら止まらないほど面白い本)という名詞も覚えておこう

Turn to page 76.

76ページを開いてください〔②〕

📝 turn to 〜は「〜ページを開く」という意味で使われる

She **turned** to me and smiled.

彼女は私の方を向いて、微笑んだ〔③〕

Please help me. I have no one else to **turn** to.

助けてください。他に頼る人がいないんです〔③〕

📝 turn toは「〜の方を向く」から転じて、「〜に頼る」という意味でも使う

Vivian **turned** against me.

ビビアンは私と敵対するようになった〔③〕

They **turned** Vivian against me.

彼らはビビアンを私に敵対するように仕向けた〔③〕

📝 turn A against Bは「AをBと敵対させる」。この他、turn back（引き返す）、turn over（ひっくり返す）など、結びつく前置詞・副詞によって様々な意味になる

He **turned** his back on me.

彼は私に背を向けた〔③〕

📝 turn one's back on 〜で「〜に背を向ける」。転じて「〜を見捨てる」の意味でも用いることもある

They **turned** a blind eye to the problem.

彼らはその問題を見て見ぬふりをした〔③〕

📝 turn a blind eye to 〜で「〜を見て見ぬふりをする」。turn a deaf ear to 〜なら「〜が聞こえないふりをする」

The leaves **turn** red in the autumn.

秋には葉が赤くなる〔④〕

Why do apples **turn** brown after being cut?

どうしてりんごは切った後に茶色くなるのですか？〔④〕

The weather is expected to **turn** cold again.

再び気候が寒くなることが予測されている〔④〕

He is an actor-**turned**-politician.

彼は元俳優の政治家だ〔④〕

📝 〜 -turnedは「〜から変わった・転向した、元〜の」という意味で、後ろの名詞（ここではpolitician）を修飾する形で用いる。他にもplayer-turned-scout（選手出身のスカウト）のような例もある

turn

1. turn out「結局は〜になる」
2. turn on/off「スイッチを入れる／切る」

turnと結びつくことが多いout/on/off

ここでは、turnを使ったphrasal verbをいくつか取り上げる。

・**turn out**：turn out well（結果的にうまくいく）のように、「**結局は〜になる**」という意味を表す（ここまで本書をお読みの皆さんは、outには「結果」を表す用法があることはご存じだろう）。It turns out that 〜（〜ということが分かる、判明する）、turn out to be 〜（〔主語は〕結局は〜であると分かる）やturn out like 〜（〜のようになる）という形で使うことも多い。この他、〈turn（向きを変える）＋out（外に）〉から「**〜を裏返す**」という意味や、「**（人が）集まる**」という意味でも用いられる。

・**turn on/off**：「**スイッチを入れる／切る**」という意味で用いる。また、「性的なスイッチが入る」という発想から、turn me onで「**主語は私を（主に性的に）興奮させる**」という意味でも使われる。性的なことだけでなく、「**〜の興味をかき立てる**」という意味もある。逆にturn me offは「**（主語は）私を冷めさせる**」だ。性的なことはもちろん、恋愛感情などが冷める場合にも使われる。

I believe things will eventually **turn out** all right.

物事は、結局はうまくいくと信じている

📝 turn out all rightは、come out all right（p.59参照）と同じく「結局はうまくいく」という意味を表す。all right以外にも、well、fine、goodなどが使われることもある

The boy **turned out** well.

その男の子は立派に成長した

📝 turn out wellは、文脈によっては「立派に成長する」という意味を表す

As it **turned out**, I didn't need to buy it.

結果的には、それを買う必要は無かった

📝 as it/things turned outは「結果的には」「ふたを開けてみれば」という決まり文句

It **turned out that** Troy was two-timing her with her best friend.

トロイは彼女とその親友とに二股を掛けていたことが判明した

The movie **turned out to be** a big success.

その映画は大成功であった

Pete didn't want to **turn out like** his father.

ピートは父親のようになりたくなかった

I **turned out** my pockets to show they were empty.

何も入っていないのを見せるため、私はポケットを裏返した

More than 3,000 people **turned out** for the rally.

その集会に3千人以上が集まった

📝 ここから派生したturnout（参加者、人出、投票率）という名詞も押さえておこう

Turn on CNN! They're showing a live car chase.

CNNをつけてみろよ！ カーチェイスを中継しているぞ

Turn off the lights.

明かりを消してくれ

📝 turn offは様々なスイッチを「切る」場合に使われるが、明かり・照明に関してはturn out the lightsのようにturn outを用いることもある

She **turned on** the faucet and washed her hands.

彼女は水道の蛇口をひねって手を洗った

📝 turn on/offは電化製品だけでなく、水道やガスにも使われる

Meg wears yoga pants to **turn** guys **on**. I don't think that'll work.

メグは男性を興奮させる目的でヨガパンツを履いている。うまくいくとは思えないけど

He's nice, but he just doesn't **turn** me **on**.

彼はいい人だけど、性的な魅力を感じないのよね

She seems to be more interested in Instagram than she is in me. That really **turns** me **off**.

彼女は僕よりインスタに夢中みたいだ。そういうところを見ると冷める

📝 Is it a big turn-off for a guy if a woman farts?（女子がおならしたら男子はかなり引く？）のようにturn-off（冷めさせるもの）／ turn-on（興奮させるもの）という名詞も覚えておこう

turn

1. **turn up/down**「（音量・温度などを）上げる／下げる」
2. **turn into**「～に変わる」　3. **turn in**「～を提出する」

turnと結びつくことが多いup/down/into/in

前ページに引き続き、turnを使ったphrasal verbを見ていこう。

・**turn up/down**：「（音量・温度などを）上げる／下げる」という意味で用いる。turn upは「（ふいに）現れる」という意味でも使う。人がひょっこり現れる場合にも、物が予期せぬ形で見つかる場合にも使われる。これに関連してturn up dead（（主語は）遺体となって発見される）も覚えておこう。一方、turn downは「断る」（p. 132参照）という意味でも使われる。

・**turn into**：「～に変わる」という意味（＝change into）。turn A into B（AをBに変える）という使い方もある。transform into ～（～へと姿を変える）、translate A into B（AをBに翻訳する）など、前置詞のintoには〈変化〉を表す用法があるということも覚えておこう。

・**turn in**：「～を提出する」の他、「～を警察に引き渡す、出頭させる」の意味でも用いる。turn oneself inなら「自首する」。また「～を警察に届ける」という意味もある。

Can you **turn** the heating **up**? It's freezing in here.

暖房の温度を上げてくれない？　ここは凍えそうなほど寒いよ

Turn the music **down**! I'm trying to study.

音楽を小さくしてよ！　勉強しようとしているんだから

Eventually the key **turned up** in my pants pocket.

結局その鍵は、私のズボンのポケットから出てきた

Zach **turned up** when the party was almost over.

ザックは、パーティーがもうすぐ終わろうかという時に、ふいにやって来た

The suspect **turned up dead**.

その容疑者は遺体となって発見された

📝 Police found the suspect dead. (警察はその容疑者が死亡しているのを発見した) のように表現することもできる

The adorable little girl **turned into** a beautiful young lady.

そのかわいらしい小さな女の子が、美しい若い女性へと変貌を遂げた

As the days and weeks **turned into** months, I came to realize I was not alone.

月日が過ぎるにつれて、自分は一人ではないということが分かるようになってきた

📝 直訳は「数日や数週間が数ヶ月に変わるにつれて」。つまり「数ヶ月が経過して」ということを表す表現

The heavy rain **turned** the dirt **into** mud.

その大雨が、土をぬかるんだ泥へと変えた

The witch **turned** the prince **into** an ugly frog.

魔女は王子様を醜いカエルへと変えた

Dennis **turned in** his resignation to his supervisor yesterday.

デニスは昨日、上司に辞表を提出した

Laura threatened to **turn** him **in** to the police.

ローラは彼を警察に連れていくと脅した

He finally decided to **turn** himself **in**.

彼はついに自首する覚悟を決めた

Hannah **turned in** the wallet that she found to the police.

ハンナは拾った財布を警察に届けた

🔖 □ **freezing** (形) 凍えそうなほど寒い　□ **adorable** (形) かわいらしい
□ **dirt** (名) 土　□ **mud** (名) 泥、ぬかるみ　□ **ugly** (形) 醜い
□ **frog** (名) カエル　□ **resignation** (名) 辞任、辞表
□ **supervisor** (名) 監督者、上司　□ **threaten** (動) 〜するぞと脅す

help

❶「〜を手伝う、助ける」　❷「(主語は)助けになる、役に立つ」

❸(can/cannotと共に使って)「〜を避ける」

「役に立つ」「どうしても〜してしまう」のニュアンスでも使われる

helpは「**〜を手伝う、助ける**」という意味であることはご存じだと思うが、その使い方には注意が必要だ。

まず「〜することを手伝う」はhelp to doで表すが、toはしばしば省略されて〈help＋動詞の原形〉という形をとることが多い。また、「人が〜することを手伝う」のように、誰のことを手伝うのかを明示する場合は〈help＋人＋to do〉の形を用いるが、これもtoを省略して〈help＋人＋動詞の原形〉となることが多い。それから、「息子の宿題を手伝う」のように、「人の〜を手伝う」は〈help＋人＋with 〜〉のように、前置詞のwithが使われる。他にもこれと関連してhelp him up/down the stairs(彼が階段を上がる／下りるのを手伝う)のようなパターンも押さえておこう。

それから、helpは「〜を手伝う」という意味だけでなく、「**(主語は)助けになる、役に立つ**」という自動詞(目的語をとらない動詞)としての用法もある。

また、「**〜を避ける、防ぐ**」という意味でも使われる。この意味では、canやcannotと共に用いると覚えておこう。can help 〜で「〜を避けられる」、cannot help 〜 ingで「〜するのを避けることができない⇒どうしても〜してしまう」のように使われる。後者は、〈cannot help but＋動詞の原形〉という形をとることもある。また、cannot help oneselfは「自分自身を抑えきれない、どうしてもがまんができない」という意味。

I **helped** carry the table.

私はそのテーブルを運ぶのを手伝った〔❶〕

I **helped** her carry the table.

私は彼女がそのテーブルを運ぶのを手伝った〔❶〕

He **helped** his son with his homework.

彼は息子の宿題を手伝った〔❶〕

📝〈ミス防止〉日本語の「宿題を手伝う」につられて、help his homeworkとしないこと

I **helped** my grandfather down the stairs.

私は祖父が階段を下りるのを手伝った（①）

📝 help him across the street（彼が道を渡るのを手伝う）、help him out of the car（彼が車から降りるのを手伝う）などのパターンもある

Stop complaining. It doesn't **help**.

文句を言うのはやめろよ。何の助けにもならないぞ（②）

Does this **help**?

これが助けになっていますか（②）

📝 主に相手の質問に答えて、「この回答があなたの疑問解決に役立っていますか?」ということを伝えたい時に使われる表現。I hope this helps.（これが助けになればよいのですが）という言い方もできる

Don't use slang if you **can help** it.

できることならスラングは使うな（③）

📝 if you can help itは直訳すると「もしそれを避けられるなら」。つまり「できることなら、しないで済むのなら」という意味を表す

I know it's not the best, but it **can't be helped**.

ベストではないのは分かるが、でもしかたがないだろ（③）

📝 It can't be helped. は「それは避けられない」。つまり「しかたがない」という意味で、悪い状況を変えられない時に用いる表現

I **couldn't help** laughing.

笑いをこらえられなかった⇒思わず笑ってしまった（③）

📝 I couldn't help but laugh. とも表現できる

I shouldn't have cried, but I **couldn't help myself**.

泣くべきではなかったが、こらえきれなかったんだ（③）

📑 □ slang（名）スラング、俗語

---

① 次のイラストの内容に合うように、空所に適語を入れよう。

1

The printer isn't _____.

2

Someone _____ the water running.

---

② 上下の文の空所に共通して入る語を答えよう。

1 If this plan doesn't _____, we'll have to try

something else.

　The country's coronavirus strategy didn't _____.

2 He decided not to run _____ a third term.

　How about 4 p.m.? Does that work _____ you?

3 She has never _____ a business before.

　We don't want to _____ the risk of losing our

---

customers.

4 I knew it was wrong, but I couldn't _____ myself.

I know crying won't _____, but it's really hard not to.

5 As it _____ out, I didn't have to worry so much.

Mr. Akai is a boxer-_____-actor.

6 The hurricane _____ more than 100 people missing.

I was worried I'd get _____ behind.

---

❸ 次の日本文を英語にしよう。

1 できることならスラングは使うな。

2 音楽を小さくしてよ！　勉強しようとしているんだから。

3 ジャック、やめなさい！　妹にちょっかいを出さないの。

---

❹ 下線部に注意して、次の英文の意味を考えてみよう。

1 If you don't make mistakes, you're not <u>working on</u> hard enough problems. And that's a big mistake. — Frank Wilczek

2 The person you took for granted today may <u>turn out to be</u> the person you need tomorrow. Be careful how you treat people.

*took for granted：「いるのが当たり前だと思っていた」

3 Gary Kremen, the founder of Match.com, went through a tough breakup when his girlfriend <u>left him for</u> a man she met on the online dating service. Kremen said that it was painful, but at least it showed him that his site <u>worked</u>.

*painful：「辛い、苦痛な」

do

❶「（家事など）をする」　❷「～で事足りる、必要を満たす」

❸「～をもたらす」

💡 ―――――――――――――――――――――――――――――――

洗濯、アイロンがけ、買い物、皿洗いはdoで表現する

doは「～をする」という意味だが、ご存じの通り日本語の「する」が全て英語のdoに置き換えられるわけではない。例えば「メールする」はdo an emailではなく、textという動詞を使う。紙幅の関係でdoの使い方を全て紹介することはできないので、今後英語を読んでいる時にdoを見つけたら、どんな使い方をしているのか観察してみよう。そうすることで、doの使い方が少しずつ身についていくはずだ。ここでは、特に注意を要する用法を見ていきたい。

まずdo the washing/ironing/shopping/dishes（洗濯／アイロンがけ／買い物／皿洗いをする）のように、**家事に対してdoを使うことが多い。**

また、主に〈主語 will/would do〉の形で「**主語で事足りる、主語があれば大丈夫だ**」という意味を表す用法もある。例えば「ペンを持っている？　鉛筆でもよいのだけど（A pencil will do.）」のようなケースだ。

それからdo damage/harm（損害をもたらす）のように「**～をもたらす**」という意味にも要注意。do me harm/good（（主語は）私に害／利益をもたらす）のように〈do＋人＋A〉（人にAをもたらす）のようなパターンで使われることも多い。これと関連してdo me a favor（私のお願いを聞いてください）という決まり文句を覚えておこう（あえて直訳するなら「私に恩恵（favor）をもたらしてください」）。

 ―――――――――――――――――――――――――――――――

Yesterday I **did** the washing and Karla **did** the ironing.

昨日は僕が洗濯をして、カーラはアイロンがけをした〔①〕

The most important four words for a successful marriage: "I'll **do** the dishes."

うまくいく結婚生活のために最も重要な4語：「I'll do the dishes.（僕が皿洗いをするよ）」〔①〕

Do you have any ID? A passport will **do**.

何か身分証をお持ちですか？　パスポートで構いません〔②〕

"What kind of guitar should I buy?" "If you're a beginner, anything will **do**."

「どんなギターを買うべきでしょうか?」「あなたが初心者なら、どんなものでも構いません」〔②〕

"Would you like the brown one or the black one?" "Either will **do**."

「茶色と黒とどちらがよろしいですか?」「どちらでも結構です」〔②〕

✑ Either will do. は「どちらでも結構です」という決まり文句。eitherは「どちらでも」

Did the fire **do** much damage to the building?

火事は、その建物に大きな損害を与えましたか?〔③〕

✑ 〈ミス防止〉「〜に損害を与える」はdo damage to 〜、またはcause damage to 〜などを使う。「与える」につられてgive damage to 〜としないこと

Changing the rules can sometimes **do** more harm than good.

ルールを変えることは、時に利益よりも害になることがある〔③〕

✑ do more harm than goodは「利益より害になる」という決まり文句

Why don't you take a rest? It will **do** you good.

少し休んだら? その方がいいよ〔③〕

✑ 〈do 人 good〉は「(主語は)人にとって効果がある、健康に良い、役に立つ」など「何らかの利益になる」という文脈で幅広く使われる

Would you **do** me a favor?

お願いしてもいいですか?〔③〕

📑 □ **harm**(名)害
□ **rest**(名)休憩／(動)休憩する

do

1 「(様子・状況が) 〜である」　**2** 「(髪型など) 〜を整える」

3 「〜の役を演じる、〜の口調をまねる」　**4** 「〜を調理する」

5 「〜の速度で進む」　**6** 「〜と肉体関係を持つ」

実はこんなことまでdoで伝えられる

引き続き、doの様々な用法について見ていこう。

doing well (うまくいっている) のように、doは「**どんな様子・状況か**」を表現する際に使われる。相手の調子を尋ねる時にHow are you doing? という言い方をするが、このdoも「様子・状況」を表現していると考えることができる。

また、do my hair (髪型を整える) のように「**(髪型など) 〜を整える**」という意味で使われる。髪型以外にも、do my face (化粧をする)、do my nails (ネイルをする) などのパターンも押さえておこう。

それから、do Hamlet (ハムレットを演じる) のように「**〜の役を演じる**」という意味もある。この「演じる」から転じて「**〜の口調をまねる、〜のものまねをする**」という意味で使うこともある。

他にも、「**〜を調理する**」の意味でも用いる。ステーキの焼き具合を表現するwell-done (ウェルダン) という言葉をご存じだと思うが、これも「よく (well) 調理された」ということだ。

この他、「**(車などが) 〜の速度で進む**」という意味でも使われる。

最後に、日本語でも「〜とやる」と言うように、〈do+人〉で「**人と肉体関係を持つ**」という意味を表す。また、do it (それをする) も、性的な関係を持つことを遠回しに表現する際に使われる。いずれも、主に友人同士などで使われるようなカジュアルな表現だ。

The company is **doing** well.

会社の業績は良い〔①〕

"How is my son **doing** in school?" "He is **doing** all right."

「息子の学校での様子はどうですか」「問題ないですよ」〔①〕

I haven't **done** my hair yet.

まだ髪型を整えていないの〔②〕

Tania got her nails **done** at a nearby salon.

ターニャは近所のサロンでネイルをしてもらった〔②〕

Who **did** Hamlet last year?

去年ハムレットを演じたのは誰だっけ？〔③〕

He **does** a great Donald Trump.

彼はドナルド・トランプのものまねが上手だ〔③〕

📝 〈do＋人〉だけでも「〜のものまねをする」という意味だが、人の前にa greatを付けることで「ものまねがうまい」という意味を表せる

I'm thinking of **doing** chicken tonight.

今夜は鶏肉料理を作ろうと思っている〔④〕

How would you like it **done**?

（焼き加減などは）どのようにいたしましょうか？〔④〕

He was **doing** 140 kph when police pulled him over.

彼は時速140キロで飛ばしていたところ、警察に止められた〔⑤〕

The speed limit is 60 mph, but you were **doing** much more than that.

制限速度は時速60マイルだが、あなたはそれよりずっと速く走っていた〔⑤〕

You know what Troy said? "Hi. I'm the man **doing** your daughter."

トロイの奴、何て言ったと思う？ 「どうも、私がおたくの娘さんと寝ている男です」だとよ〔⑥〕

🔖
□ **nearby**（形）近くの
□ **pull over** 車を止める、止めさせる

break

❶「〜を壊す、破る」　❷「壊れる」

❸「声変わりする」

「壊す」からイメージを広げよう

breakはもちろん「壊す」という意味が基本だが、日本語の「壊す」よりも意味の幅が広く、「記録を破る」「法を犯す」「約束を破る」「習慣を断ち切る」など、**「様々なものを壊す」** という文脈で使われるので注意が必要だ。以下の例を見て、どんな場面で使われるのかを確認しておこう。思っている以上に、いろいろなものを「壊す」際に用いることが分かるはずだ。

また、「〜を壊す」の他に **「（主語が）壊れる」** という自動詞としても用いられる。この他、思春期の男性が **「声変わりする」** にもbreakは使われる。

I **broke** my leg in the accident.

私はその事故で脚を骨折した〔①〕

📝 ちなみにBreak a leg. は、これからステージに立つ人に「頑張れ」と励ます決まり文句。役者の間では、"Good luck." と声を掛けると逆に良くないことが起こるという迷信があり、そのため「脚を折れ」と、あえて不吉なことを言って励ますようになったと言われる

He **broke** the world record by 17 seconds.

彼は世界記録を17秒更新した〔①〕

Have I **broken** any laws, officer?

何か私が法に触れるようなことをしたんですか、お巡りさん？〔①〕

He **broke** his pledge to generate a million jobs.

彼は100万の雇用を創出するという公約を守れなかった〔①〕

What is the best way to **break** the habit of biting my nails?

爪を噛む癖を直す最も良い方法は何ですか？〔①〕

They finally **broke** the enemy's code.

彼らはついに敵の暗号を解読した〔①〕

David **broke** all ties with his old friends when he left town.

デビッドは町を出る時、昔の友人とのつながりを全て絶った〔①〕

Could you **break** a twenty?

20ドル札を崩してもらえますか？〔①〕

After a pause, Liam **broke** the silence with a question: "What are we going to do next?"

一呼吸置いた後、リアムは「次にどうする？」という質問で沈黙を破った〔①〕

My boss told a lame joke to **break** the ice.

私の上司は場を和ませようとして、つまらない冗談を言った〔①〕

📝 break the iceは「緊張を解きほぐす、場を和ませる」という決まり文句。初対面で氷のように張りつめた雰囲気を壊すというイメージ。関連表現のice-breaker（緊張を解きほぐすもの）、ice-breaking（緊張を解きほぐすような）も覚えておこう

The flowerpot **broke** into pieces.

その植木鉢は粉々に砕けた〔②〕

📝 break into piecesで「粉々に砕ける」。p. 80で見た通りintoには〈変化〉を表す用法がある

Brad recently turned 14. His voice is starting to **break**.

ブラッドは最近14歳になった。彼は声変わりし始めている〔③〕

📝 breakの代わりにchangeを使っても同じ意味

📖
- □ **second** (名) 秒
- □ **pledge** (名) 約束／(動) 約束する ※promiseよりも、公式に約束するという感じが強い
- □ **generate** (動) 〜を生み出す
- □ **habit** (名) 癖、(個人的な) 習慣
- □ **bite** (動) 〜を噛む
- □ **code** (名) 暗号
- □ **tie** (名) つながり
- □ **pause** (名) (一時的な) 中断、途切れ
- □ **lame** (形) ださい、つまらない

break

● **break up**「壊れてバラバラになる」「(カップルが) 別れる」

● **break out**「何かが突然発生する」

● **break down**「(機械が) 故障する」「(交渉が) 決裂する」

● **break into**「(laughter/tearsとセットで) 急に笑い出す／泣き出す」

● **break in**「押し入る、侵入する」

よく使われるbreakの句動詞を使いこなそう

ここでは、breakを使った代表的なphrasal verbを見ていこう。

・**break up**：「壊れてバラバラになる、〜をバラバラに壊す」が原義。そこから「**(カップルが) 別れる**」「**解散する**」などの意味で用いる。

・**break out**：「何かが突然発生する」が基本的な意味。そこから「**伝染病が発生する**」「**戦争が勃発する**」「**暴動が起きる**」「**火災が発生する**」などの意味で用いる。break outが転じてできたoutbreak ((伝染病・暴動などの) 発生) という名詞も覚えておこう。この他、break out in a sweat/rash (突然発汗する／発疹が出る) という用法もある。

・**break down**：「**(機械が) 故障する**」「**(交渉が) 決裂する**」「**泣き崩れる**」などの意味で用いる。また「**(細かい部分やカテゴリーに) 分解・分類する**」という意味もある。break down A into B (AをBに分解・分類する) という形を覚えておこう。

・**break into**：前ページではbreak into piecesという形を紹介したが、ここではbreak into laughter/tears (急に笑い出す／泣き出す) という決まり文句を押さえておこう。

・**break in**：「**押し入る、侵入する**」の他、「**(靴など) を履き慣らす**」の意味でも用いる。

They **broke up** and made up many times before finally getting married.

彼らは最終的に結婚する前に、別れてはよりを戻しを何度も繰り返した

The Beatles **broke up** in 1970.

ビートルズは1970年に解散した

My grandfather was living in Russia when the war **broke out**.

その戦争が勃発した時、祖父はロシアに住んでいた

The fire must have **broken out** in the kitchen.

その火災はキッチンで発生したに違いない

He **broke out** in a sweat.

彼はどっと汗をかき始めた

📝 A sweat broke out on his forehead.（彼は額にどっと汗をかいた）のような使い方をすることもある

Our car **broke down** on the highway.

ハイウェーで車が故障した

The peace talks eventually **broke down**.

和平交渉は、結局は決裂した

She **broke down** in tears.

彼女は泣き崩れた

📝「泣き崩れた」の意味ではin tearsとセットで使うことが多い

We **broke down** the work into three distinct phases.

私たちはその仕事を3つの独立した段階に分けた

Joanna **broke into** laughter.

ジョアンナは急に笑い出した

📝 burst into laughter/tears（急に笑い出す/泣き出す）も使われる

Thieves **broke in** and stole my wallet while we were away.

留守中に泥棒が侵入して私の財布を盗んでいった

I went for a walk to **break in** my new shoes.

新しい靴を履き慣らすために散歩に行った

📖 □ **distinct**（形）はっきり区別できる、際立った　□ **phase**（名）段階

pick

① 「〜を選ぶ」　② 「〜を摘み取る」

③ 「〜をほじる」　④ （pick a fightの形で）「けんかをふっ掛ける」

和製英語の「ピックアップする」に要注意

pickは以下のように様々な意味で使われる。

まず、pickには「**選ぶ**」という意味がある。これはchooseとほぼ同じ意味だと考えておいて問題はない。気をつけてほしいのは、日本語で複数の選択肢の中から何かを選ぶことを「ピックアップする」と言うことがあるが、英語のpick upにはこの意味はない。「選ぶ」は単にpickを使うか、またはpick outの形を用いると覚えておこう。また、Take your pick.（好きなものを選んで）という例から分かる通り、pickは動詞の他に、「選択」という名詞として用いることもある。

また、「**（花や果物などを）手で摘み取る**」という意味もある。こちらも「収穫物」という名詞としても使われるので覚えておこう。

それから、鼻や耳などを「**ほじる**」を英語で表現するのは意外と難しいのではないだろうか。これもpickを用いて表すことができる。toothpick（つま楊枝）、earpick / ear pick（耳かき）など、「ほじる」ものにはpickが使われるという点にも注意を向けておこう。余談ながら、いわゆる耳かきは、英語圏ではそれほど一般的ではない。

最後にpick a fightの形で「けんかをふっ掛ける、因縁を付ける」という意味を表す。pick up a fightの形を用いることもある。

Pick your words carefully.

言葉は慎重に選びなさい〔①〕

The winners will be **picked** by lottery.

当選者はくじで選ばれます〔①〕

Anderson was **picked** in the first round by the Yankees.

アンダーソンは、ヤンキースから1巡目で指名を受けた〔①〕

📝 いわゆるドラフトの「指名」にも用いられる

Biden **picked** Kamala Harris as his running mate.

バイデン氏はカマラ・ハリス氏を副大統領候補に選んだ〔①〕

📝 pick A as Bで「AをBとして選ぶ」

My son was **picked** for the national squad.

息子が国の代表チームに選ばれた〔①〕

📝 「(代表チームなど)〜に選ばれる」は、このようにbe picked for 〜で表現できる

She has been **picked** to play Princess Diana in the new movie.

彼女はその新作映画でダイアナ妃を演じる役に選ばれた〔①〕

📝 pick A to do 〜で「〜することにAを選ぶ」

We can't **pick** and choose which rules to follow.

どのルールに従うかを選ぶことはできない〔①〕

📝 pick and chooseという形は、特に「自分が選びたいものだけを選ぶ」というニュアンスで用いることが多い

Take your **pick** of any cake on the table.

テーブルの上にあるケーキをどれでも選んでいいよ〔①〕

We **picked** vegetables from a small garden in the backyard.

庭にある小さな菜園で野菜を収穫した〔②〕

📝 freshly picked strawberriesなら「摘みたていちご」

Stop **picking** your nose while I'm talking to you.

私が話している時に、鼻をほじるのはよせ〔③〕

Hey, what are you looking at? Are you trying to **pick a fight** with me?

おい、お前何見ているんだよ。俺にけんかを売っているのか？〔④〕

🔖 □ **lottery**（名）くじ
　□ **round**（名）(繰り返し行われることの) 回、段階
　□ **running mate** 大統領候補と共に選挙戦を闘う副大統領候補
　□ **squad**（名）チーム　□ **backyard**（名）裏庭

pick up

❶「〜を拾い上げる、手で持ち上げる」　❷「〜を迎えに行く」

❸「〜を途中で買う、引き取る」　❹「(知識など)を身につける」

❺「(スピード・勢い)を増す」　❻「(病気)に感染する」　❼「〜をナンパする」

pick upは1つのイメージで理解できる

続いて、pickを使ったphrasal verbのうち、特に重要なpick upについて見ていこう。幅広い意味で使われるが、全てに共通しているのは**「拾い上げる(その結果、自分のものにする)」**というイメージ。これを頭に入れたうえで、改めて上記の意味を見てみると、全て「拾い上げる」というイメージがあるのが見て取れるはずだ。

日本語でも「車で拾う」と言う通り、誰かを迎えに行くことも「拾い上げる」につながるし、途中で何かを買って帰る、知識を身につけて自分のものにする、誰かから病気をもらってしまうことも「拾う」感じがある。同じく、ナンパだって声を掛けて連れていくわけだから「拾う」ことにつながる。また、坂道で玉を転がすと、どんどん速度を増していくが、これも転がりながら「速度・勢いを拾い上げている」と解釈できる。

このようにpick upは「拾い上げる」という基本の意味を出発点として、上記の意味で使われるようになったと考えておこう。こうしたことを知っておけば、pick upに出くわしても「拾い上げる」という意味で解釈しておけば大きくずれることはないため、大変便利だ。

I **picked up** the coin off the floor.

私は床からそのコインを拾い上げた〔①〕

The baby started to cry and Linda **picked** her **up**.

赤ちゃんが泣き出して、リンダが抱き上げた〔①〕

The phone rang and I **picked** it **up**.

電話が鳴り、私はその電話に出た〔①〕

📝「受話器を持ち上げる」というイメージから「電話を取る」の意味でも用いる

I'll **pick** you **up** around seven.

7時ごろに迎えに行きます〔②〕

Gina needs to **pick up** her kids at school.

ジーナは学校に子供たちを迎えに行く必要がある〔②〕

📝 〈ミス防止〉at schoolのところは「学校から迎えに行く」と考えてfrom schoolを使ってもOK。ただし、「学校に」につられてto schoolとしないこと

Every morning the school bus **picks up** my daughter at nine.

毎朝9時にスクールバスが娘を乗せていく〔②〕

Can you **pick up** milk on your way home?

帰りに牛乳を買ってきてくれない?〔③〕

Ben **picked up** his dry cleaning.

ベンはドライクリーニングに出した衣類を引き取った〔③〕

Rose **picked up** some Japanese phrases when she was living in Tokyo.

ローズは東京に住んでいた時、日本語の表現をいくつか覚えた〔④〕

📝 ④の意味では特に外国語の知識・表現などを身につけるという文脈で使うことが多い

The truck **picked up** speed.

トラックはスピードを上げた〔⑤〕

📝 The wind picked up.(風が強くなった)のように「(速度・勢いが)増す」という自動詞としても用いられる

He **picked up** a cold when he was in Madrid.

彼はマドリードにいる時に風邪にかかってしまった〔⑥〕

I used to go to clubs to **pick up** chicks.

昔は女をナンパするためにクラブに行ったものだ〔⑦〕

🔖 □ **on one's/the way home** 家に帰る途中で
□ **phrase**（名）語句
□ **chick**（名）特に若い女性を指す言い方

pay

 ❶「（注意）を払う」　❷「（敬意）を払う」　❸「〜を訪問する」

❹「（主語が）割に合う、報われる」　❺「（主語が）報いを受ける」

お金を「払う」以外にも幅広く使われる

payは文字通りには「支払う」だが、それ以外にも様々な意味がある。日本語でも「**注意を払う**」と言うように、英語もpay attentionで「注意を払う、注意して聞く」という意味を表す。特に「何に注意を払うのか」を明確にする場合はpay attention to 〜の形を用いる。

また、「**敬意を払う**」という場合にも、payは使われる。この意味では特にpay one's respects to 〜という形で用いることが多い。ただし、これは単に「〜に敬意を払う」だけでなく、文脈によっては「（葬儀などで）〜の弔問に訪れる」という意味を表すこともあるので注意が必要だ。その場合は、pay one's final/last respects to 〜のように、final/lastという形容詞を付けることがある。また、pay a compliment to 〜 / pay 〜 a compliment（〜にお世辞を言う）というパターンも覚えておこう。

それから、pay 〜 a visit/callの形で「**〜を訪問する**」という意味を表す。単に動詞のvisitを使うよりも、「短い時間で訪問する」というニュアンスを表すことが多い。

他にも「しっかりとした支払いが得られる」⇒「割に合う」という発想から、payには「**（主語が）割に合う、報われる、最終的に良い結果を出す**」という用法がある。この意味ではpay offという形を用いることも多い。

最後に、payは「**（主語が悪行の）報いを受ける**」の意味でも使われる。「悪行の代金を支払う＝その報いを受ける」という発想だ。

You weren't **paying attention to** what I was saying, were you?

君は僕の話に注意を払っていなかっただろう？〔①〕

Pay close attention to your teacher.

先生の話をよく聞きなさい〔①〕

📝 pay close attentionとすることで、さらに細かく注意を払っているニュアンスを出すことができる

A lot of people **paid their last respects to** Mr. Jackson.

たくさんの人々が、ジャクソン氏に最後のお別れをした〔②〕

I was trying to **pay** her **a compliment**, but she took it as an insult.

彼女にお世辞を言おうとしたが、それを侮辱と受け取られた〔②〕

📝 give 〜 a complimentと表現することもできる

Jimmy **paid** me **a visit** while I was in Tokyo.

私が東京にいた時、ジミーは私を訪ねてきてくれた〔③〕

Honesty always **pays** in the end.

正直にしていれば最後には必ず報われるものだ〔④〕

Crime doesn't **pay**.

犯罪は割に合わない〔④〕

All my hard work **paid off** when I finally passed the bar exam.

ついに司法試験に受かった時、私の努力は報われた〔④〕

The partnership will eventually **pay off** for both sides.

この提携は最終的に双方にとってプラスとなるでしょう〔④〕

You will **pay** for it.

お前はその報いを受けることになるぞ〔⑤〕

📝 直訳は「それに対して代金を支払うことになるぞ」

Whoever did this must **pay**.

これをしたのが誰であれ、その報いを受けなくてはならない〔⑤〕

🔖
□ **insult**（名）侮辱／（動）〜を侮辱する
□ **crime**（名）犯罪
□ **bar**（名）法廷、裁判 ※bar examで「司法試験」

meet

① 「(要求・水準など) を満たす」

② 「(道路・川などが) 合流する、合わさる」

③ (meet withの形で)「(何らかの反応) を受ける」「～と会う」

④ (meet ～ halfwayの形で)「～と妥協する」

withをつけると少しニュアンスが変わる

meetは「会う」という基本の意味以外にも**「(要求や水準)を満たす」**という意味で使うことも多い。求められている水準などにしっかり「合う」ことから、「～を満たす」という意味で使われると考えておこう。

また、**「(道路・川などが) 合流する、合わさる」**という意味もある。これは「道路・川が会う⇒合流する」と考えると分かりやすいだろう。この他、**「カーテンが閉まる」「服のボタンが閉められる」**といった「何かが合わさる、触れ合う」ことにもmeetを用いることがある。

それから、meet with ～で**「(何らかの反応)を受ける」**という意味を表す。meet with a warm welcome（温かい歓迎を受ける）、meet with criticism（批判を受ける）など幅広く使われる。他にも、meet with ～には**「～と (主に話し合いのために) 会う」**という意味もある。meetが「初めて会う」「出くわす」「約束して会う」など幅広く「会う」という意味を表すのに対し、meet with ～は「～と話し合うために会う、会談する」という限定的な意味になる。

最後に、meet ～ halfway（～と妥協する）という形を覚えておこう。「～と半分の地点で（halfway）会う」ということは、すなわち、**「お互いに歩み寄る、妥協する」**という意味を表す。

It is impossible to **meet** all the needs of different generations.

異なる世代のニーズを全て満たすなんて無理だ〔①〕

They failed to **meet** the sales target last year.

彼らは昨年、売上目標を達成することができなかった〔①〕

All our products **meet** the safety requirements for toys.

当社の商品は全て、玩具の安全基準をクリアしています〔①〕

I somehow managed to **meet** the deadline.

何とか締め切りに間に合うことができた〔①〕

📝 ここまで見た通り①の意味では「需要を満たす」「目標を達成する」「基準を満たす」「締め切りに間に合う」などのパターンで使うことが多い

In what city does the river **meet** the ocean?

その川が海と合流するのはどの都市ですか？〔②〕

My jacket doesn't **meet** in the front like it used to.

上着のボタンが以前のように前で掛からない〔②〕

She smiled when her hand **met** mine under the table.

テーブルの下で彼女の手が私の手に触れた時、彼女は微笑んだ〔②〕

The proposal has **met with** widespread opposition.

その提案は多方面からの反対に遭った〔③〕

📝 opposition（反対）、criticism（批判）、resistance（抵抗）、disapproval（不支持）などネガティブなものに加え、welcome（歓迎）、applause（拍手）、approval（賛同）などポジティブな反応を受ける場合にも使われる。また、同じ意味でbe met with ～と受け身形を使うこともある

The singer **was met with** a warm welcome from Japanese fans.

その歌手は日本のファンから温かい歓迎を受けた〔③〕

I'm **meeting with** Mr. Faye to discuss his research project.

研究プロジェクトについて話し合うため、フェイ氏に会う〔③〕

We decided to **meet** each other **halfway**.

私たちはお互いに歩み寄ることにした〔④〕

🔖 □ **proposal**（名）提案　※動詞形はpropose（～を提案する）
　 □ **widespread**（形）幅広い

show

① 「(主語が) 見える」　② 「(写真などが) 〜を写している」

③ 「〜を (ある場所へ) 案内する、導く」　④ (show upの形で) 「現れる」

⑤ (show offの形で) 「見せびらかす」

「見せる」からイメージを広げよう

showは「〜を見せる」という意味が基本だが、それ以外にも幅広い意味で使われる。まず、「見せる」だけでなく「**(主語が) 見える**」という自動詞としても使われるので注意しよう。

また、showには写真や映像を主語にして、「**〜を写している**」という意味がある。特にshow＋A＋〜 ing (Aが〜しているところを写している) というパターンを押さえておこう。

それから、leadと同じく「**〜を (ある場所へ) 案内する、導く**」という意味でも使われる。この意味ではshow A in (Aを中へ通す)、show A out (Aを外へ送り出す)、show A into the reception room (Aを応接間に通す) など、場所や動きを表す語句と一緒に使われる。これらは、「誰かをどこかに案内する」という意味だが、観光地の案内など「いろいろ見せながら案内する」という意味でもshowは使われる。その場合はshow aroundという形をとる。観光地を「案内する」にはguideという動詞も使えるが、show aroundの方がよく使われると覚えておこう。

他にも、turn up (p. 80) と同じくshow upの形で「**現れる、姿を見せる**」という意味を表す。また、show offの形で、単に「見せる」だけではなく「**見せびらかす、ひけらかす**」というニュアンスを表すことができる。

Pull up your pants. Your underwear is **showing**.

ズボン上げてよ。パンツが見えているから〔①〕

His profile picture **shows** him smiling behind his desk.

彼のプロフィール写真は、彼が机の向こうで微笑んでいるところを写している〔②〕

The viral video **shows** a toddler playing with an ostrich.

そのバズった動画には、幼児がダチョウと遊ぶ様子が映っている〔②〕

She **showed** him in.

彼女は彼を中へ通した〔③〕

Laura, would you please **show** Mr. Mills to the door?

ローラ、ミルズさんを出口までご案内してくれ〔③〕

If you say that one more time, I'll **show you the door**.

もう一度それを言ったら、お前を追い出すからな〔③〕

✍ 〈show＋人＋to the door〉は「人を出口へと案内する」だが、〈show＋人＋the door〉は「お帰りはこちら」という発想から「人に出て行けと命ずる、人を追い出す」という意味になる

When we visited Tokyo, Yoko **showed** us **around**.

私たちが東京に行った時、ヨウコが案内してくれた〔③〕

I'll **show** you **around** the house.

家を案内しましょう〔③〕

✍ aroundの後に、具体的な場所を伴うこともある

The party was almost over when he finally **showed up**.

彼がようやく姿を見せた時、パーティーは終わりかけていた〔④〕

He drove to work to **show off** his new car.

彼は新車を見せびらかすために車で出勤した〔⑤〕

Jimmy always **shows off** how smart he is.

ジミーはいつも、自分がいかに頭がいいかをひけらかす〔⑤〕

The boy is just **showing off** in front of the girls.

その男の子は女の子の前で自慢しているだけだ〔⑤〕

✍ 具体的な目的語を伴わないこともある

📑 □ **viral**（形）バズった
□ **toddler**（名）幼児

hit

❶「**(ある数値・水準など) に達する**」 **❷**「**〜に登場する**」

❸(hit the＋名詞の形で)「**ある動作をする**」

❹(比喩的な意味で)「**〜に当たる**」 **❺**(hit it offの形で)「**仲良くなる**」

❻(hit on/upon 〜の形で)「**〜に言い寄る**」

ネイティブは色んなシーンでhitを使う

hitは日本人学習者が思っている以上に幅広く使われる動詞だ。まず、「気温が〜度になる」「売上が〜に達する」など、「**(ある数値・水準など) に達する**」という意味がある。特に記録的な水準に達する場合に使われることが多い。

また、hit the market (市場に登場する)、hit the shelves (発売されて店頭に並ぶ ※shelvesはshelf〔棚〕の複数形)、hit the streets ((主に抗議活動のために) 通りに繰り出す) など、hitは「**〜に登場する**」という意味でも用いる。これらに共通するのは、「ドーンとぶつかる」感じ (hitの基本イメージ) だ。hit the market/shelvesは「市場や商店の棚にドーンとぶつかる」ように「発売される」。hit the streetsも、靴が通りにぶつかるように外に出るというイメージで捉えておこう。

他にも、hit the road (出発する) のように〈hit the＋名詞〉の形で「**ある動作をする**」という用法もある。hit the books (勉強する)、hit the sack/hay (寝る) などのパターンもよく使われる。これらは決まり文句として覚えておこう。

同じく決まり文句として押さえておきたいのが、hit the ceiling/roof (カンカンに怒る ※怒って飛び上がった結果、天井 (ceiling) や屋根 (roof) に頭が当たる)、hit the bullseye/bull's eye ((発言などが) 的を射る ※bullseyeはダーツの的の中心)、hit the wall (行き詰まる ※日本語同様、壁に当たる)、hit the jackpot (思わぬ幸運を手にする、大成功する ※jackpotは「賞金」) などの表現。何となく共通するものが見えたと思うが、これらは「当たる」というイメージから派生した慣用句だ。

最後に、hit it off (仲良くなる)、hit on/upon 〜 (〜に言い寄る) という表現についても押さえておこう。

The temperature **hit** 38.5 °C yesterday.

昨日は気温が38.5度に達した (①)

The stock market **hit** an all-time high today.

株式市場は今日、過去最高値を記録した (①)

His new book should **hit the shelves** before Christmas.

彼の新刊はクリスマス前には発売されるはずだ〔②〕

More than 2,000 people **hit the streets** to protest police violence.

警察の暴力に抗議するために、2千人以上が通りに繰り出した〔②〕

Let's **hit the road**, it's time to go.

出発しよう。もう行く時間だ〔③〕

I really have to **hit the books** all weekend if I'm going to pass the exam.

その試験に合格しようと思ったら、週末ずっと勉強しなきゃ〔③〕

His analysis of the situation **hit the bullseye**.

彼の状況分析は的を射ていた〔④〕

Beth **hit the jackpot** with her first book, which sold two million copies.

ベスは初の著書で大成功を収めた。200万部売れたのだ〔④〕

📝 hit the jackpot with ～で「～で大成功する」

The two **hit it off** immediately.

その2人はすぐに仲良くなった〔⑤〕

I recently came back from an overseas trip where I **hit it off** with a man.

最近海外旅行から帰国したが、旅先である男性と親しくなった〔⑤〕

Most of my male friends still **hit on** me even though I'm engaged.

私は婚約しているのに、男友達のほとんどがまだ言い寄ってくる〔⑥〕

🔖 □ **all-time**（形）史上最高の

❶ 日本文に合うように空所に適語を入れよう。

① Get your eyebrows _____ before the wedding.

（結婚式の前に眉毛を整えてもらいなさい）

② I tried to _____ the ice by asking about his hobbies.

（彼の趣味を聞いて、場を和ませようとした）

③ Bobby was rude to my wife, so I _____ him the door.

（ボビーは私の妻に対して無礼だったので、追い出した）

④ Hundreds of people came to _____ their last

respects.

（数百人が、最後の別れをするためにやって来た）

---

❷ 上下の文の空所に共通して入る語を答えよう。

① The storm _____ some damage to the roof.

　Who _____ the dishes yesterday?

② I believe hard work always pays _____ in the end.

　He just wanted to show _____ how talented he is.

③ I didn't really _____ it off with my brother-in-law.

　Their first-quarter profits _____ a record high.

④ The announcement immediately _____ with strong

criticism.

　They _____ each other halfway and reached a

compromise.

⑤ Jan wasn't _____ for the team.

　I _____ up some German phrases on my trip to

Berlin.

---

③ 次の文の下線部を[ ]内の語を使って言い換えよう。

1 Jimmy became very successful with his new business.

[hit]

2 The car stopped working on the highway. [broke]

3 The bus began to go faster as it ran down the hill.

[picked]

4 When will it be available in stores? [hit]

④ 次の日本文を英語にしよう。

1 新しい靴を履き慣らすために散歩に行った。

2 何か身分証をお持ちですか？　パスポートで構いません。

3 彼らは昨年、売上目標を達成することができなかった。

⑤ 次のなぞなぞに答えよう。

1 It always breaks when you start speaking. What is it?

2 I can run, but never walk. I can breathe, but cannot talk. I can be picked but not chosen. What am I?

3 It was six in the morning. Jake was sleeping. He woke up when he heard the doorbell. It was his girlfriend who showed up for a surprise visit for breakfast. He had a jar of blueberry jam, a bottle of orange juice and a can of corn in his fridge. What did he open first?

agree

❶ (agree with 〜の形で)「〜と同意見だ」

❷ (agree to 〜の形で)「〜に同意する」

❸ (agree on 〜の形で)「〜の点で合意する」

❹ (couldn't agree moreの形で)「全く同感だ」

❺ (Agreedの形で)「賛成」

後ろに続くwith/to/onの違いを頭に入れよう

agreeも基本動詞ではあるが、上記①〜③のagree with/to/onをしっかり使い分けられるだろうか？　これらは以下のように区別しよう。

- ・agree with ＋《人・意見》:「〜に賛成する、〜と同意見だ」
- ・agree to ＋《提案・計画》:「〜に同意する、〜を受け入れる」
- ・agree on ＋《合意する点》:「〜の点で合意する、意見が一致する」

このように、賛成する相手・意見を後ろに続けて、自分も同意見であることを伝えるのがagree with。後ろに提案や計画を続けて、そうした提案などを受け入れる（要するに「それをやりましょう」と言う）のがagree to。「どの点で意見が一致しているのか」という意見が一致するポイントについて述べるのがagree onだと覚えておこう。

これ以外にもagreeを使った表現として、couldn't agree moreを覚えておこう。couldn'tと過去形になっているのは、いわゆる仮定法だから。「これ以上の (more) 同意をすることはできないだろう」から「**全く同感だ、完全に賛成だ**」という意味を表す。

最後に日本語でも一言で「**賛成！**」と言うことがあるが、英語ではこれをAgreed! で表す。Agreed? と疑問形にしたら「賛成かい？」という意味だ（厳密には、このagreedは「同意している」という形容詞）。

I **agree with** him.

彼に賛成です〔①〕

📝 agree with what he says なら「彼の言うことに同意する」

I don't totally **agree with** this kind of approach.

こうしたやり方には賛成しかねる〔①〕

He **agreed to** my proposal.

彼は私の提案を受け入れてくれた〔②〕

The actor **agreed to** an interview with NHK.

その俳優はNHKのインタビューを受けることに同意した〔②〕

📝「オファーを受けることに同意する」という意味でも用いる

The company **agreed to** pay $5 million.

その会社は500万ドル支払うことに同意した〔②〕

📝 agree to do ～（またはagree to ～ ing）で「～することに同意する」

They have **agreed on** the price.

彼らは価格について合意した〔③〕

📝「～について合意する」ということは、複数の人間の意見が一致しているということ。よって、agree on ～の主語は常に複数になる

Of course we don't **agree on** everything.

もちろん私たちは、全てにおいて意見が一致するわけではない〔③〕

I **couldn't agree** with you **more**.

全く同感です〔④〕

"Let's go with his plan. **Agreed**?" "**Agreed!**"

「彼の計画でいこう。賛成かな？」「賛成！」〔⑤〕

practice

① 「～を実践する、習慣的に行う」

② 「(医師・弁護士など専門職) に従事する」

practiceの語源は「行う、実行する」

practiceは「練習する」という意味が有名だが、practice farming (農耕を行う)、practice law (弁護士を開業している) など、明らかに「練習する」以外の意味で使われている例に出くわして、混乱してしまった経験をお持ちの方もいるのではないだろうか。実は、「練習する」というのはpracticeのコアイメージではなく、単なる1つの意味でしかない。

practiceは語源的に「行う、実行する」という意味の言葉に由来しており、「**(繰り返し・習慣的に) 何かを行う**」というのが基本イメージだ。そこから転じて「何かを練習する (練習も繰り返し行うものだ)」「**何らかのことを習慣的に行う**」「**医療行為・法律を日頃から実践する⇒医師・弁護士として仕事をする**」などの意味で使われると考えておこう。

上記①の「～を実践する、習慣的に行う」の意味では非常に幅広く使われるが、特に「何らかの習慣・メソッドを実践する」という意味で使うことが多い。また、practice Buddhism (仏教の教えを日頃から実践している⇒仏教を信仰している) のように、宗教の信仰に対しても使われる。

②「(医師・弁護士など専門職) に従事する」の意味では、practice law/medicine (弁護士／医師の仕事をしている ※特に「開業している」の意味で使うこともある) というパターンで使うことが多い。またpractice as a dentist (歯科医として働いている、開業している) のようにasと組み合わせたパターンも覚えておこう。

Our ancestors **practiced** hunting and gathering until 3,000 B.C.

私たちの祖先は紀元前3000年まで狩猟・採集を行っていた〔①〕

My parents taught me to **practice** good manners.

両親は行儀の良さを実践する (行儀良くする) ように私を指導した〔①〕

Acupuncture is widely **practiced** in the U.S.

鍼治療は、アメリカで広く行われている〔①〕

📝 is widely/commonly/openly/still practiced（広く／一般的に／公然と／いまだに行われている）などのパターンを押さえておこう

Corporal punishment is still **practiced** in many schools.

多くの学校では、いまだに体罰が行われている〔①〕

People should **practice** social distancing in order to limit the spread of COVID-19.

新型コロナウイルスの感染拡大を抑えるため、人々はソーシャル・ディスタンスを実践すべきだ〔①〕

Some couples choose not to **practice** contraception for religious reasons.

宗教的な理由で避妊しないことを選択するカップルもいる〔①〕

They **practice** Buddhism.

彼らは仏教の教えを実践している⇒仏教徒だ〔①〕

My son **practices** medicine in Detroit.

息子はデトロイトで医師をしている〔②〕

📝〈ミス防止〉practice a doctor/lawyerとしないこと

A license is required to **practice as** a therapist.

セラピストとして仕事をするにはライセンスが必要だ〔②〕

There are some lawyers **practicing** in this town.

この町で仕事をしている弁護士が何人かいる〔②〕

📝 目的語を取らずに、「（医師や弁護士の）仕事をしている」という意味で使うこともある

🔖 □ **ancestor**（名）祖先⇔descendent, offspring（名）子孫
　　□ **acupuncture**（名）鍼治療
　　□ **corporal**（形）身体的な
　　□ **contraception**（名）避妊

walk

❶「～を歩いて連れていく」

❷（walk out on ～の形で）「～を見捨てて出ていく」

❸（walk ～ throughの形で）「～にゆっくり説明する」

「歩く」からイメージを膨らませよう

walkはwalk to work（歩いて通勤する）のように、文字通り「歩く」という意味だけで使うわけではない。ここでは単純に「歩く」という意味を覚えているだけでは対応しきれないwalkの注意すべき用法をいくつか見ていこう。

まずwalkは、「歩く」という自動詞ばかりではなく、「**～を歩かせる、～を歩いて（どこかへ）連れていく**」という他動詞としての用法もある。walk the dog（犬を散歩させる）、walk my son to school（息子を歩いて学校に連れていく）のような使い方がこれに当たる。また、walk the bicycleは、自転車をこがずに歩いて押すことを意味する。

続けて、walk out on ～という表現。これは「**（家族・恋人など）～を見捨てて出ていく**」という意味を表す。walk outは、文字通りには「外に歩いていく」。そこから「出ていく」の意味で使われるというのは、容易に想像がつくだろう。一方、最後のonは「～にとって負担・不利益になる」という意味を表している。onは「～の上にのっている」というのが基本的なイメージだが、のられている側には重さがかかるため「～にとって負担・不利益になる」というニュアンスが出ることがある。例えば、My PC died on me.（パソコンが死んだ⇒壊れた）という文。diedだけでも故障したことは伝わるが、最後のon meは、その結果私にとって不利益が生じていることを意味している。hang up the phone on me（一方的に電話を切られる）、shut the door on me（私の目の前でバタンとドアを閉められる）なども同様だ。このwalk out on ～のonも、「出ていった結果、～に不利益が生じる」という意味だと押さえておこう。

最後にwalk ～ throughは「**～にゆっくり説明する**」という意味を表す。throughは「通り抜ける」という意味を持つ語。よって、直訳すると「～を歩いて通り抜けさせる」となる。例えば、英文法が苦手な人がいるとしよう。その人はある意味「英文法の森」で迷子になっている状態。その人の手を引いて歩きながら、英文法の森を一緒に抜けるということは、すなわち「～に英文法をゆっくりと説明してあげる」という意味を表すというわけだ。このイメージで捉えておこう。

My father **walks** the dog every morning.

父は毎朝、犬を散歩させる〔①〕

The nurse **walked** Ben to the bathroom.

その看護師はベンをトイレまで歩いて連れていった〔①〕

"I'll **walk** you home." "Thank you, but I'll take a cab."

「家まで送るよ」「ありがとう、でもタクシーを使うから大丈夫」〔①〕

I got off my bike and **walked** it up the hill.

私は自転車から降りて、自転車を押して丘を上がった〔①〕

Nick **walked out on** his wife and children.

ニックは妻と子どもを見捨てて出ていった〔②〕

My wife **walked out on** me for another man.

妻は私を見捨てて、別の男のところへ行った〔②〕

📝 forと組み合わせることで、「〜を見捨てて…のところへ行く」という意味を表せる

Calm down and **walk** me **through** what happened.

落ち着いて、何が起きたのかを説明してくれるかな〔③〕

📝 throughの後に、具体的に「説明する内容」を続けることが多い

Don't worry. He'll **walk** you **through** the procedure.

心配しないで。彼が手順をじっくり説明してくれるから〔③〕

📝 walk 〜 throughから派生したwalk-through（段階的な説明、ゲームの攻略ガイド）という名詞も覚えておこう。他にも、walk-throughは「通り抜け通路、リハーサル」などの意味でも用いられる

🔖 □ **calm down** 落ち着く
　　□ **procedure**（名）手順

bring

❶「～をもたらす、～へと至らせる」　❷（bring upの形で）「～を話題として出す」

❸（bring backの形で）「～を戻す、呼び戻す」

💡

「持ってくる」→「もたらす」にイメージを派生させる

takeが「(離れたところに) 持っていく」(余談ながら、昔これを「持っテイク」というダジャレで覚えた) のに対し、bringは「(こちら側に) 持ってくる」というのが基本の意味。そこから転じて**「何かをもたらす」**という意味で使われることがある。この意味で使われる例は多く、bring peace to ～（～に平和をもたらす）、bring an end to ～（～に終わりをもたらす、～に終止符を打つ）、bring tears to one's eyes（涙をもたらす⇒泣かせる）など幅広く使われる。また、bring him to power（彼を権力の座に就かせる）のように、bring A to ～で「Aを～の状態へと至らせる」という意味でも使う（直訳は「Aを～に連れてくる」）。

この他、bring upで**「～を話題として出す」**という意味を表す。〈bring（持ってくる）＋up（上に）〉から「(話題・議題として) テーブルの上に持ってくる」、そこから「その話題を持ち出す」という意味になると考えておこう。bring upは、She brought up three children.（彼女は3人の子どもを育てた）のように「(子供) を育てる」の意味でも使われる。

また、bring backの形で**「～を戻す、呼び戻す」**の意味になる。bringだけなら「持ってくる」だが、これにback（戻す）が付くことで「再び戻す」というニュアンスが出る。「(借りていたもの) を返却する」という意味でも使うし、「(記憶) を呼び起こす」という文脈でも用いられる。

The story **brought** tears to my eyes.

その話は私の目に涙をもたらした⇒私を泣かせた〔①〕

📝 toの代わりにintoを使うこともある。また、brought me to tearsという形を使っても同じ内容を表すことができる

These talks will **bring** peace to the war-torn region.

この対話が戦火で荒廃したその地域に平和をもたらすだろう〔①〕

The floods **brought** chaos to the city.

洪水がその都市に大混乱をもたらした〔①〕

The peace agreements **brought** an end to the conflict.

その和平協定が紛争を終わらせた〔①〕

The war **brought** him to power.

戦争により、彼は権力の座に就いた〔①〕

Bring water to a boil.

水を沸騰させなさい〔①〕

📝 to the boilのようにtheを使うこともある

Her performance **brought** the audience to its feet.

彼女のパフォーマンスに観客は総立ちになった〔①〕

📝 この場合のto one's feetは「足で立っている状態」。bring 〜 to one's feetで「〜を立ち上がらせる」という意味を表す

And that **brings** us to the end of this week's program.

それで今週の番組は終わりです〔①〕

📝 番組などの最後に言う決まり文句。直訳は「それ（＝番組最後のコーナーや発言など）は私たちを今週の番組の終わりへと連れてくる」

Don't **bring** that **up** again!

二度とその話を持ち出すな！〔②〕

She **brought up** an old issue again.

彼女はまた古い話を蒸し返した〔②〕

📝 「古い問題（old issue）を持ち出す」から「蒸し返す」の意味になる

I don't like the idea of **bringing back** the death penalty.

死刑制度を復活させるという考えには賛同できない〔③〕

Seeing these pictures **brings back** a lot of memories.

この写真を見ているとたくさんの思い出がよみがえってくる〔③〕

🔖 □ **conflict**（名）紛争

0 4 5

throw

❶「(比喩的な意味で) ～を投げる」

❷ (throw ～ at ...の形で)「～を…に投げつける」

❸ (throw upの形で)「吐く」

「投げる」だけでは捉えきれないネイティブのイメージ

throwは「投げる」という意味が基本だが、throw a party (パーティーを開く) のように、日本語では必ずしも「投げる」イメージがないようなものにも使われるので注意が必要だ。ここでは、こうした例をできるだけ多く紹介しよう。

また、throw the keys to meは「(渡す目的で) 私に鍵を投げる」だが、throw the keys at meのようにatを用いると**「(ぶつける目的で) 私に鍵を投げる」**という意味になる。atはtoよりもピンポイントに動作の対象を表す特性があり、ある種の動詞と結びつくと〈攻撃対象〉を表すことがあるからだ。他にもshout to ～ (～に向かって叫ぶ)、shout at ～ (～をどなりつける) などの例を押さえておこう。

最後にthrow upで**「吐く、嘔吐する」**という意味を表す。同じ意味を表すvomitよりもややカジュアルな表現だ。ちなみにpukeは「ゲロを吐く」といった感じの下品なニュアンスなのでTPOに注意して使おう。

We **threw** a farewell party for Daniel.

私たちはダニエルのために送別会を開いた〔①〕

Guy was arrested for **throwing** a punch at the officer.

ガイは警官をパンチして逮捕された〔①〕

Emily **threw** herself onto the bed.

エミリーはベッドに身体を投げ出した〔①〕

She then **threw** her arms around my neck.

彼女はそれから、私の首に抱きついてきた〔①〕

📝 〈throw＋体の一部〉で「～を (素早く) 動かす」という意味を表す。この意味では、around my neck (私の首の周り) やback (後方に) のように場所や動く方向を表す語句とセットで用いられる

He **threw** his head back in laughter.

彼は笑いながら首を後ろに反らした〔①〕

Police arrested the man and **threw** him into prison.

警察はその男を逮捕し、牢屋に入れた〔①〕

People were **thrown** into a panic when the country recorded its first coronavirus case.

その国で初めてコロナウイルスの感染が確認された時、人々はパニックに陥った〔①〕

📝 比喩的に「〜に投げ入れられる」という意味で使われる。他にもbe thrown into confusion / chaos / a difficult situation（混乱／大混乱／難しい状況に陥る）などのパターンがある

They were **thrown** out of their jobs when the factories shut down.

工場が閉鎖した時、彼らは職を失った〔①〕

Mom would **throw** a fit if she found that out.

ママがそれを知ったら激怒するぞ〔①〕

📝 throw a fitで「激怒する」という決まり文句。この場合のfitは「感情の爆発」

He got angry and **threw** a pen **at** me.

彼は怒って、私にペンを投げつけてきた〔②〕

She suddenly felt sick and **threw up**.

彼女は突然気分が悪くなり、戻してしまった〔③〕

This morning my cat **threw up** all her food.

今朝うちの猫は食べたものを全部吐いた〔③〕

📝 「何を吐いたのか」を後ろに続けることもある

🔖 □ **farewell**（名）別れ／（形）別れの
　　□ **laughter**（名）笑い ※laugh（笑う）の名詞形

mean

0
4
6

❶「～を意味する」　❷「本気で言っている」　❸「重要性を持つ」

❹ （mean to do ～の形で）「～することを意図する」

❺ （be meant to do ～の形で）「～する運命だ」

"I mean it."はどんな意味?

mean（～を意味する）はYou mean ～?（あなたが言いたいのは～ということ?）、if you know what I mean（私が言いたいこと分かるよね）のように、様々な決まり文句として使うことも多い。ここでは、使い方に注意を要するようなmeanの用法をいくつか紹介しよう。

また、meanには「**～を本気で言う**」という意味もある。特にI meant it.（本気で言っています）という形で使うことが多い（itは直前の自分の発言を指すと考えておこう）。

他にもmean a lot to ～（（主語は）～にとって大いに意味がある）、mean nothing to ～（～にとって意味がないことだ）のように、後ろに程度を表す語を続けて「**（～にとって）意味がある**」という用法もある。

mean to do ～は「**～することを意図する**」。特にdon't／didn't mean to do ～（～するつもりはない／なかった）という否定文で用いることが多い。これを受け身にしたbe meant to do ～は、「～することが意図されている」から転じて「**～する運命にある**」という意味を表すことがある。

"She had her whole face done." "You **mean** plastic surgery?"

「彼女は顔全体をやったんだよ」「それって整形手術ってこと?」（❶）

He took it, I **mean** he stole it.

彼がそれを取っていった、つまり盗んだのです（❶）

📝 I meanは前言の訂正や、より詳しく説明する際に使われる

"Was Lincoln conservative?" "It depends on what you **mean** by 'conservative'."

「リンカーンって保守派だったの?」「それは『保守派』って言葉の定義によるかな」（❶）

📝 by ～（～によって）と共に用いることで「～（という言葉）によって…を意味する」という意味を表す

Hey, what is that supposed to **mean**?

おい、それってどういう意味だよ〔①〕

📝 What do you mean? よりも相手を非難する響きがある

Meg is a little ... unusual, if you know what I **mean**.

メグはその・・・ちょっと普通じゃないところがあって、言いたいこと分かるよね〔①〕

📝 if you know what I meanは、何か含みのある言い方をした後に「私の言いたいこと分かるよね」と付け加える表現

Don't laugh, Joe. I **mean** it!

笑わないでよ、ジョー。本気で言っているんだから〔②〕

You don't really **mean** it, do you?

それ、本気で言っているわけじゃないよね?〔②〕

Thank you. It **means a lot** to me.

ありがとう。とても助かりました〔③〕

📝 他にもmean nothing((主語は)何の意味・価値もない)、mean the world(非常に大切だ)などのパターンを覚えておこう

I don't **mean to** brag, but I scored a perfect 990 on the TOEIC test.

自慢するつもりはないが、TOEICで990点満点を取った〔④〕

Sorry. I didn't **mean to** hurt your feelings.

ごめん。君の気持ちを傷つけるつもりはなかったんだ〔④〕

We're **meant to** be together.

僕らは一緒になる運命なんだ〔⑤〕

🔖 □ **conservative** (形) 保守的な

believe

① （**believe it or not**の形で）「信じられないかもしれないけど」

② （**You won't believe ～**の形で）「信じられないと思うけど～だ」

③ （**believe in ～**の形で）「（存在・価値・能力など）を信じる」

believeの定番表現を頭に入れよう

believeを使った表現は会話の中でよく使われる。例えばbelieve it or not。これは whether you believe it or notを短くしたもので、直訳すると「信じるか、もしくは 信じないかにかかわらず」。これだけ見ると何だか都市伝説の番組で聞くフレーズのよう だが、要するにこれは**「信じられないかもしれないけど」**というニュアンスで、聞き手が 驚くようなことを言う際に一緒に使われる表現だ。

同じくよく使われるのが、You won't believe ～。文字通り**「あなたは～を信じられ ないだろう」**という意味を表す。「彼がそこで言ったことを信じられないだろう（＝信じら れないことを言った）」「これを終えるのに何時間かかったか信じられないだろう（＝信じ られないほど時間がかかった）」のように用いる。won'tの代わりにwouldn'tが使われ ることもあるが、意味に大差はない。

最後にbelieve inという表現についても取り上げたい。believeの後にinが続くのは見 たことがあっても、believeとbelieve inの違いをきちんと説明できるだろうか。 believe in ～は大きく分けて**「～の存在を信じる」「～が良い・正しい・価値ある ことだと信じる」「～の人柄・能力を信じる」**という3つの意味で使われると捉えてお こう。

I was a chick magnet in college, **believe it or not**.

信じられないだろうが、大学時代は女性にモテモテだった〔①〕

Seize the day. Because, **believe it or not**, each and every one of us in this room is one day going to stop breathing.

いまを生きろ。信じられないかもしれないが、この教室にいる全員が、いつかは呼吸を止める日が 来るからだ〔①〕

📝 映画『いまを生きる』（1989）の中のセリフ

You won't believe how long it took to get this done.

これを終えるのにどれだけかかったか、信じられないと思うぞ〔②〕

Do you **believe in** ghosts?

あなたは幽霊を信じますか？〔③〕

📝 このように「〜が存在していることを信じる」という意味で使われる。他にもbelieve in God/UFOs/destiny/miracles/life after death（神／UFO／運命／奇跡／死後の世界を信じる）などのパターンがある

Mrs. O'Neil **believes in** regular exercise.

オニール夫人は、定期的な運動は良いことだと信じている〔③〕

📝 「あるもの・ことが、自分や社会にとって価値がある、倫理的に正しいと信じる」というのが2つめの意味

We don't **believe in** sex before marriage.

私たちは、結婚前の性交渉は良くないことだと信じている〔③〕

I **believe in** telling the truth all the time.

私はいかなる時でも真実を話すのが良いことだと信じている〔③〕

📝 believe in 〜ingは「〜することが正しい・良いと信じる」

My mother always **believed in** me no matter what I did.

母は私が何をしようとも、常に私のことを信じてくれた〔③〕

📝 3つめの意味は「〜の人柄・能力を信じる」。I believe in you. は「あなたの人柄や能力を信じている⇒あなたを信頼している」という意味だが、I believe you. は「あなた（の言うこと）を信じる」、つまり「（相手の発言に対して）そうかもね」くらいのニュアンス

Believe in yourself. You can do it.

自分を信じろ。君ならできる〔③〕

🔖　□ **seize**（動）（チャンスなど）〜をつかむ、とらえる

miss

❶「～に当たらない」　❷「～に乗り遅れる」

❸「～を欠席する」　❹「～がいなくて寂しく思う、～が恋しい」

❺「～を見落とす、聞き漏らす、理解できない」

❻（miss outの形で）「（好機などを）逃す」

💡 ─────

「逃す」から派生して「恋しい」という意味にも missは様々な意味で使われるが、基本イメージは「**当てそこなう、逃す**」。そこから「**当たらない、的を外す**」「**（交通機関）に乗り遅れる**」「**欠席する**」「**見落とす**」などの意味で使われる。また、「逃した結果そこにはない⇒それがなくて寂しくなる」という発想から、「**（人）がいなくて寂しく思う、～が恋しい**」という意味でも用いる。

missのイメージ

🎯 ─────

The bullet **missed** his head by inches.

弾丸は数インチのところで彼の頭をそれた〔①〕

Let's hit the road. I don't want to **miss** my flight.

出発しよう。飛行機に乗り遅れるのはご免だ〔②〕

"Is Kate here?" "You just **missed** her. She left a minute ago."

「ケイトはいる?」「ちょっと遅かったな。1分前に出て行った」〔②〕

📝 人との入れ違いなど、乗り物以外にも使われる

I didn't **miss** a class at all this semester.

今学期は欠席ゼロだった〔③〕

We were a bit late and **missed** the first part of the lecture.

少し遅れたので、講義の最初の部分はいなかった〔③〕

"Are you coming?" "Of course. I wouldn't **miss** it for the world."

「あなたは来るの？」「もちろん。絶対に行くよ」〔③〕

✐ wouldn't miss 〜 for the worldで「絶対〜に行く、〜を逃さない」

Bye, guys. I'll **miss** you all.

みんな、さようなら。君たちがいないと寂しくなるよ〔④〕

✐ 〈ミス防止〉I miss you. は「（今）あなたがいなくて寂しく思う」という意味なので、別れ際に「君がいないと寂しくなるな」と言いたい時は、I'll miss you. / I'm going to miss you. を使おう

I still **miss** the days when I was young and had nothing to worry about.

若くて心配事なんてなかった日々が今でも恋しくなる〔④〕

Ed has never **missed** a single episode of his favorite TV drama.

エドは大好きなドラマを1話だって見逃したことはない〔⑤〕

It's a beautiful reddish brick building. You can't **miss** it.

それは美しい赤レンガの建物だ。見逃すことはないよ〔⑤〕

What did I **miss**?

何か見逃したかな？〔⑤〕

✐ テレビの途中でトイレに行くなど、何かの最中にその場を離れた人が戻ってきた時に言う言葉

You're **missing** the point.

君は要点が分かっていないよ〔⑤〕

✐「〜を理解できていない」という場合にも使われる

If you weren't there, you really **missed out**. It was awesome!

そこにいなかったのなら大損だ。最高だったよ！〔⑥〕

✐ miss outで「（主語は）大事な機会を逃す」。miss out on a great opportunity（素晴らしい機会を逃す）のように、onを使って具体的に逃すものを明示することもある

🔖 □ **semester**（名）学期

blow

❶「(風が) 吹く」 **❷**「(物が) 風に吹かれる」 **❸**「〜を吹く、息を吐く」

❹「(鼻) をかむ」 **❺**「(爆破・銃撃などで) 〜を破壊する」 **❻**「〜をしくじる」

「吹き飛ばす」「しくじる」の意味でもよく使われる

blowは何となく「風が吹く」「息をふっと吐く」という時に使うという認識はあったと思うが、正確に用法を把握していない人も多いのではないだろうか。そこで、まずは「風が吹く」「息を吐く」に関連した①〜③の用法をいくつかご紹介しよう。例文を読めば、意外と幅広く使われることに気付くはずだ。

この他、「**鼻をかむ**」(blow one's nose) や**「(爆破などで) 〜を破壊する」**という意味でも使われる。「破壊する」の意味では、blow up A (Aを爆破で破壊する)、blow off A (Aを吹き飛ばす)、blow A to bits/pieces (Aを粉々に破壊する) など、何らかの語句とセットで用いることが多い。

最後に、blowは**「〜をしくじる、へまをして台無しにする」**という意味もある。blow my audition (オーディションでしくじる)、blow it ((何かを指して) へまをする) のように使われる。

The wind was **blowing** hard that night.

その夜は強い風が吹いていた〔①〕

The wind **blew** the door shut.

風でドアが閉まった〔①〕

📝 blow the door openなら「風でドアが開く」

The door **blew** shut in the wind.

ドアが風で閉まった〔②〕

📝 blowは「風が吹く」だけでなく、「主語が風に吹かれて何らかの動きをする」場合にも使われる

The leaves are **blowing** around.

〔風で〕落ち葉があちこち舞っている〔②〕

My hat **blew** off in the wind.

風で帽子が飛ばされた〔②〕

The girl **blew** air into a balloon.

その女の子は風船を膨らませた〔③〕

Beth **blew on** her fingers to warm them.

ベスは指を温めるために息を吹きかけた〔③〕

📝 blow on 〜で「〜に息を吹きかける」

Ben **blew the whistle on** the illegal practices of the company.

ベンは会社の違法行為を告発した〔③〕

📝 blow a/the whistleは文字通り「ホイッスルを吹く」という意味でも使うが、blow a/the whistle on 〜の形で「(悪事など)を密告する、内部告発する」という意味を表す。審判が反則行為に対してホイッスルを吹くことから、こうした意味で使われる

She took out a tissue and **blew** her nose.

彼女はティッシュを出して鼻をかんだ〔④〕

The explosion **blew** his left arm off.

その爆発で彼の左腕が吹き飛んだ〔⑤〕

I tried hard but I think I **blew** the math exam.

ベストを尽くしたが、その数学のテストはだめだったと思う〔⑥〕

I had a job interview yesterday and totally **blew** it.

昨日仕事の面接があったが、完全にしくじってしまった〔⑥〕

"Give him a chance." "I did. He **blew** it."

「彼にチャンスをあげてよ」「あげたさ。あいつがそれを生かせなかったんだ」〔⑥〕

🔖 □ **explosion**（名）爆発

hold

❶「〜を持っている、握っている」　❷「止めておく、保留する」

❸「〜を開催する」　❹（can hold one's liquorの形で）「酒に強い」

💡

リードを握り、ペットを止めておくイメージ

holdは「**〜を持っている、握っている**」という意味で使うのが基本。まずはこの意味の用例をいくつか見ていこう。

また、「握る⇒しっかり握って止めておく」という発想から「**止めておく、保留する、そのままでいる**」といった意味でも使われる。この意味でのholdは、hold one's breath（息を止める）やhold the elevator（エレベーターを止めておく）など幅広く使われるので注意が必要だ。

holdのイメージ

この他、holdは「**〜を開催する**」や、（can hold one's liquorの形で）「**酒に強い、飲んでも変わらない**」という意味でも用いられる。

Can you **hold** this for me, Chris?

クリス、ちょっとこれを持っていてくれる？〔①〕

I don't know why he still **holds** a grudge against me.

なぜ彼がいまだに私を恨んでいるのか分からない〔①〕

📝 感情・信条などを「持っている、抱いている」の意味でも用いる

When I saw her **holding** Troy's hand under the table, something changed in me.

彼女がテーブルの下でトロイの手を握っているのを見た時、私の中で何かが変わった〔①〕

I **held** my breath for about two minutes.

私は息を約2分間止めていた〔②〕

Could you **hold** the elevator for me, please?

エレベーターを止めておいてもらえませんか〔②〕

126

Please **hold**.

そのまま切らずにお待ちください〔②〕

📝 電話の「保留」にも使われる

Press and **hold** the power button to turn the device on.

電源を入れるには、電源ボタンを長押ししてください〔②〕

📝 press and holdは、「押して（press）その状態を保つ（hold）」から「長押しする」の意味になる

The weather will **hold** throughout the weekend.

天気は週末の間持つだろう〔②〕

She was trying to **hold back** her tears.

彼女は涙をこらえていた〔②〕

📝 hold backは「〜を抑える、食い止める」という意味を表す

Hold on! I left my wallet in the car.

待って！　車に財布を置いてきた〔②〕

📝 hold onは「（そのまま）待つ」

The next conference will be **held** in Zurich.

次回の会議はチューリッヒで開催される〔③〕

Did you see how much Meg drank? She sure can **hold her liquor**.

メグの飲みっぷりを見たかい？　彼女は本当に酒に強いな〔④〕

📝 飲んでも様子が変わらないことを表す。liquorは「（度数の高い）酒」。can't hold one's liquorなら「酒に弱い」

🔖 □ **grudge**（名）恨み

① 次のイラストの内容に合うように、空所に適語を入れよう。

1

She is _____ her nose.

2

泣くもんか

The boy is trying to _____ back his tears.

3

家まで
送るよ

The man is offering to _____ her home.

② 上下の文の空所に共通して入る語を答えよう。

1 We don't _____ in hitting animals as a form of training.

　Do you _____ in veganism?

2 How much do I _____ to you, Peter?

    Oh, sorry. I didn't _____ to step on your foot.

3 I don't want to bring this _____, but you still owe me $30.

    She ran for the bathroom and threw _____.

③ 次の文の後ろにつなげるのに適切なものを[　]内から選ぼう。

1 We wouldn't miss it

2 I couldn't agree with you

3 I don't understand. Please walk us

4 She is now my wife, believe it

5 Her powerful voice brought all of us

[more. / or not. / through it. / for the world. / to our feet.]

④ 次の日本文を英語にしよう。

1 君は要点が分かっていないよ。

2 この町で仕事をしている弁護士が何人かいる。

3 もちろん私たちは、全てにおいて意見が一致するわけではない。

⑤ 次のなぞなぞに答えよう。

1 What do baseball pitchers do on their birthdays?

2 I am as light as air, but you can't hold me for long. I am harder to catch, the faster you run. What am I?

CHAPTER

2

比べれば理解が深まる!
セットで身につける単語

ここでは、意味やイメージなどが似通っている単語を
セットで押さえていきましょう。**cause/trigger/set
off/spark/provoke/evoke/lead to/bring about**
(p. 156) といった語句を、今までバラバラに覚えていた
人がいるかもしれませんね。これらはすべて「引き起こ
す」系としてまとめて頭に入れておく方が、効率よくボ
キャブラリーを増やすことができます。

　また、セットで押さえることには、「意味が似た単語と
比較することで、各語のニュアンス・使いどころをより
深く理解できる」というメリットもあります。

　例えば、「最近」を意味する**recently/lately/these
days/nowadays** (p. 142) や、「説得する、納得させる」
といった意味の**persuade/convince** (p. 208) などは、
比べてみることで、それぞれの語が (他とは違う) どんな
意味を持っているのか、どんな場面で使われるのかとい
った本質的なことが見えてくるのです。

断る

1 refuse 2 reject
3 decline 4 turn down

💡
断る系の動詞のニュアンスの違い

何かを「断る」という意味を表わす動詞をセットで押さえよう。

・**refuse**：幅広い意味の「断る」に使える語。特に、きっぱりと断る場合に使われる。

・**reject**：refuseよりも、きっぱり断る感じが強い。文脈によっては「拒絶する」といったニュアンスでも使われる。

・**decline**：上の2つに比べて、「丁重に断る」というニュアンスがある。特に招待や提案を断る際に使うことが多い。「断る」の他、「下落する、衰える」という意味でも用いられる。

・**turn down**：上の3つよりもカジュアルで口語的な響きがある。

このように、すべて「断る」という意味で使われるが、語調やニュアンスが多少異なると理解しておこう。

特筆すべきこととして、refuseとdeclineは、refuse/decline to do ～（～することを断る）のように後ろにto doを続けることもあるが、reject、turn downは普通この形では使わない。また、rejectは依頼・提案・申し込みなどを「ぴしゃりと断る、はねつける」というニュアンスがある。よって、招待やお誘いなど「はねつけるように断る」わけではないものに対しては、あまり使わない。

John **refused** the offer.
ジョンはそのオファーを断った

He **refused** to comment on the matter.
彼はその件についてコメントすることを拒否した

The bank **refused** me a loan.
銀行が私への融資を断った

📝 〈refuse＋A＋B〉で「Aに対してBを与えるのを断る」

The board **rejected** my proposals.

取締役会は私の提案を却下した

I don't know why my application was **rejected**.

どうして私の申請が断られたのか分からない

He was **rejected** by his parents for being gay.

彼は同性愛者であることを理由に両親から拒絶された

📝 rejectは「〜に愛情を与えることを拒否する」という意味でも用いられる

Thanks for the offer, but I'm afraid I have to **decline**.

ご提案はありがたいのですが、お断りしなければなりません

The princess **declined** several proposals of marriage.

お姫様は、結婚の申し出をいくつも断った

He **declined** to comment on the matter.

彼はその件についてコメントすることを差し控えた

We had to **turn down** the invitation.

私たちはそのお誘いを断らなければならなかった

I asked her out, but she **turned** me **down** flat.

彼女をデートに誘ったが、きっぱりと断られた

📝 文脈から「何を断るのか（ここではデートの誘い）」が明らかな場合はturn me downのように〈turn＋人＋down〉の形を使うことも多い

The bank **turned** me **down** for a loan.

銀行は私がローンを組むのを拒否した

📝 〈turn A down for B〉で「AがBを得るのを拒否する」

🔖 □ **board**（名）取締役会
□ **application**（名）申請
□ **invitation**（名）招待
□ **flat**（副）きっぱりと

許す、可能にする
① allow **②** permit **③** let
④ forgive **⑤** excuse

同じ「許す」でも2つのグループに分けて捉えよう

主語が何かを「許す」という意味の動詞をまとめて見ていこう。

・**allow**：何かを「許可する」という意味の動詞。〈allow＋A＋to do ～〉（Aが～することを許可する）という形で用いることも多い。

・**permit**：allowとほぼ同じ意味だが、よりフォーマルな響きがある。allowと同じく〈permit＋A＋to do ～〉という形で使われる。

・**let**：〈let＋A＋動詞の原形 ～〉の形で「Aが～することを許す、自由に～させる」という意味を表わす。〈allow/permit＋A＋to do ～〉よりカジュアルな表現で、後ろが動詞の原形になる点に注意しよう。

・**forgive**：上の3つとは異なり、「謝ったから許してやる」のように「人や、人の罪・失敗などを許す」という意味で用いられる。

・**excuse**：forgiveと意味は近いが、もう少し軽いことを許す場合に使う。

このように、「許可する」という意味での「許す」（allow/permit/let）と「罪・失敗を許す」（forgive/excuse）の2つのグループに分けて捉えておこう。

ちなみに、permitの名詞形permissionは「許可」だが、allowの名詞形allowanceは「小遣い、手当」を意味するので注意。

Smoking is not **allowed** here.
ここでは喫煙は禁じられています

Emma only **allows** her children to play video games on weekends.
エマは週末しか子供がゲームをするのを許していない

I waited patiently for hours until they finally **allowed** me in.
ようやく入室が許可されるまで、何時間も根気よく待った

📝 〈allow＋A＋in〉で「Aを中に入れる、Aの入室を許可する」

I'm moving to a place that doesn't **allow** pets.

ペット禁止の物件に引っ越す

Swimming is not **permitted** when a lifeguard is not on duty.

ライフガードが不在時に泳ぐのは許可されていない

Her parents did not **permit** us to get married.

彼女の両親は僕たちが結婚するのを許さなかった

If time **permits**, we'll visit a nearby farm and pick apples.

時間が許せば、近くの農場に行ってりんご狩りをします

📝 「時間が許す」のように「主語が許す」という意味でも使われる。他にもIf the weather permits (= weather permitting) のように「天気が許せば」というパターンもある

Let me introduce myself.

自己紹介をさせてください

He was rude and didn't **let** Ann finish her sentence.

彼は無礼で、アンに言いたいことを最後まで言わせなかった

Don't **let** this discourage you.

こんなことで落ち込むなよ

📝 直訳は「これがあなたを落ち込ませる (discourage) のを許すな」

Please **forgive** me. I promise I won't do it again.

私を許してください。もう2度とやりませんから

I'll never **forgive** you for lying to me.

私にうそをついたことに関して、あなたを絶対に許さない

📝 〈forgive＋人＋for 〜〉で「〜のことで人を許す」

Please **excuse** my lack of explanation.

説明不足をお許しください

Excuse me if I look tired. It's been a long day.

疲れているように見えたらごめんなさい。大変な一日だったの

起こる

1 **happen**　2 **occur**
3 **take place**　4 **break out**

break outは「ネガティブな出来事が起こる」

何かが「起こる」という意味の語句をセットで押さえよう。

・**happen**：「何かが（偶然）起きる」という意味を表す。happen to do 〜（たまたま〜する）という形で用いることも多い。

・**occur**：happenと同じく「（偶然）起きる」という意味だが、happenよりフォーマルな響きがある。〈occur to＋人〉の形で「主語（＝何らかの考え）が人に浮かぶ」という意味で使うことも多い。

・**take place**：happen、occurとは異なり「予定されていたことが行われる」という意味で使うことが多い。

・**break out**：p. 92でも触れた通り「（戦争が）勃発する」「（火災・伝染病が）発生する」など、主に「よくないことが起こる、生じる」という意味で使われる。

A funny thing **happened** on my way here this morning.

今朝ここに来る途中で、面白いことが起きた

"What **happened** to you?" "Nothing. Leave me alone."

「お前どうしたんだよ？」「何でもない。放っておいてくれ」

📝 〈happen to ＋人〉で「（主語が）人にふりかかる、起こる」。〈occur to ＋人〉「（考えが）人に浮かぶ」と区別しよう。

I **happened to** meet him in the park.

たまたま彼と公園で会った

I'm not following you. I just **happen to** be walking in the same direction.

後をつけているわけじゃない。たまたま同じ方向に歩いているだけ

📝 〈ミス防止〉「たまたま〜している」という〈進行〉の意味はhappen to be -ingの形で表す。I'm just

Do you **happen to** know where he lives?

彼の住所を知っていたりしないかな？

📝「もしかしたら〜ではないですか？」といった感じで、相手が知っていることを期待していないので、Do you know...? よりも控えめな聞き方になる

As it **happens**, I have a degree in computer science, so I think I can fix the problem.

実は僕はコンピューターサイエンスの学位を持っているので、その問題を解決できると思います

📝 as it happensは「偶然にも」という意味で、相手が予期していないようなことを伝える際に使われる

We believe the accident **occurred** due to human error.

その事故は、人為的なミスが原因で起きたと我々は考えている

📝〈ミス防止〉occurの過去・過去分詞形はoccurredとrが重なるので注意

The disease most often **occurs** in children under the age of five.

その病気は5歳未満の子供に最も発生しやすい

📝 occurは「（病気・症状が）発生する、出現する」の意味でも用いる

An idea **occurred to** me.

ある考えが私に浮かんだ

📝〈ミス防止〉come to mindも「主語が頭に浮かぶ」という意味だが、これにつられてoccur to mindとしないこと

The Olympic Games **take place** every four years.

オリンピックは4年に一度開催される

📝〈ミス防止〉日本語の「開催される」につられてare taken placeと受け身にしないこと

The meeting will **take place** tomorrow.

そのミーティングは明日行われる

A fire **broke out** in the old house.

その古い家で火災が発生した

上げる

1 raise　　2 lift　　3 elevate

lift は「規制を解除する」の意味でも使われる

何かを「上げる」という意味の動詞をまとめて見ていこう。

・**raise**：幅広く「〜を上げる」という意味で使われる。物を上げるだけでなく、「値上げする」「関心を高める」など幅広い意味で用いる。

・**lift**：raiseとほぼ同じ意味だが、よりカジュアルな響きのある語。weightlifting（ウエイトリフティング）という言葉がある通り、一般にraiseと比べて重い物を持ち上げる際に好まれることが多い。また「（規制・禁止など）を解除する」という意味もある。

・**elevate**：フォーマルな語で、「（何かの）位置を高くする」に加えて「（レベル）を上げる、高める」の意味でも用いる。もうお気づきの人も多いかと思うが、elevator（エレベーター）の動詞形だ。

Raise your hand if you have any questions.
質問があったら手を上げなさい

He **raised** his head from the book and said, "Turn the music down."
彼は本から顔を上げて「音楽のボリュームを下げて」と言った

Smoking **raises** the risk of lung cancer.
喫煙は肺がんのリスクを高める

Do you think the government should **raise** taxes?
政府は増税をすべきだと思いますか？

The campaign aims to **raise** awareness of autism.
そのキャンペーンは自閉症の認識を高めることを目的としている

📝 raise awarenessは「認識・関心を高める」という意味で、主に何らかの啓蒙活動に対して使われることが多い

I **raised my eyebrows** when I saw what she was

wearing.

彼女の服装を見て驚いた

📝 raise one's eyebrowsは直訳すると「眉毛を上げる」だが、これは「驚く」という意味を表す表現。びっくりして目を見開くと眉毛が上がることから。しばしば非難や軽蔑を含んだ驚きに対して使われる

Students are selling books to **raise** money for people living in poverty.

貧困者のためにお金を集める目的で、学生たちが本を売っている

📝 「(ある目的のためにお金)を集める」という意味でも使われる。fund-raiserは「資金集めのイベント」

The charity event was held to **raise** funds for the war-torn country.

そのチャリティーイベントは、戦争で荒廃した国のために資金を集める目的で開催された

Karl, can you help me **lift** these books onto the shelf?

カール、この本を棚に上げるのを手伝ってくれない?

She **lifted** the lid, looked inside the jar and said, "Yuck!"

彼女はふたを上げ、その瓶の中を見て「ゲッ!」と言った

George **lifted** up his grandson onto his lap.

ジョージは孫を膝の上にのせた

📝 「上げる」の意味ではlift upの形を使うこともある

The state of emergency was **lifted** on May 25.

緊急事態は5月25日に解除された

📝 通行止めや立ち入り禁止などのバーを「上げる」とは、すなわち解除すること。そこからliftは「(規制・禁止など)を解除する」の意味で使われると覚えておこう

The doctor said, "Now please **elevate** your left leg."

医者は「今度は左脚を上げてください」と言った

The experience has **elevated** me to a new level.

その経験は、私を新たなレベルへと高めてくれた

🔖 □ **autism**（名）自閉症　□ **lid**（名）ふた
　　□ **yuck**（間）「ゲッ、ウェ」など不快感や嫌悪を表す言葉

得る

1 obtain　2 acquire　3 gain
4 earn　5 come by

---

get以外にも「得る」の語彙を増やそう

何かを「得る」といえばgetが知られているが、それ以外にも「得る」という意味で使われる動詞を見ていこう。

・**obtain**：getよりフォーマルな語で、特に「努力や計画の結果、何かを得る」といったニュアンスで使うことが多い。

・**acquire**：これもgetよりフォーマルな語で、「努力の結果としてスキルや知識を得る」場合や「(主に高価なものを) 購入することで手に入れる」といった意味で使うことが多い。「(企業) を買収する」の意味でも使う。

・**gain**：「(様々なもの) を得る」という意味で使う語。gain weight (体重が増える)、gain momentum (勢いを増す)、gain control (支配・掌握する)、gain popularity (人気が出る) など幅広い用法を持つ。

・**earn**：「稼ぐ」という意味が基本だが、他にも「(当然の報いとして) 〜を得る」の意味でも用いる。特に「尊敬や信頼を得る」場合に使われることが多い。「(スポーツで) 〜を勝ち取る」の意味でも使う。

・**come by**：特に「手に入れることが難しいものを手に入れる」というニュアンスで使うことが多い。

They **obtained** information about where to get cannabis via the Internet.

彼らは大麻の入手場所の情報をインターネットで得ていた

Salt can be **obtained** from sea water.

塩は海水から手に入れることができる

📝 しばしば受け身で使われる。getは普通受け身で使わないので、「得られる」という意味を表すにはbe obtainedを使おう

I **obtained** permission to film inside the hospital.

病院内で撮影する許可を得ていた

The program enables them to **acquire** the necessary skills.

そのプログラムで彼らは必要なスキルを身につけることができる

Mr. and Mrs. Cruz **acquired** a new house in Hawaii.

クルーズ夫妻はハワイに新しい家を買った

The company said it will **acquire** Japanese venture firm Finglory.

その会社は日本のベンチャー企業Fingloryを買収すると発表した

Coffee is an **acquired** taste.

コーヒーは、だんだんと好きになるものだ

📝 acquired taste（獲得される味）は、（最初は好きでなくても）だんだんとその良さが分かってくるようなもの（特に飲食物）を指す表現

You have nothing to lose and everything to **gain**.

君は失うものは何もないし、得るものばかりだ

You must enter a four-digit code to **gain** access to the site.

そのサイトにアクセスするには4桁の番号を入力する必要がある

I **gained** 15 kilos over six months.

私は6ヵ月間で15キロ太った

The online campaign soon **gained** momentum.

そのオンラインでのキャンペーンはすぐに勢いを増した

Ian **earned** respect from them through hard work.

イアンは努力を通じて彼らからの尊敬を得た

He **earned** a gold medal in his Olympic debut in Rio.

彼はリオでの自身初の五輪で金メダルを獲得した

How did you **come by** the money?

どうやってその金を手に入れたんだ？

Jobs are still hard to **come by**.

仕事を得るのは依然として難しい

最近

1 recently 2 lately
3 nowadays 4 these days

「少し前の過去」と「過去と比べた現在」

日本語の「最近」には大きく分けて2つの意味がある。1つは「最近この町に引っ越してきた」という〈少し前の過去〉を意味する「最近」。もう1つは「最近はCDが売れない」のように〈過去と比較した現在〉。大きく分けて前者の意味で使うのがrecently/lately、後者の意味で使うのがnowadays/these daysだと捉えておこう

（少し前の過去を指して）「最近」		（過去と比較して）「最近では」
recently	**lately**	**these days** **nowadays**
過去形・現在完了形	現在完了形	現在形

· **recently**：「(少し前の) 過去」という意味で用いる副詞。「最近結婚した」のように1回の動作 (過去形) にも、「最近面白い本を読んでいる」のように過去から現在にまたがるようなこと (現在完了) にも使う。

· **lately**：recentlyよりも現在に近く、現在完了形で用いることが多い。過去の1回限りの動作 (過去形) ではあまり用いない。

· **nowadays**：「(過去と比較して) 最近は」という意味で用いる。現在の話をするために使われるので、必然的に現在形と一緒に用いる。

· **these days**：nowadaysと同じ意味だが、よりカジュアルな響きがある。

My son **recently** graduated from college.

息子は最近大学を卒業した

I had a strange experience **recently**.

最近奇妙な体験をした

Recently, I've been reading an interesting book.

最近面白い本を読んでいる

Until **recently,** scientists believed that there were approximately 100,000 lions living in Africa.

最近まで科学者たちは、アフリカには約10万頭のライオンが暮らしていると考えていた

📝 until recentlyは「最近まで」という意味の決まり文句

Larry says he has not been feeling well **lately**.

ラリーは最近体調が良くないと言っている

📝〈ミス防止〉latelyは現在とのつながりが強い語なので、I had a strange experience lately. のように過去形ではあまり使わない。また、I got up late this morning. (今朝は遅く起きた)のように、「遅く」という意味を表す副詞はlate。ここでlatelyを使わないこと。

Have you seen Donovan **lately**?

最近ドノバンに会ったかい?

Nowadays, many people choose to shop online.

最近では多くの人がオンラインで買い物することを選ぶ

Children eat more junk food **nowadays** than they did in the past.

子供たちは昨今、以前よりもジャンクフードを食べることが多くなっている

These days, people seem to give up on their marriage too easily.

最近では、人々は簡単に結婚生活に見切りをつけ過ぎるような気がする

📝 these daysに対して、in those daysは「当時」という意味

These days, it's hard to find a phone booth.

この頃は、電話ボックスを見つけるのが難しい

🔖 □ **approximately** (副) およそ (=about)

即時の、突然の
① immediate **②** sudden **③** abrupt

immediateは「時間的」な近さの他、「場所や関係」の近さにも使われる

「即時の、突然の」という意味を表す形容詞を整理して押さえよう。

・**immediate**:「すぐの、即時の」という意味。時間的な「近さ」だけでなく、「すぐ隣の」「近親の」「(原因などが)直接的な」のように「(場所・関係などが)近い」の意味でも使われる。語源について少し触れると、語頭のim-はin-と同じく「否定」、mediateは「仲介する」(medium〔中間、媒介〕と似ていることに気づいただろうか)。つまり「間に何も入らない」から「(時間的にも距離的にも関係性の点でも)近い、直の」という意味で使われると考えておこう。

・**sudden**:「突然の」という意味で、immediateより急に起きたという感じが強い。

・**abrupt**:「突然の、不意の」という意味でsuddenより意外性が強く、時として不快感を伴うようなことに使われる場合がある。

このように、それぞれニュアンスが少しずつ異なる。また、immediately(すぐに)、suddenly(突然)、abruptly(不意に)という副詞もよく使われるので覚えておこう。

The terrorists demanded the **immediate** release of the prisoners.
テロリストは、その囚人たちの即時解放を要求した

The government should take **immediate** action.
政府は直ちに行動を起こすべきだ

It is likely to happen, but not in the **immediate** future.
それは起こるだろうが、今すぐにというわけではない

📝 immediate futureは「近い将来」(=near future)

Olivia was sitting to my **immediate** right.
オリビアは私のすぐ右側に座っていた

David passed away surrounded by his **immediate** family.

デビッドは、近親者に囲まれて亡くなった

Mr. Wells is my **immediate** superior in the company.

ウェルズさんは、会社での私の直属の上司だ

The **immediate** cause of the accident is still unknown.

その事故の直接の原因はいまだに不明だ

The wildfire poses no **immediate** threat to us.

その山火事は、私たちにとって差し迫った脅威ではない

📝 「脅威が近い」から「差し迫った」という意味でも使われる

A **sudden** drop in temperature could have a serious impact on the human body.

気温の突然の低下は人体に深刻な影響を与えることがある

His political career came to a **sudden** end.

彼の政界でのキャリアは突然終わりを告げた

Her decision to leave the company was **sudden**.

会社を辞めるという彼女の決断は、非常に急であった

📝 名詞を修飾する以外にも、こうした使い方もする

There was an **abrupt** change in the weather.

天候の急変があった

📝 sudden と同じく abrupt change/rise/drop（突然の変化／上昇／低下）や abrupt end（突然の終わり）などのパターンで使うことが多い

Their happy marriage came to an **abrupt** end.

彼らの幸せな結婚は突如終わりを告げた

🔖　□ **superior**（名）上司、上官／（形）より優れている
　　□ **threat**（名）脅威

058

ついに、最後に

❶ finally ❷ lastly ❸ at last
❹ eventually ❺ in the end

ニュアンスの違いを整理しよう

「ついに、最後に」といった意味を表す語句を整理しよう。

・**finally**：「ついに、最終的に」「(何かを列挙して) 最後に」という意味で用いる。

・**lastly**：「(何かを列挙して、順番的に) 最後に」の意味でしか用いない。

・**at last**：finallyと同じく「ついに」という意味を表すが、「待ち望んでいたことがついに起きた」という感じがより強く、主に話し手が喜んでいることに対して使われる。

・**eventually**：「最終的に、結局」という意味でfinallyとほぼ同じ意味だが、eventuallyの方が「(長い時間をかけて、紆余曲折を経て) 結局」という最終結果を示すニュアンスがやや強い。

・**in the end**：eventuallyと同じく最終結果を表して「最終的に、結局」という意味で使われる。

このようにfinallyが最も幅広く、他の4つの意味を含んでいる (細かいニュアンスの違いはあるが、そうした違いは英語話者によって異なることも多いので、そこまで神経質になる必要はない)。使われる場面をざっくり整理すると、以下のようになる。

「待ち望んでいた ことがついに」	「最終的に」	(列挙して) 「最後に」
at last **finally**	**finally** **eventually** **in the end**	**lastly** **finally**

My flight **finally** took off after a two-hour delay.
私の便は、2時間遅れでようやく飛び立った

Ivan **finally** admitted he had taken the money.
アイヴァンは、最終的にそのお金を取ったと認めた

First the doctor took my blood pressure, then did an X-ray on my chest, and **finally** examined my blood.

医者はまず私の血圧を測り、続けて胸部のX線検査を行い、最後に血液検査をした

Add flour, salt and, **lastly,** milk.

小麦粉、塩、そして最後に牛乳を加えてください

Lastly, I'd like to thank everyone for coming this evening.

最後に今夜来てくれた皆さんに感謝したいと思います

My son has found a job **at last**.

息子はついに職を見つけた

📝 〈ミス防止〉日本語の「ついに病気になってしまった」につられて、I became sick at last.のような使い方をしないこと。at lastは待ち望んでいたことに用いる。この場合はeventuallyなどを使おう

At long last, we made it to our destination.

ついに私たちは目的地に着いた

📝 at long lastで、特に長い時間がかかったことを表す

I looked everywhere for the book, and **eventually** found it on the table.

その本をあちこち探して、結局テーブルの上にあるのを見つけた

Eventually, humans will travel to Mars.

いつかは、人類は火星に行くだろう

📝 未来のことに使われて「いつかは」という意味を表すことがある

In the end, they decided not to buy the house.

最終的に、彼らはその家を買わないことにした

Hard work will pay **in the end**.

最終的には努力は報われる

059

かたい

1 hard 2 firm 3 stiff
4 solid 5 tough

物理的なかたさから、色々な意味に派生する

「かたい」という意味を表す形容詞をまとめて頭に入れよう。

・**hard**：「かたい」という意味の一般的な語。

・**firm**：石のように硬いというより、どちらかと言えばマットレスなどの硬さや、引き締まった筋肉の硬さなどに対して使われることが多い。主に好ましいかたさを表す。「(主義・意思・措置などが) 確固たる、断固とした」という意味もある。

・**stiff**：弾力性がなく、硬くて曲がらないというニュアンスがある。「(筋肉が) こわばっている」「(ドア・引き出しなどが) きつくて開かない」「(口調・態度が) 堅苦しい、よそよそしい」という意味でも使われる。

・**solid**：「固く、密度の濃いしっかりとした素材でできている」という意味で使うことが多い。「固体の、固形の」「堅実な、しっかりした、信頼できる」という意味もある。

・**tough**：「(肉などの食品が) 硬い」という文脈で使うことが多い。

Dan fell and hit his head on the **hard** floor.

ダンは転んで、硬い床で頭を打った

The bagel was as **hard** as a rock.

そのベーグルは石のように硬かった

We all like to sleep on a **firm** mattress.

私たちはみんな硬いマットレスで寝るのが好きだ

Meg reached out and touched his **firm** bicep.

メグは手を伸ばして、彼の硬く引き締まった上腕二頭筋に触れた

The government must take **firm** action against offenders.

政府は違反者に対して断固たる行動を取るべきだ

Ms. Garcia is a **firm** believer in gender equality.

ガルシアさんは男女同権の強固な信奉者だ

📝 a firm believer in 〜で「〜を固く信じている人」

It comes with a **stiff** cardboard cover.

それには硬い厚紙のカバーが付いてくる

The material of the shirt is very **stiff** and uncomfortable.

そのシャツの素材はとても硬くて着心地が悪い

This morning my lower back was **stiff** and sore.

今朝は腰がこわばっていて、痛みがあった

The drawer was **stiff** and hard to open.

その引き出しは固く、開けづらかった

His tone sounded **stiff** and formal.

彼の口調は堅苦しく、フォーマルだった

Let the clay dry until it's **solid**.

粘土が固まるまで乾かしなさい

I think your baby is ready to start eating **solid** foods.

あなたの赤ちゃんはもう固形物を食べてもいいと思うよ

I'm sure the evidence is **solid** enough to convince a jury.

その証拠は陪審員を納得させるのに十分なほどしっかりしている

We have built a **solid** reputation as a provider of innovative products.

当社は革新的な製品を提供する会社としての確固たる評判を得た

The steak was **tough** and chewy.

そのステーキは硬く、噛み応えがあった

These knives are sharp enough to cut **tough** meat.

これらのナイフは硬い肉も切れるほど鋭い

ひどい

1. terrible　2. awful　3. dreadful
4. horrible　5. disgusting　6. hideous

---

badに置きかわる単語を身につけよう

「ひどい」という意味を表す形容詞を押さえよう。

ここに挙げたものは、それぞれニュアンスが少しずつ違うが、基本的には全てbadよりも「ひどさの程度」が強いと考えて問題ない。

・**terrible/awful**：「非常に悪い」という意味で幅広く使われる。

・**dreadful**：terrible/awfulと意味はほぼ同じだが、特にイギリス英語で好まれる語。

・**horrible**：terrible/awful/dreadfulとほぼ同じ意味だが、horror（ホラー）と綴りが似ていることから分かる通り、「恐怖やショックを受けるようなひどさ」に対して使うこともある。

・**disgusting**：特に「ひどくて気分が悪くなる」ということに焦点を置いて使われる語。

・**hideous**：「不快な、醜い」というニュアンスで使うことが多い。上記の他の語よりは使用頻度が低い。

His singing was **terrible**.

彼の歌はひどかった

📝 〈ミス防止〉very terribleとしないこと。terribleをはじめ、上に挙げた語句は既に「非常に悪い」という意味を含んでいるため、「非常に」という意味のveryとは相性が悪い

They've been working in **terrible** conditions.

彼らはひどい環境で仕事をしてきた

I'm **terrible** at dancing.

私はダンスがひどく下手だ

📝 be good at ～は「～が上手」、be bad/poor at ～は「～が下手」、be terrible at ～は「～がひどく下手」という意味を表す

150

I feel **terrible**.

ひどく体調が悪い

📝「体調が悪い」の他、文脈によっては「不愉快だ、心苦しい」などの意味になる

The restaurant was **awful**! I'll never go back there again.

そのレストランはひどかった！ 二度と行くもんか

You look **awful**, Joe. Are you all right?

気分が相当悪そうだな、ジョー。大丈夫か？

His performance was **dreadful**, but the rest of the cast made up for it.

彼の演技はひどかったが、残りのキャストがそれを補った

I suddenly realized I've made a **horrible** mistake.

突然、自分がとんでもない間違いを犯したことに気がついた

Four people were killed in the **horrible** accident.

そのひどい事故で4人が命を落とした

You still shower with your mom? That's **disgusting**!

あなたまだお母さんとシャワーに入っているの？ 気持ち悪い！

Troy has a **disgusting** habit of biting his nails.

トロイには爪を噛むという嫌な癖がある

I have no idea why Jane chose that **hideous** yellow dress.

なぜジェーンがあのひどい黄色のドレスを選んだのか分からない

You should get rid of this **hideous** furniture.

こんな悪趣味な家具は処分しなよ

🔖 □ **rest**（名）残り

---

① 次の定義に当てはまる語を [　] 内から選ぼう。

① very ugly

② at the present time

③ sudden and unexpected

④ firm and difficult to bend

[abrupt ／ hideous ／ nowadays ／ stiff]

---

② 上下の文の空所に共通して入る語を答えよう。

① The rock was so heavy that it had to be ＿＿＿＿＿ by crane.

　All the restrictions have now been ＿＿＿＿＿.

② It will happen again one day, but not in the ＿＿＿＿＿ future.

　The accident poses no ＿＿＿＿＿ threat to the public.

③ Why do bad things always ＿＿＿＿＿ to me?

　Do you ＿＿＿＿＿ to know anything about his whereabouts?

④ In 1996, the Taliban ＿＿＿＿＿ control of most of Afghanistan.

　Just because you've ＿＿＿＿＿ some weight doesn't necessarily mean you have to go on a diet.

⑤ They have vowed to take ＿＿＿＿＿ action against racism.

　Their mattresses come in three levels: soft, medium

---

or _____ .

6 John is terrible _____ soccer, but he loves it.

I reached the summit _____ long last.

③ [ ]内の語を使って次の日本文を英語にしよう。

1 私にうそをついたことに関して、あなたを絶対に許さない。[forgive]

2 彼はその件についてコメントすることを差し控えた。[declined]

3 どうやってその金を手に入れたんだ? [come]

4 その古い家で火災が発生した。[broke]

④ 下線部に注意して、次の英文の意味を考えてみよう。

1 Instead of letting your hardships and failures discourage or exhaust you, let them inspire you. — Michelle Obama

2 An earthquake on the moon is called a moonquake. Moonquakes occur less frequently and tend to have smaller magnitudes than quakes on the Earth. Scientists believe moonquakes are caused by various reasons including the Earth's gravitational pull.

*frequently:「頻繁に」　　　*gravitational pull:「引力」

⑤ 次のなぞなぞに答えよう。

1 People make me, save me, change me, raise me.

What am I?

2 This ancient invention allows people to see through walls.

What is it?

素晴らしい

1 **excellent** 2 **superb** 3 **outstanding**
4 **terrific** 5 **awesome** 6 **amazing**
7 **incredible** 8 **remarkable**
9 **phenomenal**

goodに置きかわる単語を身につけよう

前ユニットとは逆に「素晴らしい、非常によい」という意味を表す形容詞をまとめて押さえよう。これらは微妙なニュアンスの違いがあるものの、全てgoodを強調した意味を表すと考えておいて間違いない。

・**excellent/superb**：「素晴らしい」という意味を表す。

・**outstanding**：特に「業績などが他と比べて際立ってよい」という意味で用いることが多い。

・**terrific**：「素晴らしい」という意味。特に素晴らしさに興奮したり、うれしくなったりするような場面で使うことが多い。

・**awesome**：terrificと同じ意味だが、どちらかと言うとアメリカ英語で好まれる語で、カジュアルな響きがある。

・**amazing/incredible**：「素晴らしい」という意味で、「素晴らしさに驚いている」というニュアンスがある。

・**remarkable**：「素晴らしく、注目に値する」という意味で用いる。

・**phenomenal**：「驚くべき、並外れた」という意味で用いる。

"Your English is **excellent**." "Thank you, but I think I still have a long way to go."

「君の英語は素晴らしいね」「ありがとうございます。でも、まだまだ練習が必要です」

📝 〈ミス防止〉前ユニットのterribleなどと同じ理由で、very excellentは誤り

"I should be finished in 10 minutes, Mr. Campbell." "**Excellent!**"

「あと10分で終わります、キャンベルさん」「素晴らしい！」

📝 このように何かに満足していることを伝える際にも使われる

His performance was **superb**.

彼のパフォーマンスは本当に素晴らしかった

We are truly proud of your **outstanding** achievement.

私たちはあなたの素晴らしい業績を心から誇りに思います

📝 stand outは「目立つ、際立つ」という意味の表現。ここからoutstandingという形容詞が生じた

That sounds like a **terrific** idea!

素晴らしいアイデアだね!

📝〈ミス防止〉terrible/awful（最悪な）とterrific/awesome（素晴らしい）は全く逆の意味になるので注意しよう

I watched the movie last night and it was totally **awesome**!

昨夜その映画を見て、本当に最高だったよ!

📝 ここに挙げた語はveryと相性が悪いものの、くだけた会話ではreallyやtotallyで強調することがある

"Your mother is such an **amazing** woman." "Thank you. I think so, too."

「君のお母さんは本当に素晴らしい女性だ」「ありがとうございます。私もそう思います」

Anderson scored another **incredible** goal.

アンダーソン選手が再び素晴らしいゴールを決めた

The country has made **remarkable** progress in gender equality.

その国は男女平等で顕著な進歩を遂げた

The project was a **phenomenal** success.

そのプロジェクトは素晴らしい成功を収めた

🔖 □ **achievement**（名）業績
　　□ **progress**（名）進歩、進行

0
6
2

引き起こす

① cause ② trigger ③ set off
④ spark ⑤ provoke ⑥ evoke
⑦ lead to ⑧ bring about

因果関係を伝えるために覚えておきたい単語

「〜を引き起こす」という意味を表す動詞は、ご覧の通りたくさんある。ここでは、これらをまとめて押さえよう。

・**cause**：「引き起こす」という意味の最も一般的な語。どちらかと言えば、悪い結果を引き起こす場合に使うことが多い。

・**trigger**：「(銃の)引き金」という名詞の意味も持つ語。文字通り「〜の引き金となる」というニュアンスで使われる。

・**set off**：特に「意図していないことを引き起こす」という意味で使うことが多い。「(警報など)〜を作動させる」という意味もある。

・**spark/provoke/evoke**：「何らかの感情・反応を引き起こす」という意味を持つ。特にsparkとprovokeは「怒り・議論・抗議活動などを引き起こす」の意味で使うことが多い。evokeは「様々な感情・反応を引き起こす」の他、「記憶を呼び起こす」の意味で使うこともある。

・**lead to**：元は「(道が)〜につながる」という意味。そこから「(物事が)〜の原因となる、〜を引き起こす」の意味でも使う。特に「(ある程度時間が経過した後に)引き起こす」という場合に用いられる。

・**bring about**：特に「変化などをもたらす、引き起こす」といった文脈で使われることが多い。

The storm **caused** widespread damage to farmlands.

その嵐は、農地に広範囲にわたる被害を引き起こした

Greenhouse gases in the atmosphere **cause** the temperature to rise.

大気中の温室効果ガスが気温を上昇させる

📝 cause A to do 〜で「Aが〜するのを引き起こす、Aに〜させる」

The volcanic eruption **triggered** a tsunami.

その火山噴火は津波を引き起こした

The assassination of Ferdinand **triggered** the outbreak of WWI.

フェルディナント大公の暗殺が第一次世界大戦の引き金となった

His remark **set off** a wave of criticism from the black community.

彼の発言は黒人社会からの相次ぐ批判を引き起こした

The case has **sparked** a debate over transgender rights.

その事例はトランスジェンダーの権利をめぐる議論を引き起こした

📝 spark offの形を使うこともある。sparkは「火花」という意味もあり、文字通り「〜の導火線に火をつける」というイメージで捉えておこう

The decision has **provoked** a furious reaction from pensioners.

その決定は年金生活者から怒りの反応を引き起こした

📝 provokeには「〜を（意図的に）怒らせる」という意味もある

Her story **evoked** sympathy from the jury.

彼女の話は陪審員の同情を誘った

The song **evoked** memories of my childhood.

その歌は子ども時代の記憶を呼び起こした

Childhood stress can **lead to** health problems later in life.

幼少期のストレスは、後年の健康上の問題につながることがある

The decision to conduct the airstrike **led to** the deaths of dozens of civilians.

その空爆を実施するという決断の結果、数十人の民間人が死亡した

What **brought about** the change in his attitude?

彼の態度の変化をもたらしたものは何ですか？

063

禁止する

① prohibit　② ban　③ forbid　④ bar

「禁止する」系の動詞は、fromと結びついて使われる

「禁止する」という意味を表す動詞を押さえよう。

・**prohibit**：主に「法律・規則によって公的に禁止する」という意味を表す。「Aが〜するのを禁止する」は〈prohibit A from 〜 ing〉の形をとる。

・**ban**：「（法律・規則や道徳的な理由などで）公的に禁止する」という意味で用いる。「Aが〜することを禁止する」はprohibitと同じく〈ban A from 〜 ing〉という形をとる。「禁止」という名詞の意味もある。

・**forbid**：「人が直接禁止する」という意味で使われる傾向にある。「Aが〜することを禁止する」は、主に〈forbid A to do〉という形をとる（〈forbid A from 〜 ing〉の形も使える）。

・**bar**：「公的に禁止する」という意味だが、特に「入場・入国を禁止する」という意味で用いることが多い。主に〈be barred from 〜〉（〜を禁じられる）という受け身で使われる。barには「棒、かんぬき」という意味があるが、「立ち入り禁止の棒［バー］」から、「入場を禁止する」という動詞の意味が生じたと考えておこう。

見ての通り、これらの語はfromと一緒に使うことが多い。fromは「距離を取る」イメージがある（stay away from 〜〔〜に近づかない〕、stop A from 〜〔Aが〜するのを止める〕などの表現からも、それが見て取れる）。そう考えると、上記の語とfromの相性が良い理由が分かるだろう。

The law **prohibits** minors from working more than seven hours a day.

法律は未成年者が1日7時間を超えて働くことを禁じている

Smoking is strictly **prohibited** on the factory premises.

工場の敷地内では、喫煙は固く禁じられている

📝 strictly（固く、厳しく）、legally（法的に）、completely（完全に）などの副詞と結びつくことがある

The use of landmines was **banned** decades ago.

地雷の使用は数十年前に禁止された

He was **banned** from competing for a year after failing a doping test.

彼はドーピング検査に引っかかり、1年間出場を禁じられた

The state imposed a **ban** on alcohol consumption in public places.

その州は公的な場所での飲酒を禁じた

📝 この場合のbanは「禁止」という名詞。a ban on 〜で「〜の禁止」

My doctor has **forbidden** me to drink alcohol.

医者は私に飲酒を禁じた

📝 forbid-forbade-forbiddenと活用する

The law **forbids** racial discrimination.

法律は人種差別を禁じている

📝 forbidは個人が禁止するだけでなく、法的に禁じる場合にも使われる

Women in Saudi Arabia were **forbidden** from driving until 2018.

サウジアラビアの女性は2018年まで運転が禁じられていた

They are **barred** from talking to the press.

彼らはマスコミに話をすることを禁じられている

Troy is the only man I know who has been **barred** from all the restaurants in this town.

私が知る限り、町の全レストランから出禁となったのはトロイだけだ

🔖
- **minor**（名）未成年
- **premises**（名）敷地 ※この意味では複数形で用いる
- **landmine**（名）地雷
- **compete**（動）競う、（競技に）参加する
- **impose**（動）〜を課す、負わす
- **consumption**（名）消費
- **discrimination**（名）差別

頼る

 depend　 rely　❸ count

「頼る」系の動詞は、onと結びついて使われる

「頼る、依存する」という意味を表す動詞をセットで押さえよう。

・**depend**：(depend on 〜の形で) 幅広い意味で「〜に頼る、依存する」という意味を表す。また、「主語は〜に依存している」から「〜次第だ、〜によって左右される」という意味でも用いる。

・**rely**：(rely on 〜の形で)「〜に頼る、依存する」という意味を表す。「過去の経験から信頼して頼る」というニュアンスで使うことが多い。

・**count**：(count on 〜の形で)「〜を頼りにする、当てにする」といった感じの意味で、〈count on+人〉で「人を頼りにする」、〈count on+物事〉で「物事が当然起こるものとして当てにする、それが起こることを前提にする」というニュアンスで用いる。

このように、上記の動詞は全て前置詞のonと結びついて使われる。onは「〜の上に」というのが基本的な意味だが、「上にのっている」から転じて「依存」のニュアンスで用いられる。よって、これらの動詞とは相性が良いため、一緒に使われると考えておこう。

The country's economy **depends** on tourism.

その国の経済は観光に依存している

📝 〈ミス防止〉「依存している」につられてis dependingとしないこと

John **depends** on his parents for money.

ジョンは経済的に両親に依存している

📝 depend on A for 〜で「〜のことでAに依存する」

Japan **depends** heavily on other countries for energy.

日本はエネルギー供給を他国に大きく依存している

📝 onの前にheavily/largely（大きく）、entirely（全面的に）、solely（〜だけに）、mainly（主に）、partly（部分的に）などを置くことで「依存の程度」を表すことがある

"Are we going to the beach tomorrow?" "It **depends** on the weather."

「明日ビーチに行くの?」「天気次第だな」

"How much exercise do I need?" "It **depends** how much weight you want to lose."

「どのくらい運動する必要がありますか」「それは、どれだけ体重を減らしたいのかによりますね」

📝 後ろにwhat/how/when/where/whetherなどの節(文章の形をした1つのかたまり)が続く場合は、onを省略することが多い

"How long will it take?" "Well, that **depends**."

「どのくらいかかりますか」「何とも言えないですね」

📝 dependsの後に〈on+様々な条件〉が省略されている。つまりThat/It depends. は「それは色々な条件によるから何とも言えない」「時と場合による、ケースバイケースだ」という時に使う決まり文句

Prices vary **depending** on the date of departure.

価格は、ご出発の日付に応じて変わります

📝 depending on ~は「~次第で、~に応じて」という意味を表す

People have continued to **rely** on the radio for information.

人々は情報源としてラジオに頼るのを続けている

You can **rely** on Mike. He's the most reliable man I know.

マイクに頼っていいよ。私が知る限り最も信頼できる男だ

People in the village **rely** on fishing as their source of income.

その村の人々は収入源として漁業に依存している

You can **count** on me. I'll never disappoint you.

私に任せてください。決してがっかりさせません

We're **counting** on his support.

私たちは彼の支援を当てにしている

🔖 □ **reliable** (形) 信頼できる

奇妙な

 ① odd ② weird ③ bizarre
④ funny ⑤ wacky ⑥ offbeat

「なんだか変だな……」そんな時に使える言葉

「奇妙な」という意味を表す、strangeの"親戚"の形容詞を押さえよう。

・**odd**:「奇妙な、変な」という意味の語で、驚きや不安の気持ちを起こさせるようなことに対して用いられることが多い。他にも、「奇数の(※「偶数の」はeven)」「(数字が)〜より少し多い」「(靴などが)左右合っていない」など幅広い意味を持つ。

・**weird**:奇妙な度合いが比較的強い場合に使われる傾向がある。

・**bizarre**:weirdと同じく「非常に奇妙な」という意味を表す。特に「普通ではない」ということを強調するニュアンスがある。

・**funny**:「面白い」から転じて「奇妙な」の意味でも使われる。「体調がおかしい」という意味もある。

・**wacky**:「奇抜な」といったニュアンスで、変わっていて面白いことに対して使われることが多い。

・**offbeat**:「風変わりな、普通ではない」という意味で用いる。

このようにそれぞれ微妙なニュアンスの違いはあるが、特にodd、weird、bizarreあたりに関しては、どれを使うのかは個人の癖によるところも大きいので、それほど違いに神経質になる必要はない。

Her father gave me an **odd** look.

彼女の父親は妙な表情で私を見た

What an **odd** coincidence!

何と奇妙な偶然だろう

There's an exercise on every **odd** page of the book.

その本の奇数ページには問題が載っている

The actor has appeared in twenty-**odd** movies.

その俳優は二十数作品の映画に出演している

She was wearing **odd** socks today.

彼女は今日、左右バラバラの靴下をはいていた

I'm always at **odds** with my wife over politics.

政治については、いつも妻と意見が合わない

📝 at oddsで「意見が合わない、相容れない」（この場合のoddは名詞）。oddは「奇数の」「左右合っていない」など「ぴったり合わない」というイメージがあるため、こうした意味でも使われると考えておこう

I had a **weird** dream where Rapunzel choked me with her hair.

ラプンツェルが髪の毛で私の首を絞めてくるという変な夢を見た

The **weird** thing is, Ken says he has never seen her.

奇妙なことにケンは彼女に会ったことがないと言っている

📝 The weird/odd/bizarre/strange thing is 〜で「奇妙なことに〜」

Last night, Robin's behavior was really **bizarre**.

昨夜、ロビンの振る舞いは、かなりおかしかった

"That's **funny**." "Do you mean **funny** strange or **funny** ha-ha?"

「それはおかしい」「変、面白い、どっちの意味のおかしい？」

📝 funnyだけでは意味が曖昧な時に、こう尋ねることがある

Mom, my stomach feels **funny**.

ママ、おなかの調子が変なんだ

George has a **wacky** sense of humor.

ジョージは奇抜なユーモアのセンスをしている

I enjoy reading **offbeat** news articles.

奇妙なニュース記事を読むのが好きだ

🔖 □ **coincidence**（名）偶然の一致

頭の悪い、ばかげた

0 6 6

1 **stupid**　2 **dumb**　3 **foolish**
4 **silly**　5 **ridiculous**　6 **absurd**

会話で使いたい「ばかげた」の色々な言い回し

「頭の悪い、ばかげた」という意味を表す形容詞を見ていこう。

・**stupid**：「頭が悪い、ばかげた、愚かな」という意味の語で、比較的強い意味を持つ。

・**dumb**：stupidと同じく「頭が悪い、ばかげた、愚かな」という意味で、主にアメリカ英語で使われるくだけた語。「口がきけない」という意味もある。

・**foolish**：「頭が悪い、ばかげた、愚かな」という意味で、stupidやdumbよりもフォーマルな響きがある。

・**silly**：stupidよりも意味が柔らかく「おばかさん」といった感じのニュアンス。

・**ridiculous**：stupidよりさらに意味が強く、「(物事・発言などが)あきれるほどばかげている」という意味で使われる。

・**absurd**：ridiculousと同じような意味だが、主に「(合理的でない、筋が通らないなどの理由で)ばかげている」というニュアンスで用いる。

I wouldn't do that! I'm not that **stupid**.

そんなことはしないよ！　そこまではばかではないぞ

Stop asking me such **stupid** questions.

そんなばかげた質問をするのはやめてくれ

It took me two hours to fix this **stupid** bicycle.

この自転車を修理するのに2時間かかったよ

📝 この場合のstupidには特に深い意味はなく、単に話し手が自転車に対していらついている気持ちを表している。stupidはこうした使い方をすることもある

You still think blonds are **dumb**? That's **ridiculous**!

ブロンドは頭が悪いとまだ思っているの？　ばかげているわ！

You called him again? That was a **dumb** thing to do, Kate.

また彼に電話したの？　ばかなことをしたものね、ケイト

Stop playing **dumb** with me. We all know you did it.

とぼけないでよ。君がやったってみんな知っているんだから

📝 play/act dumbで「知らないふりをする、とぼける」

They were **dumb** with horror.

彼らは恐怖で口がきけなかった

📝 「(ショックなどで一時的に)口がきけない」という意味でも用いる。「障害で口がきけない」をdumbで表すのは、現代では差別的とされる。代わりにspeech impaired(言語障害のある)などを使おう

They made a **foolish** decision.

彼らは愚かな決断をした

I'm so **silly**. I locked myself out again.

僕ってばかだな。また鍵を中に置いたまま外に出ちゃったよ

"I apologize." "Oh, don't be **silly**. It's not your fault."

「謝ります」「ばかなこと言うなよ。君のせいではないよ」

You paid $120 for the T-shirt? That's **ridiculous**.

そのTシャツに120ドル払ったのか？　完全にばかげている

It's **ridiculous** to think I still have feelings for Ben. I'm totally over him.

私がベンに未練があると思うなんて、どうかしている。完全に吹っ切れているわ

What an **absurd** idea! It doesn't make any sense.

なんてばかげた考えだ。まったく意味が通らないじゃないか

🔖 □ **over** (前) (悩みなど)〜を乗り越えている、吹っ切れている

心配な

1 **worried**　2 **anxious**
3 **concerned**　4 **uneasy**

不安な気持ちを伝えられるようになろう

「心配な、不安な」という意味を表す形容詞をセットで押さえよう。

・**worried**：worry（心配する）の形容詞形で、「心配している」という意味で幅広く使われる。主にbe worried about 〜（〜を心配している）、be worried that SV 〜（〜ではないかと心配している）という形で使う。worried look（心配そうな顔）のように名詞を修飾することもある。

・**anxious**：worriedよりもフォーマルな響きがあり、「これから起きるかもしれないことを心配している」というニュアンスが強い語。be anxious about 〜（〜について心配している）という形で用いることが多い。この他、「切望している」という意味でも使われる。「手に入るどうか不安」⇒「手に入れたい」⇒「切望している」という流れで、こうした意味が生じたと考えておこう。

・**concerned**：anxiousと異なり「既に起きている問題に対して心配・懸念がある」というニュアンスで用いることが多い。主にbe concerned about 〜（〜について心配している）、be concerned that SV 〜（〜ではないかと心配している）という形で使う。「関係している」という意味もある。

・**uneasy**：何となく不安で落ち着かない気持ちを表す語。

I'm **worried** about my son.

息子のことが心配だ

Doctors are **worried** about a spike in COVID-19 cases.

医師たちは新型コロナウイルスの感染の急増を心配している

I'm **worried** that he'll be late again.

彼がまた遅刻するのではないかと心配している

Investors are getting increasingly **worried**.

投資家たちはどんどん不安になっている

📝 今回挙げた語は、be動詞以外にもget/becomeと結びついて「心配になる」という意味でも使われる

Vivian gave me a **worried** look.

ビビアンは心配そうな顔で私を見た

I'm **anxious** about the future.

私は将来に対して不安を抱いている

📝 「人のことを心配する」は〈be anxious for＋人〉のようにforを使うこともある

They are **anxious** about losing their jobs.

彼らは職を失うのではないかと心配している

We know you're all **anxious** for more information.

皆さんは、もっと情報が欲しいと思っていることでしょう

📝 「切望している」の意味ではbe anxious for ～（～を欲している）、be anxious to do ～（～したがっている）という形で使うことが多い

Jack was **anxious** to hear the test results.

ジャックはテストの結果を聞きたがっていた

We are **concerned** about your health.

私たちはあなたの健康を心配しています

I'm **concerned** that young people are rapidly spreading the disease.

若者がどんどんその病気の感染を広げていることを懸念している

I shared this information with everyone **concerned**.

私は関係者全員にこの情報を共有した

📝 everyone/all concerned（関係者全員）のように、「関係している」の意味では、修飾する語の後ろに置くことがある

I felt **uneasy** as it was the first time I'd driven alone.

一人で運転するのが初めてだったので不安になった

🔖 □ **rapidly** (副) 著しく

068

扱う、対処する

① **handle** ② **deal with**
③ **tackle** ④ **treat**

やっかいな問題にタックルする

「〜を扱う、〜に対処する」という意味を表す動詞を整理しよう。

・**handle**：「問題などに対処する」という意味で幅広く使われる。特にhandle the situation well（その状況にうまく対処する）のように、「対処の仕方が良い／悪い」ということを話題にする際に用いられる傾向がある。hand（手）と似ていることから分かるように、「手で扱う」というのが元の意味。そこから「（手で扱うように）問題などに対処する」という意味でも使われると考えておこう。余談ながら「（車の）ハンドル」はsteering wheelと言う。名詞のhandleは「取っ手」など、手で持つ部分を指す。

・**deal with**：handleと同じく「問題に対処する」の意味で用いる。また、日本語でも「この本では〜を扱っている」のように言うが、この「（書物などで）取り扱う」という意味を表すにはdeal withを使おう。

・**tackle**：「タックル」という意味があることから分かる通り、特に「複雑でやっかいな問題に全力で取り組む」というイメージのある語。

・**treat**：上記の3つとは「扱う」の意味がやや異なり、「彼を大事に扱う」のように「人や物をどう扱うか」ということに焦点がある。

The manager **handled** the complaint very skillfully.

店長はそのクレームにとてもうまく対処した

> 📝 対処が悪い場合はbadly/poorlyなどの副詞が使われる

He was criticized for the way he **handled** the crisis.

彼はその危機への対処の仕方で批判を受けた

The problem is too difficult for you to **handle**.

その問題は、君が扱うには難しすぎる

Many people don't **handle** stress very well.

多くの人は、ストレスにうまく対処できない

Leave it to me. I can **handle** it.

私に任せて。対処できるから

Naomi teaches women how to **handle** firearms.

ナオミは女性に銃器の扱い方を教えている

📝 「問題を扱う」だけでなく「〜を手で扱う」「〜を仕事で扱う、担当する」の意味でもhandleは使われる

Detective Kevin Nash is **handling** the case.

ケビン・ナッシュ刑事がその事件を担当している

The president pledged to **deal with** the issue.

大統領はその問題に対処することを約束した

Racism should be **dealt with** seriously.

人種差別の問題は真剣に扱われるべきだ

📝 deal-dealt-dealtと活用する。seriously（真剣に）、adequately（適切に）、successfully（うまく）などの副詞とセットで用いることも多い

Chapter 1 **deals with** basic grammar points.

第1章では基本的な文法事項を扱っている

What is the government doing to **tackle** climate change?

気候変動に対処するために政府がやっていることは何だろう?

The program is designed to **tackle** cyberbullying.

そのプログラムはネットいじめに取り組むことを意図している

We should **treat** this information as top secret.

私たちはこの情報をトップシークレットとして扱うべきだ

The industry is known for **treating** animals cruelly.

その業界は動物を残酷に扱っていることで知られている

🔖 □ **cyberbullying**（名）ネットいじめ
□ **cruelly**（副）残酷に

069

（衣類が）合う

① fit **②** suit **③** match

ショッピングでよく使う言葉を頭に入れよう

「（衣類が）合う」に関連した意味を表す動詞を整理しよう。それぞれ意味が異なるので注意が必要だ。

・**fit**：日本語でも「フィットする」と言うように「（衣類が）〜のサイズに合う」の意味で用いる。また、「サイズがぴったり合っている」から転じて「（社会・集団・雰囲気などに）とけ込む、なじむ」という意味もある（その場合はfit inの形を用いる）。

・**suit**：「（衣類・色・髪型などが）〜に似合う」という意味。見た目の話ばかりでなく「〜の要求・ニーズなどに合う」という意味でも用いられる。

・**match**：日本語でも「マッチしている」と言うように、ネクタイとシャツなど「ある部分とある部分が合う、調和する」（＝go with ※p. 38参照）という意味で使われる。

ちなみにfitは「適している」という形容詞の意味もある。suitの形容詞形はsuitable。こちらも形容詞のfitと同じく「適している」という意味。このように、形容詞では大きな意味の違いはない。

These shoes don't **fit** me. Do you have a larger size?

この靴は私には合いません。もっと大きいサイズはありますか

These shoes **fit** perfectly.

この靴はサイズが完璧に合っている

📝 文脈から「誰のサイズに合うのか」が明らかな場合などは、後ろに目的語をとらないこともある

"These pants don't **fit** me anymore. Have they shrunk in the wash?" "Meg, wake up and face reality. You've put on weight!"

「このズボンがもう合わない。洗濯中に縮んだのかな？」「メグ、目を覚まして現実を見なさい。あなたが太ったの！」

This desk will **fit** into the space between the two bookshelves.

このデスクは2つの本棚の間に収まるだろう

📝 fit into ～で「～に収まる」。このようにfitは衣類以外にも、様々なものに対して使われる

He tried to **fit in**, but they were reluctant to accept him.

彼はとけ込もうとしたが、彼らは受け入れるのに消極的だった

Karen is having a hard time **fitting in** with her new classmates.

カレンは新しいクラスメートにとけ込むのに苦労している

📝 〈fit in with＋人〉で「人にとけ込む」。また、fit in at school（学校にとけ込む、なじむ）というパターンもある

That skirt really **suits** you.

そのスカート、よくお似合いですよ

📝 ～ look good on youも「～があなたに似合う」という意味になる

Black is the color that **suits** me best.

黒は私に最もよく似合う色だ

This course should **suit** your needs.

こちらのコースは、あなたのニーズに合うでしょう

"I don't want to go." "**Suit** yourself! I'll go without you."

「行きたくないな」「勝手にしろ！　お前を置いて行くからな」

📝 Suit yourself. は「自分自身のニーズに合うようにしろ」から「好きにしろ、勝手にしろ」という相手を突き放す表現

Does this shirt **match** these pants?

このシャツは、このズボンに合うかな？

These two colors don't **match**.

この2つの色は合っていない

📖 □ **shrink**（動）縮む *shrink-shrank [shrunk]-shrunk [shrunken]と活用する

070

探す

1 search **2** seek **3** hunt

searchの様々な使い方をマスターしよう

「〜を探す」と言えば、look for 〜が有名だが、それ以外にも「探す」に類する意味を表す動詞を押さえよう。

・**search**：「注意深く探す」というニュアンスが強い語。search for 〜（〜を探す）の他、〈search＋場所＋for 〜〉（〜を見つけようとして〈場所〉を探す）、〈search＋場所〉（〈場所〉を捜索する）、〈search＋人〉（〈人〉の所持品検査・ボディーチェックをする）など様々なパターンで使われる。

・**seek**：フォーマルな語で、seek advice（助言を求める）、seek refuge（庇護を求める、避難する）のように「〜を求める」というニュアンスで使うことが多い。seek-sought-soughtと活用する。

・**hunt**：「〜を狩る」が基本の意味。そこから「（狩りをするように）徹底的に〜を探す」という意味で使われる（他の2つより使用頻度は低い）。「〜を探す」の意味では、hunt for 〜の形で使うことが多い。

The firefighters **searched for** survivors.

その消防士たちは生存者を探した

They **searched** the forest **for** the missing boy.

彼らは行方不明の男の子を見つけようと森を探した

📝 〈search＋場所＋for 〜〉（〜を見つけようと場所を探す）のパターン。searched the forestだけなら「森を探す」。このようにsearchの直後には「どこを探すのか」という情報を置き、「何を探すのか」はforで表す

John **searched** the room **for** his passport.

ジョンはパスポートを見つけようと部屋を探した

I **searched** my brain **for** something else to say.

何か他に言うことがないか、自分の脳内を探した

📝 「脳内を探す」のように「探す〈場所〉」には様々なものが使える

172

I **searched** her face **for** some sign of forgiveness.

許してくれるような表情をしていないか、彼女の顔をうかがった

The officer **searched** him.

警官は彼の所持品を調べた

The officer **searched** him **for** weapons.

警官は、武器を持っていないかどうか彼の所持品検査をした

📝 具体的に何を探して所持品検査をしたのかを for 〜で明示する場合もある

He **sought** legal advice from his attorney.

彼は弁護士からの法的な助言を求めた

The truth is not for all men, but only for those who **seek** it.

真実は全ての人のためではなく、それを追い求める人のためにある

People who **seek** refuge should not be treated as illegal immigrants.

避難している人を不法移民として扱うべきではない

📝 他にも seek permission/approval（許可を求める）、seek asylum（亡命を求める）、seek revenge（復讐を企てる）、seek damages/compensation（損害賠償を求める）などのパターンを覚えておこう

He **sought** revenge against the woman who put him in prison.

彼は自身を刑務所に入れた女性に復讐を企てた

Alice decided to **seek** damages from the government.

アリスは政府に損害賠償を求めることにした

Biden pledged that he would **seek** to unify the country.

バイデン氏は国を1つにしようと努力することを誓った

📝 seek to do 〜で「〜しようと努力する」

The police are **hunting for** the shooter.

警察はその銃撃犯を探している

I've been **hunting for** a new apartment.

私は新しいアパートを探している

□ **attorney**（名）弁護士
□ **refuge**（名）（危険などからの）避難、保護
□ **damages**（名）損害賠償　※この意味では複数形で用いる

パーツを知れば
意味を推測できる

　「部首」とは漢字を構成するパーツであり、それぞれ固有の意味を持つ。例えば「氵（さんずい）」は「水」に、「亻（にんべん）」は「人」に関係した意味を表すのはご存じだろう。実は、英単語にも漢字の部首と同じ働きをするパーツがある。以下の単語を見てほしい。

enlarge / enrich / sharpen / sicken

　一見して「en」が単語の前、または後ろに付いているのに気づいたことだろう。この「en」は「〜にする」という動詞を作るパーツだ。こうした知識があれば知らない単語の意味を推測するのに役立つ。enlargeを見たことがない人もlarge（大きい）なら知っているはず。これは〈en＋large〉（大きくする）から「〜を拡大する」という意味の動詞だと分かる。同じくenrich（en＋rich）は「〜を豊かにする」。enが後ろに付いても考え方は同じだ。sharp（鋭い）にenが付いたsharpenは「〜を鋭くする、とがらせる」、sicken（sick＋en）は「〜の気分を悪くさせる」という意味になる。

　他にも覚えておくと便利なパーツがout-。これは単語の前に付いて「〜よりまさる」という意味を加える働きがある。例を挙げると、outnumber（〜に数でまさる、〜より数が多い）、outlive（〜より長生きする）、outsell（〜より売れる）、outwit（〜を出し抜く ※witは「知力」）などだ。

　こうしたパーツに関する解説は、『ジーニアス英和辞典』（大修館書店）が詳しい。この知識があれば単語の意味を推測するのに役立つのはもちろん、単語を覚えるのも楽になっていくので大変便利だ。

❶ 次の定義に当てはまる語を [ ] 内から選ぼう。

1 very good

2 unusual and different from what people normally expect

3 slightly worried or uncomfortable about something

4 stupid or unreasonable

[absurd / offbeat / terrific / uneasy]

---

❷ 上下の文の空所に共通して入る語を答えよう。

1 These pants _____ me perfectly!

I was shy and quiet, and didn't really _____ in at school.

2 It seems _____ that we all missed it.

As you know, _____ numbers cannot be divided by two.

3 You need to know what colors _____ you best.

I think that's a stupid thing to do, but _____ yourself.

---

❸ 次の [ ] 内の語句を日本文の意味に合うように並び替えよう。

※それぞれ1語不足しているので補うこと。

※文頭にくる語も [ ] 内では原則として小文字になっている。

1 消防士たちは、生存者を見つけようと、そのビル内を捜索している。

[the building / searching / survivors / are / firefighters].

2 その大雨で川が氾濫し、地滑りが起きた。

[overflow / and triggered / the heavy rain / rivers / landslides / caused].

---

3 そのスキー選手は競技への出場を1年間禁止された。

[competing / banned / the skier / for / was / a year].

4 フィジーは自国の経済を観光に大きく依存している。

[tourism / depends / its economy / Fiji / for / heavily].

④ [　]内の語を使って次の日本文を英語にしよう。

1 人種差別の問題は真剣に扱われるべきだ。[dealt]

2 彼らは職を失うのではないかと心配している。[anxious]

3 彼の態度の変化をもたらしたものは何ですか? [brought]

⑤ 下線部に注意して、次の英文の意味を考えてみよう。

1 In the end, the only person you can <u>count on</u> is yourself.

2 Never let yourself get too comfortable. <u>Seek</u> challenges,

push yourself, and don't be afraid to try new things.

3 Optimism is the faith that <u>leads to</u> achievement. Nothing

can be done without hope and confidence. — Helen Keller

* optimism:「楽観主義」　　　*faith:「信念」

4 Canaan Banana was Zimbabwe's first post-

independence president. In 1982, he signed a law that

<u>forbade</u> people to make jokes about his name.

* post-independence:「独立後の」

071

おそらく

① maybe **②** perhaps **③** probably
④ presumably **⑤** arguably

💡

確信度に合わせて、単語を使い分けよう

「たぶん、おそらく」という意味の副詞を整理しよう。

・**maybe**：「たぶん」という意味の最も一般的な表現。

・**perhaps**：maybeと意味はほぼ同じだが、よりフォーマルな響きのある語。イギリス英語で好まれる。

・**probably**：「おそらくは」といった感じの意味で、一般的にmaybeやperhapsよりも確信度が高い時に使われる。

・**presumably**：presume（推論する）の副詞形。「論理的に考えて、ほぼ間違いなく」という意味を表す。

・**arguably**：〈argue（議論する）＋-able（できる）〉から「議論することができる」というのが元の意味。転じて「（議論の余地はあるものの）おそらく〜」という意味で使われる（最上級と共に用いるのが基本）。

「話し手の確信度」という点では、目安として「maybe・perhaps：50％」、「probably：80％」くらいだと捉えておこう。一方presumablyとarguablyは、ほぼ間違いがないと確信している際に用いる。また、p. 422掲載のpossiblyも「たぶん」という意味があり、maybeやperhapsよりも確信度がさらに低い場合に使うことが多い。

🎧

Maybe it'll be colder tomorrow.

たぶん明日はもっと寒くなるだろう

"Is he coming?" "**Maybe**."

「彼は来るの？」「たぶんね」

📝 Maybe not. なら「たぶん来ないだろうね」

"When are you going to fix it?" "I don't know. **Maybe tomorrow**."

「いつそれを直すの？」「分からない。明日かな」

📝 何かを予想するだけでなく、発言を和らげる際にも使われる（はっきり「明日」と言うのを避けている）

Maybe you should see a doctor.

医者に診てもらった方がいいんじゃない

📝 shouldの意味を和らげるために用いることも多い

The symptoms started **maybe** two or three months ago.

この症状は2～3ヵ月前くらいに始まりました

📝 〈maybe/perhaps＋数字〉で「約～」(＝about)という意味を表す

"Dan looked at me again. Is he into me?" "**Perhaps** not."

「ダンはまた私を見た。私に夢中なのかな？」「たぶん違うよ」

There were **perhaps** five girls in the group.

そのグループには5人ほど女の子がいた

Perhaps this is the most frequently asked question.

これはたぶん最もよく聞かれる質問だ

📝 ここに挙げた副詞は、最上級を和らげるために使うことも多い

I'll **probably** be out of the office most of the day tomorrow.

おそらく明日はほんとんどオフィスにいないと思います

📝 「たぶん～だろう」という意味では、maybe/perhapsが文頭で使うのが多いのに対し、probablyは I'll probably be...や It's probably...のように、主に文中で用いる（「notが置かれるのと同じ位置」と覚えておこう）

"Will Troy change when he gets married?" "**Probably** not."

「トロイは結婚したら変わるかな？」「おそらく変わらないよ」

He **presumably** froze to death.

彼はおそらく凍死したのだろう

He is **arguably** the best actor of all time.

おそらく彼は、史上最高の役者だろう

🔖 ☐ **frequently** (副) 頻繁に

072

高まる

1 **increase**　2 **rise**　3 **soar**
4 **surge**　5 **spike**　6 **skyrocket**

soar/surge/spike/skyrocketは「急激な上昇」

「高まる、上がる」という意味の動詞をセットで頭に入れよう。

・**increase**：「増える」という意味の一般的な語。「(数・量・程度が)増える」など、幅広い意味で使われる。

・**rise**：「太陽が昇る」のように「何かの位置が上がる」という意味の他に、「(何かの水準などが)上がる、高まる」という意味でも用いる。

・**soar**：何かが「高い水準まで上昇する」ことを意味する。

・**surge**：「急増する」という意味を表す。「急増」という名詞として用いることが多い。

・**spike**：「短期間で急激に高まる」という意味の語。「スパイクシューズ」という言葉がある通り、spikeには「とがっている」というイメージがある。何かが急に高まったことを折れ線グラフで表すと、当然そこが「とがる」ため、spikeは「急激に高まる」の意味でも使われる。「急増」という名詞として使うことも多い。

・**skyrocket**：この語を見てすぐに「空にロケットが飛んでいく」というイメージを持った人も多いと思うが、まさにそのイメージ通り「急激に高い水準まで上昇する」ことを意味する。

Gas prices have **increased** by 20 cents in Tulsa over the past month.

タルサでは過去1ヵ月でガソリン価格が20セント上がった

The land will probably **increase** in value.

その土地はおそらく価値が高まるだろう

📝 increase in price/value/popularity/importanceで「価格／価値／人気／重要性が上がる、高まる」

Smoking **increases** the risk of lung cancer.

喫煙は肺がんのリスクを高める

📝 「〜を高める」という他動詞としても使われる

Online sales have **risen** to 20 percent of overall sales.

オンラインでの売上は、総売上の20%にまで増えた

📝 rise - rose - risenと活用する

Interest rates have been **rising** globally.

世界的に金利が上昇している

The temperature **soared** to 37 °C.

気温は37度まで上昇した

Unemployment has **soared** during the COVID-19 pandemic.

コロナウイルスの感染拡大の中、失業率が上昇した

Global demand for face masks has **surged**.

マスクの世界的な需要が高まった

The incident came amid a **surge** in violent crime in the capital.

首都で凶悪犯罪が急増する中、その事件は起きた

📝 ここでは名詞のsurge（急増）が使われている

The number of COVID-19 patients has **spiked** in the past few weeks.

新型コロナウイルスの患者数が過去数週間で急増した

Strong emotions can cause blood pressure to **spike**.

強い感情は血圧を急上昇させることがある

College tuition costs have **skyrocketed** in recent years.

大学の授業料はここ数年で急激に増えた

📝 このようにsoar、surge、spike、skyrocketは全て「何かが急激に高まる、増える」という意味を表すので、セットで押さえておこう

🔖　□ **emotion**（名）感情　□ **tuition**（名）授業料

073

減る

1 decrease 2 decline 3 diminish
4 dwindle 5 plunge 6 plummet

下落、下降、低下を伝えたい時に使える単語

前ページとは逆に「減る、減少する」という動詞を押さえよう。

・**decrease**：increaseの逆で、「(数・量などが) 減る」という意味の一般的な語。「〜を減らす (＝reduce)」という他動詞としても用いる。

・**decline**：decreaseとほぼ同じ意味だが、ややフォーマルな響きがある。「〜を断る」(p. 132) に加えて、この意味も覚えておこう。

・**diminish**：「影響力が下がる」「関心が薄くなる」のように、特に「(何かの勢い・重要性などが) 減る、減じる、下がる」という意味で使うことが多い。「〜を減少させる」という他動詞としても用いられる。

・**dwindle**：「徐々に減っていく」というニュアンスのある語。

・**plunge/plummet**：どちらも「急激に減少する、急落する」という意味を表す。また「真っ逆さまに落下する」という意味もある。

Japan's population has been steadily **decreasing**.

日本の人口は着実に減少している

📝 steadily (着実に) の他、rapidly/sharply (急激に)、significantly (著しく)、dramatically (劇的に) などの副詞とセットで用いることも多い

Oil prices are expected to **decrease**.

石油の価格は下がると見込まれている

Warming up significantly **decreases** your chance of injury.

ウォーミングアップは、けがする可能性を著しく減らす

The fertility rate continues to **decline**.

出生率は減少し続けている

New car sales have been **declining** sharply in Japan.

日本では新車の売上が急激に低下している

Bob's health began to **decline** when he was 40.

40歳の時、ボブの健康は衰え始めた

📝 declineは「(健康・視力などが)衰える」という意味でも用いられる

His influence began to **diminish** when his brother left the company.

兄が会社を辞めると、彼の影響力も低下し始めた

His popularity as an actor has **diminished** after being caught up in a series of scandals.

一連のスキャンダルの後、役者としての彼の人気は衰えた

I didn't mean to **diminish** your achievements.

あなたの業績をおとしめるつもりはありませんでした

📝 「何かの価値・重要性などを意図的に実際よりも低くする」という意味を基本に、「〜を(不当に)低く評価する」「〜をおとしめる」「(評判など)を傷つける」など様々な文脈で使うことがある

The lion population in Kenya is **dwindling**.

ケニアのライオンの生息数は減少してきている

Nuclear energy's share of global energy production **dwindled** to 10 percent.

世界のエネルギー生産における原子力の割合は10%に低下した

The prime minister's approval rating has **plunged** to a new low.

総理の支持率は過去最低まで下落した

The temperature **plummeted** to -5 °C last night.

昨夜は気温が零下5度まで下がった

🔖 □ **fertility rate**（名）出生率
□ **be caught up in** 〜　〜に巻き込まれる
□ **approval rating**（名）支持率

行う

❶ conduct ❷ carry out ❸ perform

do以外の「行う」という動詞を知って表現の幅を広げる

「〜を行う」という意味のdoの"親戚"を押さえよう。

・**conduct**：「〜を行う、実施する」という意味でdoをよりフォーマルにした語。特に「(研究・調査・実験) を行う」など、何らかの情報を得るために何かを行うという文脈で用いることが多い。また、「(オーケストラなどで) 指揮をする」という意味もある。

・**carry out**：「〜を行う、実施する」という意味で、conductと同じように用いるが、よりカジュアルな響きがある。

・**perform**：歌やショーなど「人前で何かを披露する」という意味で使うのが基本 (名詞形はperformance (パフォーマンス))。この他、「(上記2つと同じく) (手術・実験など) を行う」、「(仕事・義務など) を実行する、果たす」の意味でも使う。perform well (良いパフォーマンスを見せる)のように「何らかの働きを見せる」という意味もある。

The team **conducted** research in the Amazon rainforest.

そのチームは、アマゾンの熱帯雨林で調査を実施した

We **conducted** a nationwide survey on smartphone usage.

我々はスマホの利用に関する全国調査を実施した

The UK. **conducted** a referendum on the independence of Scotland.

イギリスはスコットランドの独立に関する国民投票を行った

What kind of experiment are you **conducting**?

どんな種類の実験をしているのですか?

Police are **conducting** an investigation into the shooting.

警察はその銃撃事件の捜査をしている

The business magazine recently **conducted** an interview with Mr. Hill.

そのビジネス誌は最近、ヒル氏にインタビューを行った

📝 このようにconductは「研究・調査」「アンケート、世論調査」「実験」「捜査」「インタビュー」などを意味する語と結びつくことが多い

Mia **carried out** an experiment to measure the boiling point of water.

ミアは水の沸点を調べる実験をした

An investigation into the cause of the fire was **carried out** yesterday.

昨日、火災の原因を調べる捜査が行われた

He **performed** at the music festival.

彼はその音楽フェスに出演した

📝 「人前で何かをする」という意味で幅広く使われる。この場合は音楽フェスの話なので「出演する、曲を演奏する」という意味

Hanyu **performed** a flawless short program.

羽生選手は完璧なショートプログラムを披露した

📝 具体的に披露するものを後ろにつなげることも多い

The play was first **performed** in 1966.

その劇は1966年に初めて上演された

📝 〈ミス防止〉performは「(劇)を上演する」の意味で使うが、「〜の役を演じる」はperformではなくplayやdoを使う

Dr. Lee **performed** surgery on the patient.

リー先生はその患者に対して手術をした

Mark didn't **perform** his duties properly.

マークは自分の義務をきっちり果たさなかった

He **performed** well on the exam.

彼は試験の成績が良かった

📝 逆はperform poorly (パフォーマンスが悪い)

考える

① consider ② assume ③ dwell on
④ ponder ⑤ contemplate

thinkに置きかわる言葉で、表現の幅を広げよう

「〜を考える」という意味を表すthinkの"親戚"を整理しよう。

・**consider**：「〜について考える」という意味を表す。thinkよりも「じっくりと、注意深く考える」というニュアンスが強く、特に「(何かを決断する前に)検討する」という文脈で使うことが多い。

・**assume**：「(根拠はないが)〜だと思う」という意味で用いる。

・**dwell on**：dwellは「長く留まる」が原義。これがonまたはuponとセットで使われることで、「〜の上にいつまでも留まる⇒それをくよくよ考える(または「それについてくどくど話す」)」という意味を表す。dwellには「居住する」という意味もある。dwell-dwelt-dweltと活用する。

・**ponder/contemplate**：どちらも「〜をじっくり考える」という意味。日本語の「熟考する」に近い。contemplateは語源的にtemple(寺)と関係がある。「寺で瞑想するように熟考する」というイメージで捉えておこう。

To my surprise, Mr. Cook seriously **considered** my proposal.

驚いたことに、クック氏は私の提案を真剣に検討してくれた

📝 〈ミス防止〉think about 〜からの連想でconsider about 〜としないこと

Have you ever **considered** changing your major?

自分の専攻を変えようと思ったことはある?

📝 consider 〜 ingで「〜することを考える、検討する」

He **considered** for a moment before agreeing to my request.

彼は私の要望を受け入れる前に、少しの間考えた

📝 目的語を続けず、単に「考える」というパターンもある

Some Saitama residents **consider** themselves to be Tokyoites.

一部の埼玉県民は自分たちのことを東京都民だと考えている

📝 consider A (to be) Bで「AをBだと考える」

All things **considered**, the presentation went pretty well.

全てを考慮すると、プレゼンはうまくいった

📝 all things consideredは「全てを考慮すると」という決まり文句

I **assume** everyone here has a smartphone.

ここにいる皆さんはスマホをお持ちかと思います

Don't just **assume** I did it.

私がやったと決めつけないでくれ

📝 「根拠なく思う」から「決めつける」というニュアンスが出ることもある

Let's **assume** you earn 250,000 yen a month.

仮にあなたの月収が25万円だとしよう

📝 Let's assume 〜で「仮に〜だとしよう」

We can safely **assume** that this is the lowest on record.

これは過去最低だと考えて差し支えないだろう

📝 can safely assume 〜で「〜と考えて間違いない」

Don't **dwell on** the past. You can't change it.

過去のことをくよくよ考えるな。もう変えられないんだから

He tends to **dwell on** what he should have done.

彼は自分がすべきだったことをくよくよ考える傾向がある

We **pondered** whether we should do it.

私たちはそれをすべきかどうかをじっくり考えた

He even **contemplated** using steroids.

彼はステロイドを使用することも考えた

予期する、見込む

① expect　**②** anticipate
③ predict　**④** estimate

たくさんの意味があるexpectの使い方をマスター

「予期する、見込む」という意味を表す動詞を整理しよう。

・**expect**：「何かが起きることを予期する」という意味の語。この他、「〜してくれることを期待する」や「〜が来る・届く予定だ」など、様々な用法を持つ要注意語だ。

・**anticipate**：expectよりもフォーマルな語で、単に「予期する」だけでなく、「(予期したうえで)対策を講じる」ことを含む場合もある。

・**predict**：「(未来のことを)予測する、言い当てる」ということに焦点が置かれる。

・**estimate**：「何らかの数字を見積もる」という意味で使われる。「見積もり」という名詞もある。

We're **expecting** good weather on Sunday.

日曜は晴天になると思われる

📝 expect A (Aを予期する)の他、expect that 〜 (〜ということを予期する)、expect to do (〜することを予期する)、expect A to do 〜 (Aが〜することを予期する・期待する)などの形でも使う

Investors **expect** that the economic situation will improve.

投資家たちは、景気が回復すると予測している

I didn't **expect** to see you here.

ここであなたに会うとは思わなかった

Don't **expect** me to do all the housework.

私が家事を全てやるとは思わないで

The peace talks are **expected** to resume shortly.

和平交渉は間もなく再開すると見込まれている

📝 be expected to do 〜 (〜すると見込まれている)や It is expected that 〜 (〜だと見込まれている)のように受け身で使うことも多い

I'm **expecting** an important phone call this afternoon.

午後に重要な電話がかかってくることになっている

📝 「〜が来る・届く予定だ」の意味では主に進行形で用いる。また、She is expecting.（彼女は妊娠している）のようにbe expectingで「妊娠している」を遠回しに表現することもある

Simon **anticipated** the question.

サイモンはその質問が出ることを予期していた

Derek didn't **anticipate** taking over the family business.

デレクは家業を継ぐことになるとは思っていなかった

📝 anticipate 〜 ingで「〜することを予期する」

It is **anticipated** that the global population will exceed 10 billion by 2100.

世界の人口は2100年までに100億人を超えると予測されている

📝 It is anticipated that 〜で「〜だと予測されている」

Will it be possible to **predict** earthquakes in the future?

地震を予知することは将来可能になるだろうか

No one **predicted** that he would be re-elected.

彼が再選されるとは誰も予測していなかった

Officials **estimated** the crowd at 21,000.

当局は、群衆の数を21,000人と見積もった

📝 〈estimate A at B（数量）〉で「AをBと見積もる」

Experts **estimate** the population will fall to 88 million by 2065.

専門家は2065年までに人口が8,800万人に減ると見積もっている

An **estimated** 32 million TV viewers watched the show.

推定で3200万人がその番組を視聴した

📝 an estimated 〜で「推定で〜」。複数名詞が続いてもanを付ける

077

認める
1 admit 2 accept 3 approve
4 acknowledge 5 concede

ニュアンスの違いに注意して使おう

「認める」という動詞を整理しよう。一口に日本語で「認める」と言っても意味が広く、それぞれの動詞がどの意味の「認める」を表すのかに注意を向けるのが使い分けのコツだ。

・**admit**：主に嫌々ながら「(何かを事実として) 認める」という意味を表す。

・**accept**：「受け入れる」というのが元の意味。「敗北を受け入れる⇒敗北を認める」「要求を受け入れる⇒要求を認める」のように、「受け入れる」という意味での「認める」に対して使われる。

・**approve**：「承認する」という意味での「認める」に対して使われる。

・**acknowledge**：admitと同じような意味だが、よりフォーマルな響きのある語。

・**concede**：admitやacknowledgeとほぼ同じ意味だが、特に「(一度は否定したこと) を認める」や「敗北を認める」という文脈で使うことが多い。concedeは1語で「敗北を認める、降参する」という意味を表すこともできる。

I hate to **admit** it, but Troy smells good.

認めたくはないが、トロイの奴、いいにおいがするんだ

The man **admitted** stealing the watch.

その男は時計を盗んだことを認めた

📝 admit 〜ingで「〜したことを認める」。admit to 〜ingという形をとることもある

He reluctantly **admitted** that he had been using the drug for a year.

彼はその薬物を1年にわたって使用していたことを渋々認めた

📝 admit that SV 〜で「〜であることを認める」

She **admitted** to the police that she had made the story up.

彼女は警察に対し、その話をでっち上げたことを認めた

📝 〈ミス防止〉「誰に対して認めるのか」を明示する場合は〈admit to 人 that 〜〉の形をとる。〈admit 人 that 〜〉としないように注意

"It was hard to **accept** defeat," he **admitted**.

「負けを認めるのは大変だった」と彼は認めた

📝 admit、acknowledge、concedeは、このように「" "」と一緒に用いて、sayと同じく発言内容を表す際に使われる

His theory is now widely **accepted** as true.

彼の理論は今や真実であるとして広く認められている

The embassy finally **approved** my application.

大使館はついに私の申請を承認してくれた

The drug hasn't been **approved** for the treatment of COVID-19.

その薬は新型コロナウイルス感染症の治療薬としての認可を受けていない

She **acknowledged** that she had made a mistake.

彼女はミスを犯したことを認めた

"Maybe I shouldn't," Adam **acknowledged**.

「すべきではないかもしれない」とアダムは認めた

I was forced to **concede** that he had a point.

彼の言うことにも一理あると認めざるを得なかった

📝 be forced to concede 〜 で「〜を認めざるを得ない」

Trump refused to **concede** after losing to Biden.

バイデン氏に敗れた後、トランプ氏は敗北を認めるのを拒否した

🔖　□ **reluctantly**（副）いやいやながら
　　□ **defeat**（名）敗北／（動）〜を打ち負かす

078

成し遂げる

① achieve **②** attain
③ accomplish **④** pull off

目標や目的に関連する言葉と結びつきやすい動詞

「成し遂げる」という意味を表す動詞をセットで押さえよう。

・**achieve**：努力や苦労を通じて「何かを成し遂げる、達成する、手に入れる」という意味を表す。

・**attain**：(主に長期間の) 努力・苦労を通じて「何かを成し遂げる、達成する、手に入れる」という意味で、achieveよりフォーマルな語。

・**accomplish**：フォーマルな語で「何かを成し遂げる、完遂する」という意味を表す。achieveやattainが「(努力した結果として) 成し遂げる」という具合に「過程」にも注目するのに対し、accomplishは「何かを完了させる」という「結果」にフォーカスするニュアンスが強い。complete (完全な、完成させる) と語源的につながりがある (実際、綴りも似ている) ため、このような意味になると考えておこう。

・**pull off**：「困難なことをうまくやってのける」という意味の表現。「(偉業など) を成し遂げる」という意味でも使う一方、例えば「いたずらをうまくやってのける」のように、軽いことに対しても使われる。

We have successfully **achieved** our goal.

私たちは目標を達成することができた

 「目標」(例：goal (目標)、target (目標)、aim (目的)、objective (目的))、「成功」(例：success (成功)、fame (名声)、feat (偉業))、「基準」(standard (基準)、grade (成績)、degree (度合い))、「地位」(例：position (地位)、status (地位、立場)) などを意味する語と結びつくことが多い

The British actor **achieved** fame in Hollywood.

そのイギリス人俳優は、ハリウッドでの名声を手に入れた

Japan **achieved** a high standard of living despite limited natural resources.

日本は天然資源が限られているが、高い生活水準を手に入れた

Jack **achieved** good grades on his exams.

ジャックは試験で良い成績を収めた

The central bank couldn't **attain** its target of two percent inflation.

中央銀行は2%の物価上昇目標を達成できなかった

📝 attainは基本的にachieveと同じような語句と結びつく

It has taken 10 years to **attain** the position that I am now in.

私は現在の地位を手に入れるまで、10年かかった

I **accomplished** my goal of becoming a flight attendant.

フライトアテンダントになるという目標を達成した

There is more than one way to **accomplish** the task.

その課題を完了する方法は1つではない

📝 accomplishは「目標」系の語に加えて、task（課題）、mission（任務）、project（プロジェクト）のような「任務」系の語とも結びつく

Mission **accomplished**.

任務完了

📝 予定の仕事を終えた後などに言う決まり文句

They **pulled off** a surprise victory.

彼らは番狂わせの勝利を飾った

📝 pull offは様々な「うまくやってのけること」と結びつく

The kids **pulled off** that prank.

子供たちは、そのいたずらをやってのけた

I never thought we'd **pull** it **off**.

うまくいくなんて、思ってもみなかった

📝 何に成功したのか文脈上明らかな場合はitを用いることもある

🔖 □ **prank**（名）いたずら

079

尊敬する

1 **respect** 2 **look up to** 3 **admire**
4 **esteem** 5 **revere**

それぞれのニュアンス、使い方の違いを押さえる

「尊敬する」という意味を表す語句をセットで覚えよう。

・**respect**：「(人) を尊敬する」「(人の業績や性質) に敬意を払う」という意味で幅広く使われる語。「〜を尊重する」といったニュアンスで使うこともある。

・**look up to**：「(人) を尊敬する」という意味で、respectよりカジュアルな語。また、特に「目上の人や自分より経験豊富な人を尊敬する」という意味で使うことが多く、文字通り見上げるのニュアンス。逆はlook down on 〜 (〜を見下す)。

・**admire**：「(人) を尊敬する」「(人の業績や性質) に敬意を払う」という意味。respectよりも「敬愛する」というニュアンスが強く、「感心する」や「憧れる」に近い意味を表すこともある。

・**esteem**：「人や物を高く評価し、敬意を払う」というニュアンスの語。

・**revere**：かなり堅い語で、「人や物に敬意を持っている」という意味を表す。人の場合は、特に「有名な人を尊敬している」という文脈で使うことが多い。

I **respect** him for his courage.

彼の勇気に敬意を払っている

📝 〈respect 人 for 〜〉で「〜のことで人を尊敬する」

We all **respect** what he has accomplished.

私たちは皆、彼が達成したことに対して敬意を持っている

He is highly **respected** in his country.

彼は祖国ではとても尊敬されている

📝 受け身形のrespectedを強調する際は、highlyがよく使われる

You must **respect** your son's privacy.

息子さんのプライバシーは尊重してあげなきゃいけないよ

They **look up to** their boss for his determination.

彼らは決意の強さで上司を尊敬している

📝 look up toは後ろに人をつなげて「(人)を尊敬する」という意味で用いるのが一般的。ここに挙げた他の動詞のように、「(人の業績や性質)に敬意を払う」という意味では、あまり用いない

Mr. Blakeston is **looked up to** as a pioneer.

ブレイクストン氏は、先駆者として尊敬されている

He is greatly **admired** by the team.

彼はチームからとても尊敬されている

📝 admirer(崇拝者、ファン)という形もよく使われる。secret admirerなら「隠れファン、ひそかな崇拝者」

I've always **admired** your work, Mr. Wilson.

あなたの仕事にはいつも感心していますよ、ウィルソンさん

I don't agree with him, but I **admire** his conviction.

彼には賛成しかねるが、彼の信念には敬意を払う

Sophia is **esteemed** as a reliable leader.

ソフィアは信頼できるリーダーとして高く評価されている

His work is highly **esteemed** by his colleagues.

彼の仕事は同僚たちから高い評価を得ている

📝 esteemは「尊敬、高い評価」という名詞として使うことも多い。特にself-esteem(自尊心)という形はよく使われる

Martin Luther King is **revered** throughout the world.

マーチン・ルーサー・キングは世界中で尊敬されている

🔖　□ **courage**(名)勇気
　　□ **conviction**(名)信念

080

違反する、従わない
❶ violate ❷ disobey ❸ defy

「従わない」から転じた「受け付けない」というdefyの使い方に注意

法律や命令などに「従わない」という意味を表す動詞を押さえよう。

・**violate**：主に「（法律・規則・契約など）に違反する」という意味を表す。意図的に違反する場合にも、無意識に違反してしまう場合にも使われる。「権利・プライバシー」を意味する語を続けて「〜を侵害する」という意味でも用いる。名詞形はviolation（違反、侵害）。

・**disobey**：obey（〜に従う）の反意語で、「（法律・規則・命令・人など）に従わない」という意味を表す。形容詞形のdisobedient（反抗的な、言うことを聞かない）も押さえておこう。

・**defy**：「（様々なもの）に従わない、反抗する」という意味を表す。「従わない」から転じて、defy gravity（重力に従わない⇒重力に逆らうような動きをする）のように「〜に逆らう、〜を受け付けない」といった意味で使うこともある。

Students who **violate** the rules will be severely punished.

規則を破った学生は厳しく罰せられる

📝 同じ意味を表すbreak the rulesよりフォーマルな表現

The business deal was canceled after one party **violated** the contract.

一方が契約に違反して、その商取引は打ち切られた

The troops **violated** the ceasefire agreement and fired at civilians.

その軍隊は停戦協定を破り、民間人に発砲した

Human rights are being **violated** all over the world.

世界中で人権侵害が起きている

A judge ruled the magazine **violated** his privacy.

判事は、その雑誌は彼のプライバシーを侵害したと判断した

He has repeatedly **disobeyed** court orders.

彼は裁判所の命令に繰り返し従わなかった

Are you trying to **disobey** your superior, Murphy?

マーフィー、お前は上官に逆らうつもりか？

The man who **disobeys** his parents will have disobedient sons.

両親に反抗する男には、反抗的な息子ができるものだ

They were arrested for **defying** the lockdown order.

彼らはロックダウンの命令に従わずに逮捕された

He **defied** the warning and took pictures of the site.

彼は警告に従わずに、その現場の写真を撮った

Rita **defied** her teachers and dropped out of college.

リタは先生たちの言うことを聞かず、大学を中退した

Brown **defied** the party leader and voted against the bill.

ブラウンは党首に従わず、その法案に反対票を投じた

He **defied** gravity by dunking from the free-throw line.

彼は重力に逆らってフリースローラインからダンクを決めた

📝 まるで重力がないかのようにジャンプをしたということ

The beauty of the garden **defies** description.

その庭園の美しさは、表現することができないほどだ

📝 defyはこのように「重力に逆らう」の他、「表現・説明」を表す語を後ろに続けて「(主語は) 表現・説明できない」という意味で使うことも多い

Her actions **defy** explanation.

彼女の行動は、説明不可能だ

The book **defies** a simple summary.

その本は簡単に要約することができない

The wrestler wowed the crowd with his **gravity-defying** moves.

そのレスラーは重力を無視したような空中技で観客を沸かせた

📝 gravity-defying（重力に逆らうような）という形容詞として使うこともある

🔖
- □ **severely**（副）厳しく
- □ **ceasefire**（名）停戦 ※cease-fireとすることもある
- □ **disobedient**（形）反抗的な
- □ **gravity**（名）重力
- □ **summary**（名）要約
- □ **wow**（動）〜を沸かせる、熱狂させる

使わなきゃ損
英語版Wikipedia活用法

　僕は、映画を視聴した後に英語版Wikipedia（オンライン百科事典）のその作品のページを開いて、plot（あらすじ紹介）を読んでみるという学習法を何年も続けている。毎回、「あの場面をこんな英語で表現できるのか」という新鮮な学びがあるのでお薦めだ。ここでは、『となりのトトロ』（英語タイトル：My Neighbor Totoro）を例にとって説明しよう。入院中の母親にトウモロコシを届けたサツキとメイ。両親の会話によると母はただの風邪で、元気そうに話す母を見て安心するというシーンが、以下のように説明されている。

The girls overhear a conversation between their parents and learn that she has been kept in hospital by a minor cold but is otherwise doing well.

　姉妹が両親の会話を（気づかれずに）聞くoverhear（p. 256参照）や、軽い風邪を意味するminor cold、風邪である以外は元気というis otherwise doing wellなどは、なかなかすっと出てこないのではないだろうか。このように映画の場面が頭に入った状態で読むと、各単語のニュアンスや使いどころがはっきりと見えるようになる。そのため、表現力を伸ばすのにとても有効な学習法だ。

---

❶ 次の定義に当てはまる語を [　] 内から選ぼう。

① to drop suddenly

② to respect someone or something

③ to succeed in doing something

④ to quickly increase to a high level

⑤ to admit that something is true, usually in an unwilling way

⑥ to deeply think about something

[accomplish ／ concede ／ contemplate ／ plummet ／ revere ／ soar]

---

❷ 日本文の意味に合うように空所に適語を入れよう。
※最初の１文字のみ与えられている。

① An (e　　　　) 5,000 tigers are kept as pets in the U.S.

（約５千頭のトラがアメリカ国内でペットとして飼育されている）

② It is extremely complicated and (d　　　　) a simple summary.

（それは非常に複雑で、簡単には要約できない）

③ There is no need to (d　　　　) on the mistakes of the past.

（過去の失敗をくよくよ悩む必要はない）

---

❸ 次の [　] 内の語句を日本文の意味に合うように並び替えよう。
※それぞれ１語不足しているので補うこと。
※文頭にくる語も [　] 内では原則として小文字になっている。

① ブライアンはかつて、模範的な人物として尊敬されていた。

[as / was once / model / looked / Brian / a / up / role].

2 私の家は、過去数年で価値が上がった。

[has / few years / value / my house / the / increased / last /
over].

3 その仕事は当初の計画よりも時間がかかると見込まれている。

[expected / originally planned / take / is / longer / the work /
than].

4 彼女は恋人がいることをマスコミに対して認めた。

[that / someone / she was / admitted / she / dating / the
press].

④ 下線部に注意して、次の英文の意味を考えてみよう。

1 What you get by <u>achieving</u> your goals is not as important
as what you become by <u>achieving</u> your goals. — Henry
David Thoreau

2 <u>Carry out</u> a random act of kindness, with no expectation
of reward, safe in the knowledge that one day someone
might do the same for you. — Princess Diana

*random act of kindness：「不特定の人に優しくすること」
*safe in the knowledge that 〜：「(間違いなく)〜だろうから」

3 Walter Summerford is <u>arguably</u> the unluckiest person in
history. He was struck by lightning in his life three times.
Four years after he passed away, his gravestone was also
struck by lightning. Many people at the time <u>assumed</u> that
he had been cursed by someone.

*gravestone：「墓石」　　* had been cursed：「呪われた」

CHAPTER 2 · 似ている単語の使い分け

081

気付く、見つける
1 **notice**　2 **detect**　3 **spot**

spotはnoticeをややカジュアルにしたニュアンス

「気付く、見つける」という意味を表す動詞を整理しよう。

・**notice**：何かがそこにあったり、何かが起きているということに「気付く」という意味で幅広く使われる語。

・**detect**：ややフォーマルな語で、「(気付きにくいもの)を見つける」というニュアンスがある。「(人・機械・検査などが)〜を検知する」という意味で使うことも多い。これから派生したdetective (探偵)も覚えておこう。

・**spot**：noticeとほぼ同じ意味だが、よりカジュアルな響きのある語。

I **noticed** a smell of gas.

私はガスの臭いに気付いた

📝 〈notice+名詞〉の他、〈notice+that SV 〜〉〈notice+疑問詞 〜〉〈notice+人+-ing〉などの形で使われる

I **noticed** that the window was open.

私は窓が開いていることに気付いた

Did you **notice** what was hanging on the door?

ドアに何が掛かっていたのか気が付いたかい？

I didn't **notice** them leaving the room.

私は彼らが部屋を出て行くのに気が付かなかった

📝 〈notice+A+-ing〉で「Aが〜しているのに気付く」

I couldn't help **noticing** that his father was wearing a toupee.

彼の父親がかつらをかぶっていることが目に付いてしまった

📝 〈can't help -ing / but+原形〉(思わず〜してしまう)と結びつくと「どうしても〜が目に付いてしまう」という意味を表す

I **detected** anger in her voice.

私は彼女の声から怒りの気配を感じた

Cancer can be **detected** at an early stage through screening.

検診で、がんを初期の段階で見つけることができる

She immediately **detected** his lie.

彼女はすぐに彼のうそを見破った

📝 〈detect＋lie〉で「うそを見破る」。これと関連してlie detector (うそ発見器) も覚えておこう

The pitch of the sound is too low to be **detected** by the human ear.

その音程は低過ぎて、人間の耳では検知できない

We were surprised when we **spotted** a bear in the woods.

私たちは森でクマを見つけて驚いた

I **spotted** a typo in her book.

私は彼女の本に誤植を見つけた

Kenny **spotted** smoke coming out of his neighbor's house.

ケニーは近所の家から煙が出ているのに気付いた

📝 〈spot＋A＋-ing〉で「Aが〜しているのに気付く」

"Look. There's a mistake in the title." "Oh, yes. Well **spotted**!"

「見て。タイトルにミスがある」「本当だ。よく見つけたね！」

📝 Well spotted. は「よく見つけたね」という決まり文句

His acting career began when he was **spotted** by a talent scout.

スカウトに見出されて、彼の俳優のキャリアが始まった

📝 spotは「(スカウトなどが) 才能を見出す」という意味でも使われる

🔖 □ **toupee** (名) かつら　□ **screening** (名) (症状が現れる前の) 検査
　　□ **pitch** (名) 音の高さ、音程　□ **typo** (名) 誤植

082

妨げる

① prevent　**②** deter　**③** hamper
④ hinder　**⑤** impede

ニュアンスの違いを頭に入れておこう

「～を妨げる」という意味を表す動詞を整理しよう。

・**prevent**：「～を妨げる、～することを不可能にする」という意味。〈prevent＋A＋from ～ ing〉（Aが～することを妨げる）という形で用いることが多い。fromが使われる理由は、p. 158の「禁止する」系の語句と同じ。

・**deter**：「～を妨げる」という意味だが、preventが「（強制的に）～することを不可能にする」のに対し、deterは「～することを（自主的に）思いとどまらせる」というニュアンスで使うことが多い。

・**hamper/hinder**：preventが「～を不可能にする」のに対し、hamperやhinderはそれより意味が弱く、「～を困難にする、遅らせる」といったニュアンスを表す。

・**impede**：hamper/hinderとほぼ同じ意味だが、特に「～の進行・進歩を遅らせる、妨げる」といった意味で使うことが多い。

Seat belts can **prevent** serious injuries.

シートベルトは深刻なけがを防ぐことができる

A neck injury **prevented** him from competing.

首のけがで、彼は競技に出られなかった

📝 preventの代わりにstopも使われる。stopの方が、よりカジュアルな表現

Heavy rain **prevented** the game from starting on time.

大雨で、その試合は時間通りに始まらなかった

📝 イギリス英語ではfromを省略して〈prevent＋A＋～ ing〉の形をとることがある

The price may **deter** some buyers.

その価格は、一部の購入者を思いとどまらせてしまうかもしれない

The sign would help **deter** people from dumping trash here.

その掲示は人々がここにごみを捨てるのを防ぐのに役立つだろう

📝 deterも〈deter＋A＋from 〜 ing〉の形で用いることが多い

They installed security cameras to **deter** people from vandalism.

彼らは人々に破壊行為をやめさせるために防犯カメラを設置した

📝 fromの後には、ing形以外にも名詞が続くこともある

Fog **hampered** the search effort.

霧が捜索活動を妨げた

Construction was **hampered** by steel shortages.

建設工事は鉄の不足によって進まなかった

Language barriers sometimes **hinder** communication in international marriages.

国際結婚では言葉の壁がコミュニケーションを妨げることがある

The change will **hinder** rather than help our project.

その変更は、我々のプロジェクトにとって助けというより妨げになるだろう

📝 hinder rather than help 〜（〜にとって助けというより妨げになる）のように、hinderはhelpとの対比で使われることも多い

Screen time could **impede** a child's development.

スクリーンタイムは、子供の発達を妨げる可能性がある

Progress was **impeded** by a number of restrictions.

進行は数々の制約により遅れた

🔖 □ **trash**（名）ごみ
□ **vandalism**（名）破壊行為
□ **screen time**（名）スマホ・ゲーム機・テレビなどの画面を見ている時間
□ **restriction**（名）制約

083

勧める

1 suggest　**2** propose　**3** recommend
4 advise　**5** urge　**6** encourage

意味だけでなく、後ろに続く形も意識しよう

「〜することを勧める、促す」という意味を表す動詞を押さえよう。

・**suggest**：「〜すべきだと提案する、勧める」という意味を表す。

・**propose**：suggestよりフォーマルな響きのある語。

・**recommend**：「〜することを推奨する」というニュアンスで用いる。

・**advise**：advice（アドバイス）の動詞形で、文字通り「〜した方がよいとアドバイスを与える」という意味で用いる。

・**urge**：adviseより意味が強く「〜するよう促す」という意味で用いる。

・**encourage**：「〜を励ます」というのが元の意味（courageは「勇気」という名詞）。そこから「（相手を勇気づけて）〜するように仕向ける、促す」というニュアンスで使われる。

各動詞のよく使われる形を以下にまとめておこう。

> ・suggest/propose/recommend/advise/urge that 〜（〜を勧める）
> ・suggest/propose/recommend 〜 ing（〜することを勧める）
> ・advise/urge/encourage 人 to do 〜（人に〜するよう勧める）

We **suggested** that he call the hospital.

私たちは彼に病院に電話するように勧めた

📝 suggestを始め、上記の動詞に続くthat節の中の動詞はcallという原形か、またはshould callのように〈should＋原形〉の形を用いる

They **suggested** to her that she should contact a specialist.

彼らは彼女に専門家に連絡すべきだと勧めた

📝 〈ミス防止〉suggest to her that 〜のようにsuggestとthatの間に〈to＋人〉を挟むこともあるが、これをsuggest her thatとしないこと

I strongly **suggest** consulting a lawyer.

弁護士に相談することを強く勧めます

Her husband **proposed** that they see a marriage counselor.

彼女の夫は夫婦で夫婦カウンセラーと会うことを提案した

I **propose** starting a crowdfunding campaign.

クラウドファンディングを始めることを提案します

I **recommend** he be nominated for the award.

私は彼がその賞にノミネートされることを勧めます

They **recommended** booking tickets in advance.

彼らは事前にチケットを予約することを勧めた

They **advised** me to lose some weight.

彼らは体重を減らすよう私に勧めた

Many financial experts **advise** we should insure our homes.

多くの財政の専門家は、家に保険を掛けるべきだと助言する

She **advised** us against buying that house, which she said is haunted.

彼女はその家を買わないように私たちに勧めた。そこにはお化けが出るとのことだ

📝 〈advise＋人＋against 〜 ing〉で「人に〜しないよう勧める」

I **urged** him to reconsider his decision.

私は彼に考え直すように促した

They strongly **urged** that the factory be closed on Sunday.

彼らは日曜には工場を閉じるよう強く促した

Her parents **encouraged** her to become an actress.

彼女の両親は彼女に女優になるように促した

Ian was **encouraged** to go back to school.

イアンは復学するように促された

084

説得する

① persuade **②** convince **③** induce

3つの単語のニュアンスの違いを理解しよう

前ページでは「〜することを勧める、促す」という意味の動詞を扱ったが、ここでは「勧める」からもう一歩進んだ「〜を説得して…させる、〜を納得させる」という動詞を見ていこう。

・**persuade**：「(…するよう) 人を説得する」という意味を表す。

・**convince**：persuadeが「人を説得して、ある行動を起こさせる」のに対し、convinceは「人にある事実を納得させる」という意味で用いるのが基本。ちなみに、persuadeをconvinceの意味で、convinceをpersuadeの意味で使う人もいるが、これは避けた方が無難。

・**induce**：persuadeとほぼ同じ意味だが、フォーマルな響きのある語。「(眠気など) 〜を誘発する」という意味もある。

各動詞のよく使われる形を以下にまとめておこう。

　　・persuade/induce 人 to do 〜 (人を説得して〜させる)
　　・convince 人 that 〜 (人に〜を納得させる)
　　・convince 人 of 〜 (人に〜を納得させる)

I **persuaded** him to see a doctor.

私は彼を説得して医者に行かせた

📄 〈ミス防止〉I persuaded him to see a doctor, but he wouldn't listen.（医者に行くよう説得したが、彼は聞こうとしなかった）のような文を使わないこと。〈persuade＋人＋to do 〜〉のような形では「説得して実際にそれをさせた」という意味を含んでいる。「説得しようとしたが (だめだった)」と言う時はtried to persuade…などを使おう

He was reluctantly **persuaded** to return the red jacket.

彼は説得されて嫌々ながらその赤いジャケットを返品した

I tried to **persuade** him not to, but he wouldn't listen.

彼を説得してやめさせようとしたが、聞く耳を持たなかった

📄 〈persuade＋人＋not to do 〜〉で「人を説得して〜をやめさせる」。何をやめさせたのかが文脈から分かる場合は、to以降を省略することもある

Michelle was **persuaded** into buying an expensive bag.

ミシェルは高価なバッグを買わされた

📝 「(説得して) 〜させる」のところは、to do 〜の代わりにinto 〜 ingを使うこともある (アメリカ英語では、この形はまれ)。この意味でintoを使う場合は、〈talk+人+into 〜〉のように動詞はtalkを使う方が多い

My boss is not easily **persuaded**.

私の上司は簡単に説得されるような人ではない

He **convinced** the jury that she was innocent.

彼は陪審員に、彼女が無実だと納得させた

📝 convinceも意味的に「説得が成功して相手を納得させることができた」という結果を含む。また、「納得させる」の意味でpersuadeを使う人もいるが、これを誤りと考える人もいるので注意

He **convinced** the jury of her innocence.

彼は陪審員に、彼女の無実を納得させた

I'm **convinced** that she is lying.

彼女がうそをついていると確信している

📝 be convinced that 〜で「〜だと確信している」(直訳は「〜を納得させられている」)。I'm sure/certain 〜より意味が強い

We failed to **convince** him to take the offer.

彼がそのオファーを受けるよう説得するのに失敗した

📝 この例のように「説得して〜させる」の意味ではpersuadeを使う方が普通

His father tried to **induce** him to stay in his hometown.

彼の父親は彼が故郷に留まるよう説得しようとした

Nothing would **induce** me to try bungee jumping.

何があってもバンジージャンプなんてやらない

085

知らせる

1 inform　**2** notify　**3** announce

情報を伝えるための動詞を知る

「人に何かを知らせる」のはtellが最も基本的な語だが、ここではtellよりも「公式に伝える」というニュアンスの強い動詞を押さえよう。

・**inform**：information（情報）の動詞形で、「人に何かを知らせる」の意味で使う。

・**notify**：informとほぼ同じ意味だが、よりフォーマルな語。

・**announce**：日本語でも「アナウンスする」という通り、「公式に何かを発表する」という意味で用いる。

各動詞のよく使われる形を以下にまとめておこう。

　　・inform/notify 人　「人に知らせる」

　　・inform/notify 人 that 〜　「人に〜を知らせる」

　　・inform/notify 人 of/about 〜　「人に〜を知らせる」

　　・announce that 〜　「〜だと発表する」

We will **inform** you when your order is ready.

ご注文品の準備が整いましたら、あなたにお知らせします

Olivia **informed** me that she was pregnant.

オリビアは妊娠したと私に伝えた

We deeply regret to **inform** you that Mr. Miller passed away yesterday.

残念ながらミラー氏が昨日逝去したとお伝えしなければいけません

I was just **informed** that my flight has been canceled.

私の乗る便が欠航になったと、たった今知らされた

Please **inform** us of any changes of your reservation via email.

ご予約に変更があれば、メールで私どもにお知らせください

I'm sorry. I should have **informed** you about this earlier.

すみません。これについてもっと早くお伝えすべきでした

I'll keep you **informed** of my progress.

進捗は常にお伝えいたします

📝 〈keep＋人＋informed〉は直訳すると「人を知らされた状態にしておく」。そこから「人に常に連絡する、情報を提供し続ける」という意味で使われる

Someone must have **informed** on us.

誰かが俺たちのことを密告しやがったにちがいない

📝 inform on 〜で「〜のことを密告する」。tell on 〜とも言う。このonについてはp.112を参照

If you see anything suspicious, please **notify** the police immediately.

怪しい物を見たら、すぐに警察に知らせてください

The winners will be **notified** on our Instagram page.

当選者は我々のインスタグラムでお知らせします

Twitter **notified** me that my account has been suspended.

アカウントが凍結されたという知らせをツイッターから受けた

We will immediately **notify** you of any changes to the program.

プログラム内容に変更があればすぐにお知らせします

They **notified** the police about the hit-and-run.

彼らは警察にそのひき逃げ事件のことを報告した

The government has **announced** a new COVID-19 package.

政府は新たなコロナ対策を発表した

I'm pleased to **announce** that they have accepted our offer.

彼らが我々のオファーを受けたということを発表できてうれしく思います

086

保証する

1 assure　**2** reassure

tellとは違ったニュアンスで「伝える」を表す2つの動詞

ここでは、伝えるは伝えるでも「人に何かを自信を持って伝える、保証する」といった意味を表す動詞を押さえよう。

・**assure**：「人に何かを保証する、確かに〜だと伝える」という意味を表す。sure（確かな）と関連した語で、「確かにする」から「（間違いないと）保証する」という意味になると考えておこう。

・**reassure**：〈re-（再び）+assure〉という成り立ちでできた語。「（一度保証しても、なお不安に思っている相手に）再び保証する」から「（〜だと伝えて）人を安心させる」という意味を表す。

これらは主に〈assure/reassure＋人＋that 〜〉の形で使われる。「人に何かを伝える」という意味の最も基本的な動詞tellと比較すると、これらのニュアンスがよりクリアに見えるようになる。以下のように捉えておこう。

> ・**tell** 人 that 〜「人に〜だと伝える」
> 　　※単に情報を伝えるだけ
> ・**assure** 人 that 〜「確かに〜だと人に伝える」
> 　　※tellよりも自信を持って〜を伝える
> ・**reassure** 人 that 〜「〜だと伝えて人を安心させる」
> 　　※相手を安心させる目的で〜を伝える

He **assured** us that the situation was under control.

彼は、状況はコントロールされていると私たちに保証した

The surgery went well and he **assured** me that everything would turn out all right.

手術は成功し、彼は私に万事うまくいくと保証した

Let me **assure** you that this will never happen again.

これは二度と起こることがないと、あなたに保証しましょう

He didn't do it on purpose, I can **assure** you.

彼はわざとやったわけではない、私が保証しますよ

📝 文脈から「何を保証するのか」が明らかな場合は、〈assure＋人＋that 〜〉の形を取らず〈assure＋人〉のみのこともある

"I won't let you down," Liam **assured** us.

「がっかりはさせないよ」とリアムは私たちに保証した

📝 sayと同じく「" "」で囲まれた発言内容を表す際に使われることもある

Mr. Fletcher **assured** us of his continued support.

フレッチャー氏は、引き続きの支援を私たちに保証してくれた

📝 〈assure＋人＋of 〜〉（〜を人に保証する）という形も使われる

You can **rest assured** that your personal information is protected.

お客様の個人情報は保護されておりますのでご安心ください

📝 rest assured that 〜で「〜が保証されているので安心する」。restは「休む」。「保証された状態で休む」から「保証されているので安心する」という意味になると考えておこう

Joey **reassured** me that everything was fine.

ジョーイは全て問題ないと言って私を安心させた

📝 assureにも「安心させる」というニュアンスが多少あるが、reassureはそれをさらに強調したものだと考えておこう

The doctor **reassured** Ruth that her condition was nothing serious.

医者はルースに、病状は深刻なものではないと言って安心させた

I tried to **reassure** her, but she wouldn't stop crying.

彼女を安心させようとしたが、彼女は泣き止もうとしなかった

📝 単に「〜を安心させる」という時は〈reassure＋人〉の形を用いる

Ann was unable to find the words to **reassure** her son.

アンは息子を安心させる言葉を見つけることができなかった

🔖　□ **on purpose** わざと、故意に（＝deliberately）
　　□ **let 〜 down** 〜をがっかりさせる

087

説明・描写する

① **describe** ② **depict**
③ **demonstrate** ④ **illustrate**

explainの"親戚"の動詞を押さえよう

「説明する」といえばexplainが有名だが、それ以外にも何かを「説明・描写する」という動詞を押さえよう。

・**describe**：「人や物などを詳しく描写する」という意味を表す。

・**depict**：主に「(小説・映画・絵画などの作品の中で) 人や物を生き生きと描く」という意味で使うことが多い。

・**demonstrate**：主に何かのやり方などを「実演したり、実例を挙げたりしながら説明する」という意味。特に人の見ている前で説明するという文脈で使うことが多い (デパートなどでの「実演販売」をイメージするとよいだろう)。「〜を立証する」「デモ・抗議活動をする」などの意味もある。

・**illustrate**：「例を挙げながら何かを説明する」という意味を表す。illustration (イラスト) の動詞形だが、必ずしも絵を描いて説明するわけではないので注意。「(主語は) 〜を示している」という意味でも使われる。

Could you **describe** the man you saw in the park?

公園で見たその男の特徴を話してもらえますか？

I can't **describe** how I feel right now.

今自分がどんな気持ちなのか表現することはできません

This report **describes** the latest trends in online education.

この報告書はオンライン教育の最新トレンドを説明している

Words cannot **describe** what you mean to me.

君が僕にとってどんな意味を持つのか、言葉では説明できない

He later **described** the island as a "lost paradise."

彼は後にその島を「失われた楽園」と表現した

✐ describe/depict A as Bで「AをBと表現する」

The movie depicts the life of prisoners in the camps of Auschwitz.

その映画はアウシュビッツ収容所の囚人の生活を描いている

In the book, she depicted her ex-husband as a control freak.

その本の中で、彼女は元夫を支配欲の強い男として描いている

There is a painting on the wall depicting Virgin Mary.

聖母マリアを描いた絵が壁に掛かっている

The cabin crew demonstrated the safety procedures.

客室乗務員は安全手順を説明した

Jack demonstrated how to use the new equipment.

ジャックはその新しい機器の使い方を説明してくれた

📝 demonstrateは「やり方などを実演して説明する」という意味を表し、howと結びつくことが多い

The study demonstrates a link between music and reduced stress.

その研究は、音楽とストレス低下の関連を立証している

To illustrate his point, Adam gave an example of a child he met.

要点を説明するため、アダムは自分が会った子どもの例を出した

📝 point（要点）と結びついて使うことが多い（要点を説明する）

Prof. Willis illustrated her new theory with diagrams.

ウィリス教授は図を使って彼女の新しい理論を説明した

The terrorist attack illustrates the need for tighter security.

そのテロ攻撃は警備強化の必要性を示している

📝 「（主語は）〜を示している、〜の良い例となっている」という意味でも使う

現れる

1 **appear**　2 **emerge**
3 **pop up**　4 **loom**

「現れる」という動詞のニュアンスの違いを知る

「(何かが) 現れる」という意味を表す動詞を整理しよう。

・**appear**：「現れる、見えてくる」という意味で幅広く使われる語。seemと同じく「(〜のように) 思われる」という意味もある。

・**emerge**：「(隠れていたものが) 現れてくる」という意味。appearよりも徐々に現れてくるニュアンスが強い。また、emergeは基本的に「どこに」現れるかよりも「どこから」現れるのかに注目するため、fromと相性が良い。「現れる」から転じて、「(事実・問題などが) 明るみに出る、知られるようになる」「台頭する」という意味で使うこともある。

・**pop up**：appearよりも「不意に現れる」というニュアンスが強い。

・**loom**：「不気味な様子で現れる」という意味。特に、「(大きなものが) ぼんやりと現れてくる」という文脈で使うことが多い。転じて、「(問題・危機など主に好ましくないことが) 迫る」という意味でも使われる。

An error message **appeared** on the screen.

スクリーン上にエラーメッセージが現れた

The sun **appeared** from behind the clouds.

太陽が雲の後ろから顔を出した

Suddenly, a white rabbit **appeared** out of nowhere.

突然、どこからともなく白いウサギが現れた

Cracks began to **appear** in their relationship.

彼らの関係にひび割れが見え始めた

Chloe has **appeared** in several movies.

クロエはいくつかの映画に出演したことがある

「現れる」から転じて「出演する」という意味でも使われる

A diver **emerged** from the water.

ダイバーが水の中から姿を見せた

A man **emerged** from the darkness.

暗闇の中から男が現れた

The truth has **emerged**.

真実が明らかになった

📝「(事実などが) 明るみに出る」の意味ではcome outも使える

As I talked to more people, a new problem **emerged**.

より多くの人と話すにつれ、新たな問題が浮上した

It **emerged** that she lied to cover up for her son.

彼女が息子をかばうためにうそをついていたことが分かった

📝 It emerges that ～で「～が明らかとなる」

China **emerged** as a major economic power in the late 1990s.

中国は90年代後半に経済大国として台頭した

📝 emerge as ～で「～として台頭する、頭角を現す」

Another problem immediately **popped up**.

すぐに別の問題が生じた

Convenience stores seem to be **popping up** everywhere.

コンビニはあちこちに出店しているようだ

A large black ship **loomed** out of the fog.

霧の中から大きな黒い船が現れた

Dark clouds **loomed** over the horizon.

水平線に黒い雲がわいてきた

A strike is **looming** in the public service sector in Boston.

ボストンの公共サービス部門でストライキが起きそうだ

089

供給する

① provide **②** supply **③** equip

意味だけでなく、後ろに続く形も意識しよう

「人に何かを供給する」という意味の動詞をまとめて押さえよう。

・**provide**：「人に物・情報・機会などを供給する、提供する」という意味で幅広く使われる語。

・**supply**：provideと同じく「供給する」という意味だが、主に「(定期的に、長期にわたって大量に) 供給する」という文脈で使うことが多い。「需要 (demand)」に対する「供給」という名詞の意味もある。

・**equip**：「(特定の目的のために必要なものを) 〜に備え付ける、供給する」という意味 (「部屋にエアコンを備え付ける」「兵士に武器を供給する」など)。「備え付けられている」という受け身で使うことが多い。

各動詞のよく使われる形を以下にまとめておこう。

> ・provide/supply/equip 人 with 〜 (人に〜を供給する)
> ・provide/supply 〜 for/to 人 (人に〜を供給する)

The website **provides** useful information on visas and immigration.

そのサイトはビザや移住に関する有益な情報を提供してくれる

They **provided** the students with uniforms.

彼らはその生徒達にユニフォームを供給した

They **provided** uniforms for the students.

彼らはその生徒達にユニフォームを供給した

📝 この2文は同じ意味だが、「供給する物」か「供給する相手」のどちらが続くのかによって前置詞が変わるので注意

The program **provides** young people with opportunities to experience cultural activities.

そのプログラムは若者に文化的活動を経験する機会を与える

The organization **provided** food and shelter for refugees.

その団体は難民に食料と住居を提供した

On arrival you will be **provided** with an access card.

到着するとすぐに、アクセスカードが支給されます

The company **supplies** gloves and helmets.

会社が手袋とヘルメットを支給してくれる

They were arrested for **supplying** terrorists with weapons.

彼らはテロリストに武器を供給した罪で逮捕された

They were arrested for **supplying** weapons to terrorists.

彼らはテロリストに武器を供給した罪で逮捕された

We have **supplied** local schools for many years.

我々は何年も地元の学校に対して供給を続けてきた

📝 何を供給するのか文脈上明らかな場合などは、この文のように〈supply＋供給する相手〉のみを使うこともある

They **equipped** the school with computers and new desks.

彼らはその学校にパソコンと新しい机を供給した

These buses are **equipped** with air conditioning.

これらのバスにはエアコンが備え付けられている

Our camper is **equipped** with a fridge, microwave, and sink.

うちのキャンピングカーには冷蔵庫、電子レンジ、シンクが付いている

Thomas **equipped** himself with a rifle.

トーマスはライフルを装備した

📝 equip oneselfで「装備する」（直訳は「自分自身に供給する」）

090

含む

① include **②** contain **③** encompass
④ involve **⑤** incorporate

ニュアンスの違いを理解しよう

「〜を含む」に関連した意味を表す動詞を押さえよう。

・**include**：「〜を含む」という意味の一般的な語。including 〜の形で「〜を含めて」という前置詞としても使われる。

・**contain**：container（コンテナ、容器）という語から連想できる通り、「（容器などが）〜を含んでいる」という意味の語。この他「〜という内容・情報を含む」「（原材料として）〜を含む」などの意味でも使われる。また、「容器に入れてしまう」という発想から「〜を封じ込める、（感情など）を抑える」という意味でも用いる。

・**encompass**：includeよりフォーマルな語。

・**involve**：「（主語が）〜を伴う」という意味の語。転じて「〜を巻き込む、〜を関与させる、参加させる」の意味でも使う。この意味では主に受け身で使い、「関与する、関わる、参加する」という意味を表す。

・**incorporate**：「〜を含める、組み込む」という意味の語。

The prices displayed **include** delivery costs and taxes.

表示された価格は、送料と税を含んでいます

His hobbies **include** tennis, golf and photography.

彼の趣味にはテニス、ゴルフ、写真が含まれる

Her work **includes** analyzing financial data.

彼女の仕事には財務情報の分析が含まれている

📝 include 〜 ingで「〜することを含む」

Please **include** a photograph of yourself with your résumé.

履歴書には写真を含めてください

📝 「〜を含む」だけでなく「〜を含める」というニュアンスでも使う

The tour costs $99 **including** tax.

そのツアーは税込で99ドルだ

📝 includingの逆はexcluding（〜を除いて）

The blue box **contains** old letters.

その青い箱には古い手紙が入っている

I accidentally deleted a file **containing** very important information.

とても重要な情報が含まれたファイルを誤って消してしまった

This product **contains** allergy-producing ingredients.

この商品はアレルギーを引き起こす原料を含んでいる

More than 20 firefighters are battling to **contain** the fire.

20人以上の消防士が火災を封じ込めようと闘っている

📝 他にも「ウイルスを封じ込める」「反対意見を抑える」などの文脈で使う。「悪いことの広がりを防ぐ」というイメージで捉えておこう

Her new job **encompasses** a broad range of tasks.

彼女の新しい仕事は幅広いタスクを含んでいる

Success almost always **involves** hard work.

成功には、ほぼ必ず努力が伴う

The accident **involved** four vehicles.

その事故には車両4台が絡んでいた

John decided not to get **involved** in the argument.

ジョンはその議論に加わらないことにした

He didn't mention the names of the people **involved** in the robbery.

彼は強盗に関わった人々の名前を言わなかった

He encourages his sons to become **involved** in the local community.

彼は息子たちに対し、地域社会に関わるよう奨励している

📝 以上見てきたように、involveはbe/get/become involved in ～のように受け身で使うと「～に関わる、参加する、巻き込まれる」といった意味を表す

We have **incorporated** his suggestion into the final design.

私達は彼の提案を最終デザインに組み込んだ

📝 incorporate A into B（AをBに組み込む）の形で使うことが多い

🔖
- □ **photography**（名）写真撮影
- □ **analyze**（動）～を分析する
- □ **résumé**（名）履歴書
- □ **accidentally**（副）偶然に、誤って（⇔on purpose）
- □ **allergy**（名）アレルギー
- □ **broad**（形）広い
- □ **range**（名）範囲／（動）（～に）及ぶ
- □ **robbery**（名）強盗

英字新聞で身につける
単語のイメージ

　僕の本職は英字新聞の編集長。英文記事を読むのも、単語の持つイメージを頭に構築するのに役立つのでお薦めだ。例えば、assertivenessという単語がある。ややハイレベルだが、これはassertive（自己主張の強い）という形容詞の名詞形で「自己主張の強さ、積極さ」という意味。この語は、英字新聞では以下のように使うことが多い。

... the nations have been seeking to form a united front against Beijing's growing military and economic assertiveness in the region. (Kyodo News)

（その国々〔※安全保障の枠組みQuadを構成する日米豪印〕は、中国政府がその地域〔※南太平洋〕で軍事的・経済的な進出を強めるのに対抗して共同戦線を張ろうとしている）

　単に「積極さ」という訳語を覚えるだけでは使いどころがイメージしづらいが、中国が海洋進出を進めているという事実が頭にある状態でこの文を読むと、「中国がガンガン進出してくるようなあの感じをassertivenessで表現できるのか」という具合に、この語の持つイメージをよりはっきり理解できる。このように、事実や実際の出来事を踏まえて英文を読むことで単語のイメージをつかめるというメリットが英字新聞にはある。

① 日本文の意味に合うように空所に適語を入れよう。

※最初の1文字のみ与えられている。

1 There were storm clouds (l   ) on the horizon.

（水平線に嵐雲がわきたっていた）

2 He was (i   ) in a car accident on his way home.

（彼は帰宅途中に自動車事故に巻き込まれた）

3 You can (d   ) lies easily if you know these typical facial expressions.

（こうした典型的な表情を知っていれば、うそを見破るのは簡単だ）

4 You can rest (a   ) our products meet the highest quality standards.

（当社の商品は最も厳しい品質基準を満たしているのでご安心ください）

5 The folding screen (d   ) Mount Fuji.

（その屏風には富士山が描かれている）

---

② 次の [ ] 内の語句を日本文の意味に合うように並び替えよう。

※それぞれ1語不足しているので補うこと。

※文頭にくる語も [ ] 内では原則として小文字になっている。

1 私たちは彼に、その決断を考え直すように促した。

[him / decision / reconsider / urged / his / we].

2 彼らは先生たちを銃で武装させるというその提案に反対した。

[to / they / firearms / the proposal / equip / opposed / teachers].

3 アップデートがあれば逐次連絡します。

[you / will / any updates / informed / keep / I].

4 その弁護士は彼女が無実であると彼らに納得させようとした。

[innocence / convince / tried / her / the lawyer / to / them].

---

❸ [   ] 内の語を使って次の日本文を英語にしよう。

① その掲示は人々がここにごみを捨てるのを防ぐのに役立つだろう。[deter]

② 私は彼らが部屋を出て行くのに気が付かなかった。[notice]

❹ 下線部に注意して、次の英文の意味を考えてみよう。

① The word "tattoo" comes from the Polynesian word *tatau*, meaning "marks on the skin." The term is believed to have first <u>popped up</u> in English in the late 18th century after Captain Cook returned to England from Tahiti, where people had lots of tattoos.

② In the late 19th century, the city of Liège, Belgium, trained 37 domestic cats to deliver mail. Waterproof bags <u>containing</u> letters were tied around the cats' necks. One cat delivered his letter in less than five hours. However, the other felines took up to a day to deliver mail to their own homes. Apparently, the cats were not interested in delivering mail on time. It should come as no surprise that the project did not last long.

*felines：「ネコ科動物 (ここでは「猫」)」
*come as no surprise：「無理もない」

091

交換する
① **exchange** ② **trade** ③ **swap**
③ **switch** ④ **replace**

replaceのニュアンスに注意

「交換する、取り替える」といった意味を表す動詞を押さえよう。

・**exchange**：「人と何かを交換する」という意味の語。「意見を交換する」「連絡先を交換する」のように、幅広い意味で使われる。

・**trade/swap**：exchangeよりややカジュアルな語。tradeはアメリカ英語で、swapはイギリス英語で好まれる傾向にある。

・**switch**：「人と何かを交換する」というexchangeと同様の意味がある。特に「仕事のシフトを交換する」という意味で用いることが多い。

・**replace**：上の4つとは異なり「何かを何かに取り替える、置き換える、交代させる」「〜に取って代わる、〜の後任となる」という意味。

exchangeもreplaceも、どちらも日本語では「交換する、取り替える」と訳せるので紛らわしいが、exchange/trade/swap/switchは「彼と席を交換する」のように「AとBを取り替える」ということに、replaceは「番組MCを田中から山田に取り替える」のように「BがAに完全に取って代わる」ということにそれぞれ主眼が置かれると考えておこう。

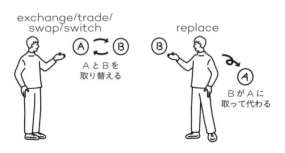

We **exchanged** email addresses.

私たちはメールアドレスを交換した

📝〈ミス防止〉交換する際には私と相手の2つのアドレスが必要であるため、email addressesと複数形にするのを忘れないこと

He **exchanged** ideas with other economists.

彼は他の経済学者達と意見を交わした

I **exchanged** the shirt for a larger size.

そのシャツを大きいサイズに交換した

✏ exchange A for Bで「AをBに交換する」

I **exchanged** some U.S. dollars for Euros before I left home.

出発前に米ドルをユーロに両替した

✏ exchangeは「(お金)を両替する」の意味でも用いる

The two men **exchanged** blows.

その2人の男は殴り合った

✏ 直訳は「blow(殴打)を交換する」。他にもexchange jokes/greetings/glances(冗談／挨拶／視線を交わす)などを覚えておこう

I **traded** seats with Sam.

サムと席を交換した

Do you want to **swap**?

交換したいかい?

She kindly agreed to **switch** shifts with me.

彼女は親切にも私とシフトを代わるのを了解してくれた

I think you should **replace** the old mattress with a new one.

古いマットレスを新しいものに取り替えた方がいいよ

✏ replace A with Bで「AをBに交換する」

He **replaced** Josh Barnett as party leader in 2014.

彼は2014年にジョシュ・バーネットに代わって党首になった

These jobs will be **replaced** by AI.

これらの職業はAIに取って代わられるだろう

耐える

092

1 **bear** 2 **stand** 3 **put up with**
4 **endure** 5 **tolerate**

「もう耐えられない！」の言い方を身につけよう

「〜に耐える、我慢する」という意味を表す動詞を押さえよう。

・**bear**：「〜に耐える」という意味のややフォーマルな語で、「耐えられない」という否定文で使うことが多い。

・**stand**：bearよりカジュアルな語。can't stand 〜（〜に耐えられない）のように否定文で使うのが普通。

・**put up with**：カジュアルな語で、「ちょっとした不愉快さに耐える」という文脈で使うことが多い。

・**endure**：フォーマルな語で、特に「比較的長期にわたって辛抱強く耐える」という文脈で使うことが多い。

・**tolerate**：フォーマルな語で「〜を許容して我慢してやる」というニュアンスで使われる。toleranceは名詞で「許容、寛容」。

Come on, tell me! I can't bear the suspense.

ねえ、教えてよ！　ハラハラするのには耐えられないよ

The stress was more than she could bear.

そのストレスは、彼女が耐えられる限界を超えていた

I can't bear the thought of her being with somebody else.

彼女が他の誰かと一緒だなんて、考えただけで辛い

📝 can't bear the thought/idea of 〜で「〜を考えることに耐えられない、考えただけで辛い」

Stella could not bear to see her son in pain.

ステラは息子が苦しんでいるのを見ることが耐えられなかった

📝 bear to do 〜、またはbear 〜 ingで「〜することに耐える」

Bear with me a moment while I go check it.

それを確認しに行く間、少し待っていてください

📝 bear with meは「(私が何かをする間) 私を待つ」という決まり文句。この例のように「待っていてください」という命令文や、if you bear with me (もしお待ちいただければ) という形で使うことが多い

I can't **stand** it. It's driving me crazy.

それには耐えられないよ。気が狂いそうだ

I can't **stand** him.

あいつには我慢がならない

Another hour passed by and he couldn't **stand** waiting anymore.

さらに1時間が過ぎて、彼は待っているのに耐えられなくなった

📝 stand 〜 ingで「〜することに耐える」

The service wasn't very good, but we **put up with** it.

サービスはそんなに良くなかったが、私たちは我慢した

Troy is so annoying. I don't know how you **put up with** him.

トロイは本当にうざい。よくあいつに耐えられるね

The prisoners **endured** hunger and cold.

囚人たちは飢えと寒さに耐えた

The company **endured** huge losses.

その会社は巨額の損失で苦しんだ

📝 endureは「(苦難など)を経験する」のようなニュアンスで使うこともある

I won't **tolerate** his bad behavior.

彼の素行不良を大目に見たりはしないぞ

Non-smokers don't often **tolerate** the smell of cigarettes.

非喫煙者はしばしばたばこの臭いに耐えられない

🔖 □ **suspense** (名) (結果が分からず) ハラハラする状態
□ **pass by** (時間が) 過ぎる　□ **hunger** (名) 飢え

093

捧げる

① dedicate **②** devote **③** sacrifice

使い方の違いに注意

「〜を捧げる」という意味を表す動詞を押さえよう。

・**dedicate**：「〜を（…に）捧げる」という意味で、幅広く使われる。dedicate A to B（AをBに捧げる）という形で用いることが多い。

・**devote**：dedicateと同じくdevote A to B（AをBに捧げる）という形で用いることが多い。

・**sacrifice**：「〜を犠牲にする」というのが元の意味。そこから「…のために〜を犠牲にする」⇒「〜を捧げる」というニュアンスで用いることがある。sacrificeには「犠牲」という名詞の意味もある。

dedicateとdevoteはほぼ同じ意味だが、dedicateの方が意味の幅が広い。一方のdevoteは主に「（自分の時間・努力・人生など）抽象的なものを〜に捧げる」という意味で用いる。dedicateは「この歌／本／映画を〜に捧げる」のように「何らかの作品を〜に捧げる」という意味で使うことも多いが、devoteは普通この意味で使わないので注意しよう。

He **dedicated** the song to his wife.

彼はその歌を妻に捧げた

I would like to **dedicate** this award to all the employees for their hard work and commitment.

この賞は、努力し尽くしてくれた全従業員に捧げたいと思う

The director **dedicated** the movie to his mother, who recently died.

監督はその映画を最近亡くなった母親に対して捧げた

Martha **dedicated** her life to helping the poor.

マーサは貧しい人を助けることに生涯を捧げた

📝 〈ミス防止〉dedicated her life to help…としないこと。「Aを〜することに捧げる」と言う場合、〈dedicate/devote A to 〜 ing〉が正しい形（ingの代わりに原形を使うこともあるが、厳密には誤り）

I think I have to **dedicate** more time to my family.

私はもっと家族のために時間を使うべきだと思う

📝「〜に時間を捧げる」から「〜に時間を使う」という意味で用いることもある

In Milwaukee, you should **dedicate** a day to touring breweries.

ミルウォーキーでは醸造所巡りに1日使った方がいいよ

She **dedicated** herself to the project.

彼女はそのプロジェクトに専念した

📝 dedicate/devote oneself to 〜は「自分自身を〜に捧げる」から「〜に専念する、打ち込む、集中する」という意味になる

His father **devoted** the rest of his life to scientific research.

彼の父親は、残りの人生を科学研究に捧げた

Ron left the company in 2001 and **devoted** all his energies to painting.

ロンは2001年に退社し、絵を描くことに全エネルギーを注いだ

The last 15 minutes of the class were **devoted** to discussion.

授業の最後の15分間はディスカッションに充てられた

Shelly **devoted** herself to education.

シェリーは教育に身を捧げた

These soldiers **sacrificed** their lives for the country.

この兵士たちは国のために命を捧げた

📝 sacrifice A for Bで「BのためにAを犠牲にする」。dedicate/devoteとは異なり、Aには「（Bのために）失うもの」が入る

Diana **sacrificed** her personal life for her career.

ダイアナはキャリアのために私生活を犠牲にした

🔖　☐ **commitment**（名）尽力　☐ **brewery**（名）醸造所

094

非難する

1. **blame**　2. **criticize**
3. **condemn**　4. **denounce**

意味と合わせて、後ろに続く形も意識しよう

「〜を非難・批判する」という動詞をセットで押さえよう。

・**blame**：主に「(何か悪いことの原因が) 〜にある、〜のせいだ」というニュアンスで使われる語。

・**criticize**：「〜を批判する」という意味で幅広く使われる語。軽く批判する場合にも、強く非難する場合にも用いる。

・**condemn**：criticizeよりも強く非難するニュアンスがある。主に道徳的・道義的に正しくないことを非難する場合に使われる。

・**denounce**：フォーマルな語で、「(主に公の場で) 〜を非難する」という意味を表す。

これらの動詞は、blame/criticize/condemn/denounce A for B (BのことでAを非難する) という形で使うことができる。

Don't **blame** me. It's not my fault.

僕を責めないでよ。僕のせいじゃないでしょ

They **blamed** me for the accident.

彼らはその事故のことで (お前のせいだと) 私を責めた

The government is widely **blamed** for the poor economy.

多くの人は景気が悪いのは政府のせいだと考えている

📝 blameはwidely (広く、多くの人によって) と結びつくことが多い

He often **blames** others for his own failures.

彼はよく、自分の失敗のことで (お前のせいだと) 他人を責める

He often **blames** his own failures on others.

彼はよく、自分の失敗を他人のせいにする

📝 〈blame A(=相手) for B(=事柄)〉と〈blame B (=事柄) on A(=相手)〉を区別しよう。後者は「BをAのせいにする、Bの原因をAとする」。前者と意味に大差はないが（前者の方が相手を責める感じがやや強い）、AとBの位置が逆になる点に注意すること。onは「～の上に」という意味の前置詞で、直訳すると「自分の失敗を他人の上にのせる」。そこから「失敗を他人のせいにする」という意味になると考えておこう

Several of her bras were missing and she **blamed** it on me.

彼女のブラがいくつかなくなっており、それを僕のせいにした

He **is to blame for** the mistake.

そのミスは彼の責任だ

📝 〈S is to blame (for ～)〉は「(～は) Sのせいだ」という決まり文句

All she does is **criticize** and put others down.

彼女がすることは、批判や他人をこき下ろすことばかりだ

His boss sharply **criticized** him for his comments.

上司は彼の発言のことで彼を厳しく批判した

He was **criticized** for not wearing a face mask.

彼はマスクをしていなかったことで批判された

People **condemned** him for his racist comments.

人々は人種差別的発言で彼を非難した

World leaders **condemned** the bombing as a crime against humanity.

世界の首脳は、その爆撃を人道に対する罪だと非難した

📝 as ～と結びつくことで「Aを～だと非難する」という意味を表せる

The demonstrators **denounced** him as a traitor.

デモ隊は彼を裏切り者として非難した

He **denounced** the president's handling of the pandemic.

彼は大統領の感染拡大への対処を非難した

🔖 □ put ～ down ～をこき下ろす
□ humanity (名) 人類、人道　□ traitor (名) 裏切り者

095

和らげる

① ease　② relieve　③ soothe
④ alleviate　⑤ soften

ニュアンスと使われ方の違いを頭に入れよう

「〜を和らげる」といった意味の動詞をセットで整理しよう。

・**ease**：「（痛み・ストレス・緊張）を和らげる」「（問題）を軽減する、緩和する」といった意味で用いる語。「容易さ、気楽さ」という名詞の意味もある。easy（容易な）の動詞形。

・**relieve**：easeと同じく、「（痛みなど）を和らげる」「（問題）を軽減する、緩和する」といった意味で使われる。relief（安心）の動詞形。

・**soothe**：フォーマルな語で、「（痛み）を和らげる」の他、「（相手の怒り・不安など）を和らげる、落ち着かせる」という意味でも用いる。

・**alleviate**：フォーマルな語で、easeと同じく「（痛み・ストレス・緊張）を和らげる」「（問題）を軽減する」という意味で使われる。

・**soften**：soft（柔らかい）の動詞形で、主に「態度を和らげる」という意味で用いる。逆はharden（態度を硬化させる）。

Grant's knees still hurt, but he didn't take pills to **ease** the pain.

グラントの膝はまだ痛んだが、痛みを和らげる薬を飲まなかった

The pain **eased** after a few minutes.

数分後に痛みが和らいだ

📝「（痛みなどが）和らぐ」という自動詞としても使われる

Nothing could **ease** tensions between the two countries.

両国の緊張状態を和らげられるものはないだろう

Tensions between the two countries have **eased** in recent weeks.

両国の緊張状態はここ数週間で和らいだ

This should help **ease** the burden on healthcare workers.

これは医療従事者の負担を軽減するだろう

Jane took aspirin to **relieve** her migraine.

ジェーンは偏頭痛を和らげるためにアスピリンを飲んだ

What do you do to **relieve** stress?

ストレスを和らげるために何をしますか？

The NPO seeks to **relieve** poverty in Africa.

そのNPOはアフリカの貧困問題を軽減しようとしている

Abigail managed to **soothe** the angry customer.

アビゲールは、その怒った客を何とかなだめることができた

He tried to **soothe** the crying baby by rocking her in his arms.

彼は泣いている赤ちゃんを腕に抱いて揺らしてなだめようとした

The massage **soothed** his back pain.

マッサージで彼の腰痛は和らいだ

📝 「(痛み・不安) を和らげる」の意味ではsoothe awayとすることもある

There are foods that **alleviate** the symptoms of morning sickness.

つわりの症状を和らげる食べ物がある

The new road aims to help **alleviate** traffic congestion on Highway 17.

その新しい道路は17号線の交通の緩和を助ける目的がある

China is not going to **soften** its stance on Taiwan.

中国が台湾に対する態度を軟化させることはない

Laura is beginning to **soften** toward me.

ローラは私に対して打ち解けてきている

096

調査する
1 **examine**   2 **inspect**
3 **investigate**   4 **probe**

調査の綿密さやシーンに応じて使い分けよう

「～調査・捜査する」といった意味の動詞をまとめて押さえよう。

・**examine**：「～を調べる」という意味で幅広く使われる語。「(警察による) 捜査」「(科学的な) 調査」「(医師による) 診察」など様々な文脈で使われる。特に「本物かどうかそのダイヤを調べる」のように、「(何らかの情報を得るために) 調べる」という意味で使うことが多い。

・**inspect**：examineより綿密に調べるニュアンスがある。特に「(仕事として) ～を検査・点検する」という文脈で使うことが多い。

・**investigate**：特に「(事件・事故) を捜査する」「(容疑者) を取り調べる」という文脈で使われることが多い。

・**probe**：「～を綿密に調べる」という意味。幅広く使われるが、しばしば「(質問することで) 秘密などを探る」という意味で用いる。動詞の他、「調査」や「(宇宙の) 探査機」という名詞の意味もある。

He picked up the object and **examined** it closely.

彼はその物体を拾い上げ、それを入念に調べた

📝 「注意深く」を意味するcarefully/closelyと結びつくことが多い

I think you should have your stomach **examined**.

胃を検査してもらった方がいいと思うよ

📝 〈have＋体の部分＋examined〉で「～を検査・診察してもらう」

The team **examined** the impact of global warming on wildlife.

そのチームは地球温暖化が野生動物に与える影響を調べた

The police **examined** the knife for fingerprints.

警察は指紋が付いていないか、そのナイフを調べた

📝 〈examine/inspect A for B〉で「Bを探してAを調べる」。for自体に「〜を求める」というニュアンスがあることを確認しておこう

They visited the town and **inspected** the damage caused by the storm.

彼らはその街を訪れ、嵐による損害を調査した

An officer stopped him and asked if she could **inspect** his bag.

警官が彼を止め、かばんを調べさせてくれないかと尋ねた

All items are **inspected** for damage before shipping.

全ての商品は出荷前に傷がないかどうか点検されます

The police are **investigating** the case.

警察はその事件の捜査をしている

The suspect is being **investigated** on suspicion of murder.

その容疑者は殺人の容疑で取り調べを受けている

They're hired to **investigate** complaints from customers.

彼らはお客様からの苦情を調査するために雇われている

📝 事故・犯罪の捜査以外の文脈でも使われる

The survey **probed** the reasons people study foreign languages.

その調査は人々が外国語を学ぶ理由を調べた

I'm sorry. I didn't mean to **probe** into your past.

すみません、あなたの過去を探るつもりはなかったんです

📝 「〜を調べる、探る」という場合、しばしばprobe into 〜の形が使われる

Officials **probed** into the cause of the accident.

当局はその事故の原因を探った

NASA will launch a **probe** toward the asteroid.

NASAはその小惑星に向けて探査機を打ち上げる予定だ

097

見る

① **stare** ② **gaze** ③ **glare**
④ **glance** ⑤ **peep** ⑥ **peek**

lookやseeの"親戚"の動詞を押さえよう

「見る」といえばlookやseeが有名だが、それ以外にも同様の意味を表す動詞をセットで押さえよう（これらは「見ること」という名詞の意味もある）。

・**stare**：lookよりも「じっと見る、見つめる、凝視する」というニュアンスが強い語。

・**gaze**：stareと同じく「じっと見る」という意味。特に「（魅力的なものに）見とれてしまう」や「ぼうっと眺める」のように、意識せずに見つめてしまうという文脈で使うことが多い。

・**glare**：「（怒って）睨みつける」という意味。

・**glance**：「さっと見る」という意味。take a glance at ～（～をさっと見る）のように名詞（「さっと見ること」）として使うことも多い。

・**peep/peek**：「さっと見る」という意味。特に「盗み見る」のように、本来見るべきではないようなものをさっと見る際に使うことが多い。

意味の違いを整理すると、以下のようになる。

「じっと見る」系		「チラ見する」系	
「凝視する」	「睨みつける」	「さっと見る」	「盗み見る」
stare/gaze	**glare**	**glance**	**peep/peek**

また、look at ～（～を見る）と同じく、これらの動詞は後ろに前置詞のatをつなげて「～を見る」という意味を表すということも覚えておこう。at以外にも、文脈に応じて様々な語が後ろにつながる。

Julianne **stared** at me in amazement.

ジュリアンは驚いて私を見つめた

📝 stareやgazeはin amazement/confusion/disbelief/fascination/awe（驚いて／困惑して／疑いの目で／うっとりして／驚嘆の目で）などの表現と結びつくことが多い

Hey, what are you **staring** at? Do you have a problem with me?

おい、お前何見ているんだよ。俺に文句でもあるのか？

Greg lay on his bed **gazing** at the ceiling.

グレッグはベッドに横たわって天井を眺めていた

Candice **gazed** out of the window.

キャンディスは窓の外を眺めていた

Jake sat for hours **gazing** into space.

ジェイクはぼんやり宙を見つめながら何時間も座っていた

📝 stare/gaze into spaceで「ぼんやりと宙を見つめる」

The man raised his head and **glared** at me.

その男は顔を上げて、私を睨みつけた

The referee **glanced** at his watch again.

審判がまた時計を見た

I **glanced** around the room.

部屋をさっと見回した

I **peeped** down at his phone on the table while he wasn't looking.

彼が見ていない隙に、テーブルにある彼の携帯に目を落とした

Jackie **peeped** through a hole in the fence.

ジャッキーは塀に空いた穴をのぞき込んだ

The door was ajar, so I **peeked** inside.

ドアが少し開いていたので、中をのぞいてみた

📝 peep/peekについて、それぞれpeeping Tom（のぞき魔）、sneak peek（（公開前の）チラ見せ、プレビュー）という表現を覚えておこう

🔖 □ **ajar**（形）（戸が）少し開いて

098

笑う

① giggle　② chuckle　③ grin
④ sneer　⑤ smirk

照れ笑い、クスクス笑い、微笑み、ニヤニヤ笑い

「笑う」といえばlaughやsmileが有名だが、それ以外にも様々な意味の「笑う」という動詞を押さえよう（これらは「笑うこと」という名詞の意味もある）。

- **giggle**：「(特に若い女性や子どもが) クスクス笑う」という意味。「照れ笑い」のようなものも含む。
- **chuckle**：giggleと同じく「クスクス笑う」という意味。漫画を読んでいて思わず笑ってしまう時などの「独り笑い」に使うこともある。
- **grin**：smileよりも「(歯を見せて) 大きく微笑む」というニュアンスのある語。
- **sneer**：「(軽蔑するように) 冷笑する」という意味の語。
- **smirk**：「ニヤニヤ笑う、薄ら笑いを浮かべる」という不快な笑い方を表す語。

laughやsmileも含めて意味の違いを整理しておこう。

「声を立てて笑う」系	「声を立てずに笑う」系	
(幅広い意味で) 「笑う」 **laugh**	「にっこり微笑む」 **smile**	(歯を見せて) 「にやりと笑う」 **grin**
「クスクス笑う」 **giggle/chuckle**	(軽蔑するように) 「笑う、冷笑する」 **sneer**	「ニヤニヤ・ニタニタ笑う」 **smirk**

The two girls couldn't stop **giggling**.

その2人の女の子は笑いをこらえることができなかった

Gina **giggled** at the joke.

ジーナはその冗談にクスクス笑った

📝 giggle/chuckle at 〜で「〜に [のことを] クスクス笑う」

The little girl blushed as she **giggled** embarrassingly.

その女の子は、決まり悪そうに笑いながら赤くなった

Maggie was **chuckling** as she read the email.

マギーはそのメールを読みながらクスクス笑っていた

I **chuckled** to myself about how stupid I must have looked.

自分がいかに馬鹿げて見えていたかについて、一人でクスクス笑った

📝 giggle/chuckle to oneselfで「一人でクスクス笑う」

"You glanced at her cleavage," Emma **chuckled**.

「彼女の胸の谷間をチラ見したでしょ」とエマは笑って言った

📝 giggle/chuckleには「〜と言ってクスクス笑う」という意味もある

John began to **grin**, and finally laughed out loud.

ジョンはにやりとし、ついには大声で笑った

She was **grinning** from ear to ear.

彼女は満面の笑みを浮かべていた

📝 grin from ear to earで「満面の笑みを浮かべる」

He **grinned** at me and gave me a hug.

彼は私に微笑みかけ、ハグをした

📝 grin/smile at 〜で「〜に微笑みかける」。laugh at meは「私のことを笑う、笑いものにする」という意味になるので注意

He was criticized for **sneering** at people who buy lottery tickets.

彼は宝くじを買う人を冷笑したことで批判を受けた

📝 sneer at 〜で「〜を冷笑する」

Edward **smirked** when he found out I was wrong.

エドワードは私が間違っていたと分かるとニヤニヤ笑った

🔖 □ **blush**（動）（顔が）赤くなる
　　□ **cleavage**（名）亀裂、溝、（女性の胸の）谷間

099

押す

1 shove　**2** thrust　**3** nudge

pushの"親戚"の動詞を押さえよう

「〜を押す」と言えばpushが有名だが、それ以外にも「押す」「突く」といった意味で使う様々な動詞を押さえよう（これらは「押すこと」という名詞の意味もある）。

・**shove**：pushよりも「乱暴に押す」というニュアンスが強い語。「(無造作・乱暴に)〜を押し込む、突っ込む」という意味でも使われる。

・**thrust**：shoveと同じく「〜を乱暴に押す、押し込む」という意味を表すが、その動作が「突然である」というニュアンスがより強い。他にも「〜を突き刺す」「〜を(ある状況に)追いやる」という意味もある。thrust-thrust-thrustと、過去形・過去分詞形も形が変わらない。

・**nudge**：「(相手の注意を引くために)ひじで突く」という意味の語。この他、「〜を(軽く)押す、押して動かす」という意味でも用いられる。

He **shoved** me aside.

彼は私を脇に押しやった

📝 aside (脇に)、to the ground (地面に)、against the wall (壁に) などの語句と一緒に用いて「どの方向に押したのか」を表すことがある

He **shoved** the woman out of the way.

彼はその女性を押しのけた

📝 shove 〜 out of the wayは「進行方向の外へ〜を押す」から、「〜を押しのける」という意味を表す

The crowd was pushing and **shoving**.

群衆は押し合いへし合いしていた

📝 push and shoveで「押し合いへし合いする」

I **shoved** my suitcase under the bed.

スーツケースをベッドの下に押し込んだ

The man smirked and **shoved** the money into my pocket.

その男はニヤリと笑い、お金を私のポケットに押し込んだ

He grabbed my throat and **thrust** me against the wall.

彼は私の喉をつかみ、私を壁に押しつけた

We **thrust** our way through the shoppers.

私たちは買い物客を押しのけて進んだ

📝 shove/thrust/push one's way through 〜で「〜を押しのけて進む」

Hunter **thrust** his hands into his pockets.

ハンターは両手をポケットに突っ込んだ

A reporter **thrust** a microphone into my face.

記者が私の顔にマイクを押しつけてきた

📝 thrustはこの例のように「何かを素早く押す、動かす」という意味で使われる。intoが使われているが、マイクが顔にめり込んだわけではなく、それぐらいの勢いでマイクを近づけたということ

Elle was suddenly **thrust** into a difficult situation.

エルは突然困難な状況へと追いやられた

Grace **nudged** me and pointed to the door.

グレースはひじで私を突き、ドアの方を指差した

📝 nudge meで「ひじで私を突く」。これと同じ意味をgive me a nudgeで表すこともできる（このnudgeは「ひじで突くこと」という名詞）

Sarah playfully **nudged** him in the ribs and they giggled like idiots.

サラはふざけて彼の脇腹を突き、そして二人はあほみたいに笑った

Mrs. Torres **nudged** the plate closer to me.

トーレスさんは、その皿を私の方に押した

🔖 □ **grab**（動）〜をつかむ
□ **playfully**（副）ふざけて、じゃれ合うように
□ **rib**（名）肋骨、脇腹 ※普通複数形で用いる

100

隠す

① hide **②** conceal
③ cover up **④** disguise

隠蔽する、もみ消すといったニュアンスでも使える

「〜を隠す」といった意味を表す動詞を整理しよう。

・**hide**：「〜を隠す」という意味の最も一般的な語。物を隠す場合に加えて、何らかの情報を隠す場合や感情を隠す場合など、幅広い文脈で使われる。hide-hid-hiddenと活用する。

・**conceal**：hideと同じく「〜を隠す」という意味で幅広く使われるが、よりフォーマルな語。

・**cover up**：何かにカバーを掛けて完全に覆ってしまうという発想から、「（悪事・失敗など）を隠す、隠蔽する、もみ消す」という意味で用いられる表現。これ以外にも、体を覆うイメージから「厚着する」の意味でも使われる。

・**disguise**：「（正体・真実を隠すため）〜の外見を変える、〜を変装させる、〜を偽装する」という意味の語。「（感情）を隠す」という意味でも用いられる。

I quickly **hid** the book behind my back when Mom opened the door.

ママがドアを開けた時、とっさにその本を後ろに隠した

Are you trying to **hide** something from us?

何か私たちに隠そうとしていない?

📝 〈hide A from 〜〉で「Aを〜から隠す」

I tried to **hide** my anger, but I couldn't.

怒りを隠そうとしたが、無理だった

I **hide** what is true, but sometimes bring out the courage in you. What am I?

私は真実を隠すが、時にはあなたの中の自信を引き出す。私は何でしょう?

📝 なぞなぞ。答えはmake-up（化粧)

The killer was **hiding** under her bed.

その殺人犯は彼女のベッドの下に隠れていた

📝 「〜を隠す」だけでなく「隠れる」という自動詞としても使われる

The 50-year-old man attempted to **conceal** evidence of corruption.

その50歳の男は、汚職の証拠を隠そうとした

The small camera was **concealed** in a coat button.

その小さなカメラはコートのボタンの中に隠されていた

Joe could hardly **conceal** his disgust.

ジョーは嫌悪感を隠すことができなかった

The school tried to **cover up** the scandal.

学校はそのスキャンダルを隠蔽しようとした

He bribed the police officer to **cover up** the fact that he was drunk.

彼は酒気帯びだったという事実を隠すため、警官に賄賂を渡した

The lawmakers lied to the press to **cover for** the prime minister.

その議員たちは総理をかばうため、マスコミに嘘をついた

📝 cover (up) for 〜で「(事実を隠して)〜をかばう」。この意味ではcover forの形を使うことも多い

She **disguised** herself by wearing a wig.

彼女は、かつらをかぶって変装した

📝 disguise oneselfは「自分自身を変装させる」から「変装する」。disguise oneself as 〜は「〜に変装する」

The spy **disguised** himself as a waiter to get into the party.

そのスパイはパーティーに潜入するため、ウエーターに変装した

Ed tried to **disguise** his voice on the phone but I knew it was him.

エドは電話で声色を変えようとしたが、私は彼だと分かった

She's had a lot of plastic surgery in an attempt to **disguise** her age.

彼女は年齢をごまかすため整形手術を何回も受けてきた

📝 この他、disguise+reality/truth/fact（真実・事実を隠す）や、disguise+intentions/motives（意図・真意を隠す）といったパターンを押さえておこう

□ **corruption**（名）汚職
□ **disgust**（名）嫌悪感

英英辞典
どんな時に使ったらよい？

　英和辞典とは英語の語句の意味を日本語で説明した辞書のこと。一方、英英辞典は語句の定義を英語で説明している。このうち、後者をどんな時に使ったらよいか分からない人も多いことだろう。結論から言うと、「英和辞典を見てもピンと来ない時」に英英辞典を使おう。

　例えば、snobberyという語がある。手元の英和辞典には「俗物根性、鼻持ちならない上流崇拝」という訳語が載っているが、これだけではいまいちピンと来ないのではないだろうか。そこで『Longman現代英英辞典』を引いてみると、

behaviour or attitudes which show that you think you are better than other people, because you belong to a higher social class or know much more than they do – used to show disapproval

という何とも分かりやすい説明が載っている。つまり「自分の方が上流階級である、または知識があるから他人より上だという行動や態度で、非難（disapproval）を示すために使われる」語というわけだ。

　英和辞典は、その語を日本語に置き換えた時に最も近いと思われる訳語が掲載されているが、その訳語だけ見ても使いどころが分からないことがある。それに対して、英英辞典にはその語の定義がストレートに書いてあるため、より本質的な意味や使い方が見えやすい。「英語で説明しているから難しそう」という理由で敬遠せずに、ぜひ英英辞典も普段の学習で活用してみよう。

① 日本文の意味に合うように空所に適語を入れよう。

※最初の1文字のみ与えられている。

1 Fans pushed and (s　　　) to get closer to the stage.

（ファンたちはステージに近づこうと押し合いへし合いした）

2 She (c　　　) and said, "Come on, stop it."

（彼女はクスクス笑って言った。「ちょっと、やめてよ」）

3 The war is to (b　　　) for rising food prices.

（食料価格の上昇は、その戦争のせいだ）

4 We all (s　　　) at him in confusion.

（私たち全員が困惑して彼を見つめた）

5 Practicing good posture will help (a　　　) back pain.

（日頃から良い姿勢でいることは、腰痛の軽減に役立つ）

6 They absolutely have no right to (p　　　) into her past.

（彼女の過去を探る権利は、彼らには全くない）

---

② 次の[　]内の語句を日本文の意味に合うように並び替えよう。

※それぞれ1語不足しているので補うこと。

※文頭にくる語も[　]内では原則として小文字になっている。

1 彼の振る舞いの悪さに、どうしたら耐えられるんだい。

[you / know / bad / with / I / how / behavior / don't / his / put].

2 ロブは友人をかばおうとした。

[up / to / Rob / friend / his / tried / cover].

3 スティーブンソン医師は、人々の命を救うことに身を捧げた。

[himself / Dr. Stevenson / people's / saving / devoted / lives].

4 その会社は、倉庫労働者の一部をロボットに置き換えた。

[replaced / robots / its warehouse workers / the company / some of].

---

③ [　]内の語を使って次の日本文を英語にしよう。

1 私たちはメールアドレスを交換した。[exchanged]

2 胃を検査してもらった方がいいと思うよ。[examined]

3 彼はマスクをしていなかったことで批判された。[criticized]

---

④ 下線部に注意して、次の英文の意味を考えてみよう。

1 Opportunities are usually <u>disguised</u> as hard work, so most people don't recognize them. —Ann Landers

2 People today seem to be searching for quiet places, but the world's quietest place will drive you crazy in 45 minutes. There is a specially-designed anechoic room at Orfield Laboratories in Minnesota that is so quiet that you can even hear your lungs. Steven Orfield, the lab's founder, said the longest anyone can <u>bear</u> the extreme silence is 45 minutes.

*anechoic：「無響の」　　*lungs：「肺」

捨てる

1 **throw away** 2 **get rid of**
3 **dispose of** 4 **dump** 5 **litter**
6 **discard** 7 **abandon**

ニュアンスや使い方の違いを押さえよう

「〜を捨てる」という意味を表す動詞を整理しよう。

・**throw away**：「〜を捨てる」という意味の最も一般的な語。

・**get rid of**：「(不要・邪魔なもの)を取り除く、排除する」という意味で幅広く使われる表現で、「〜を処分する」の意味でも用いる。

・**dispose of**：特に「(処分の容易でないもの)を処分する」というニュアンスが強い。

・**dump**：「〜を(ドサッと)下ろす」から「〜を捨てる」の意味でも用いる。

・**litter**：「(公共の場所に)ごみをポイ捨てする」という意味の語。

・**discard**：「〜を捨てる」という意味のかなりフォーマルな語。

・**abandon**：「(家族など)を見捨てる」「(風習・考え・望みなど)を捨てる」「(計画など)を断念する」という意味で用いる語。

It's time to **throw away** these old toys.

この古いおもちゃを捨てる時だ

Mom **threw away** her promising career to raise me.

母は私を育てるために前途有望なキャリアを捨てた

📝 ごみや不要な物以外にも用いられる

We **got rid of** a lot of furniture before moving.

引っ越し前に多くの家具を処分した

I'm going to **get rid of** my old mattress.

古いマットレスを処分します

We need to figure out how to **dispose of** nuclear waste.

我々は放射性廃棄物の処分方法を見つけ出さなくてはいけない

Used needles must be properly **disposed of**.

使用済みの注射針は適切に処分されなくてはならない

I need to **dump** these bags of trash.

このごみ袋を捨てる必要がある

Police believe he killed his wife and **dumped** the body in the river.

彼が妻を殺害し遺体を川に捨てたと警察は睨んでいる

His girlfriend **dumped** him yesterday.

彼のガールフレンドは昨日、彼のことを振った

📝 dumpには「(人)を振る、捨てる」という意味もある

In Singapore, you'll get fined for **littering**.

シンガポールでは、ごみをポイ捨てすると罰金を取られる

The floor was **littered** with paper cups.

床には紙コップが散らかっていた

📝 litterは「ポイ捨てする」という自動詞の他、〈litter＋場所＋with 〜〉（場所を〜で散らかす）や、これを受け身にしたbe littered with 〜（（場所が）〜で散らかっている）という使い方をする

Cut the tomatoes in half and **discard** the seeds.

トマトを半分に切って、種は捨てます

The government **discarded** the idea of introducing online voting.

政府はオンライン投票を導入するという考えを捨てた

In 2007, Jack abruptly **abandoned** his family and moved to Alaska.

2007年にジャックは突然家族を捨てて、アラスカへ移住した

Rescue workers have **abandoned** hope of finding survivors.

救助隊は生存者を見つけるという望みを捨てた

🔖 □ **promising**（形）前途有望な

102

使う

1. **utilize** 2. **exploit** 3. **exercise**
4. **abuse** 5. **take advantage of**
6. **resort to**

use だけでは伝えきれない「使う」系の単語

use 以外に、様々なニュアンスで「〜を使う」という意味を表す動詞を押さえよう。

・**utilize**：use よりフォーマルな語で、「〜を(うまく)利用する、活用する」という意味を表す

・**exploit**：「〜を(最大限)活用する」という意味。「(不当に)利用する、悪用する」というネガティブなニュアンスで使うことが多い。

・**exercise**：「(権力・権利など)を行使する」という意味を表す。

・**abuse**：「(権力・薬物など)を乱用する」という意味を表す。ab- は「離れて」という意味のパーツ。「本来あるべき状態から離れて使う」⇒「乱用する」というイメージで捉えておこう。

・**take advantage of**：exploit と意味が近い。advantage(利益、優位)という語が入っていることから分かる通り、「〜を(自分の利益になるように)活用する」という意味を表す。「〜を悪用する、食い物にする、〜に付け込む」というネガティブなニュアンスが出ることもある。

・**resort to**：何かを達成するため「暴力・脅迫・訴訟などの手段を使う」という意味。「他に手段がないため」というニュアンスがある。

Are you looking for effective ways to **utilize** the space under the stairs?

階段の下のスペースを活用する効果的な方法をお探しですか?

The system **utilizes** solar energy.

そのシステムは太陽光を利用する

He was arrested for **exploiting** his position for personal gain.

彼は個人的な利益追求のために自らの地位を利用して逮捕された

These workers are **exploited** by their employers.

この労働者たちは、雇用主にいいように使われている

📝 exploitは「正当な対価を渡さずに利用する」という意味で使うことも多い

The company hasn't fully **exploited** his potential.

その会社は、彼のポテンシャルを十分活用しきれていない

📝 exploitは、このように必ずしもネガティブな意味だけで使うわけではない

All citizens should **exercise** their right to vote.

全ての市民が投票する権利を行使すべきだ

📝 この意味のexerciseは主にright（権利）などの「権利」系や、power（権力）、authority（権威、権力）、influence（影響力）、control（支配、管理）などの「権力」系の語と結びついて使われる

He does not hesitate to **exercise** his authority when necessary.

彼は必要な時に権力を振るうことをためらわない

He got fired for **abusing** his power.

彼は権力を乱用したことで解雇された

Many people assume that people who **abuse** drugs are weak-willed.

多くの人は、薬物を乱用するのは意思が弱い人だと考える

📝 abuseはこの他「〜を虐待する」という意味もある。「乱用、虐待」という名詞としても使われる

The opposition tried to **take advantage of** the situation.

野党はその状況をうまく利用しようとした

Don't let him **take advantage of** you.

彼にいいように利用されてはだめだよ

He mistakenly thought he had no choice but to **resort to** violence.

彼は暴力を使うしか手段がないと思い込んでしまった

We need to resolve this problem without **resorting to** legal action.

法的手段に出ることなく、この問題を解決する必要がある

103

自慢する

① boast ② brag

boastは「自慢できるようなものを持つ」という意味合いでも使われる

「自慢する」という意味の動詞を押さえよう。

・**boast**：何かを「自慢する」という意味の他、「そのホテルは、国内最多の客室数を誇る」のように、物や場所を主語にして「(自慢になるようなもの) を持っている、誇る」という意味で使うことも多い。

・**brag**：何かを「自慢する」という意味で、boastよりも若干カジュアルな響きがある。

「自慢する」という意味では両者に大きな違いはない。使い方としては、どちらも後ろに〈about＋名詞〉やthat SV 〜を続けて「〜を自慢する」という意味を表す他、"…," he boasted/bragged. (「…」だと彼は自慢した) のように、具体的な発言内容と共に使うこともある。

他にも「自慢する」に関連した意味を表す表現としてshow off (〜を見せびらかす ※p. 102参照)、blow one's own trumpet/horn (自分の業績を自慢げに話す)、be full of oneself (うぬぼれが強い) などを覚えておこう。

He is always **boasting** about how rich his parents are.

彼はいつもいかに両親が金持ちかを自慢している

Joe never **boasts** to his friends about his achievements.

ジョーは自分の業績を友達にひけらかしたりはしない

📝 boast/brag to 〜で「〜に対して自慢する」

He proudly **boasted** of winning the award three years in a row.

彼はその賞を3年連続で受賞したことを高らかに自慢した

📝 boastもbragも、aboutの代わりにofを続けることもある

Mr. Turner used to **boast** that he was the richest man in town.

ターナー氏は、自分が町一番の金持ちだとよく自慢していた

"I guess I'm just too irresistible to say no to," Troy **boasted**.

「僕が魅力的すぎて、誰も誘いを断れないのさ」とトロイは自慢げに言った

📝 このように" "で挟まれた発言内容と共に使うboast/bragは、sayに「自慢げに」というニュアンスが加わったものだと考えておこう

The gym **boasts** state-of-the-art training equipment.

そのジムは最先端のトレーニング設備を備えている

📝 この用法のboastはhaveに置き換え可能。haveに「誇れる」のニュアンスが加わったと考えておこう

New York **boasts** so many top-ranking restaurants.

ニューヨークにはトップランクのレストランが数多くある

The island **boasts** four UNESCO World Heritage sites.

その島には世界遺産が4つある

I don't mean to **brag**, but our Christmas decorations are a work of art.

自慢する気はないが、うちのクリスマスの飾りはアート作品だ

📝 don't mean to boast/brag, but... (自慢するつもりはないが…) や、don't like to boast/brag, but... (自慢したくはないが…) はよく使われる表現

Peter **bragged** that he could beat anyone at chess.

ピーターはチェスでは誰にも負けないと豪語した

Being busy is nothing to **brag** about.

忙しいなんてことは自慢するようなことではない

📝 〜 is nothing to brag aboutで「〜は自慢すること・ものではない」

The team earned **bragging** rights by beating its archrival.

そのチームは最大のライバルを倒して自慢する権利を得た

📝 bragging rightsは「(何かを達成して) 自慢する権利」という表現

🔖 □ **irresistible** (形) 抵抗できないほどの、非常に魅力的な
　 □ **state-of-the-art** (形) 最先端の　　□ **archrival** (名) 最大のライバル

104

（こっそり）聞く

1 **overhear** 2 **eavesdrop**
3 **listen in** 4 **bug** 5 **tap**

「聞く」のバリエーションを知って表現の幅を広げよう

「(人の話が) 耳に入ってくる」「立ち聞きをする」「盗聴する」など、「本来聞くべきではないものを聞く」という意味を表す動詞を覚えよう。

· **overhear**：「聞くつもりはなかったが、誰かが交わしている会話が耳に入ってきてしまう」という意味で用いる。下に挙げた語句のように「(意図的に) 盗み聞きする、盗聴する」というニュアンスはなく、悪意を感じさせない語。overhear-overheard-overheardと活用する。

· **eavesdrop**：「誰かの会話に聞き耳をたてる」、または文脈によっては「会話を盗聴する」という意味でも用いる。「何に聞き耳をたてるのか」を明示する場合にはeavesdrop on 〜の形を用いる。

· **listen in**：eavesdropと意味はほとんど同じだが、よりカジュアルな表現。eavesdropと同じく「〜に聞き耳をたてる」場合には、listen in on 〜のように後ろにonを続ける。

· **bug/tap**：どちらも「(器具を使って) 盗聴する」という意味で用いる。tapは主に電話を盗聴する際に用いられる。

I'm sorry, but I couldn't help **overhearing** your conversation. Do you guys know Paul?

すみません、会話が聞こえてきてしまったのですが、ポールと知り合いなんですか？

📝 overhear (耳に入ってきてしまう) とcan't help 〜 ing (そのつもりはないのに思わずしてしまう) は、当然ながら相性が良いため、セットで使われることが非常に多い

I accidentally **overheard** what they were discussing.

彼らが議論していることが、たまたま耳に入ってしまった

The other day, I **overheard** him saying mean things about Meg.

先日、彼がメグについて意地悪なことを言っているのを耳にした

📝 〈overhear＋A＋動詞の原形／ing形〉で「Aが〜する／しているのが聞こえてくる」

We talked very quietly so as not to be **overheard**.

誰にも聞かれないように小声で話した

You've been **eavesdropping**, haven't you?

あなた、盗み聞きしていたんじゃない？

He was **eavesdropping** on our conversation.

彼は私たちの会話を立ち聞きしていた

He was **eavesdropping** on us.

彼は私たちの会話を立ち聞きしていた

📝 この例のように、onの後には「立ち聞きする相手」が続くこともある

He was accused of **eavesdropping** on government officials.

彼は政府高官を盗聴した罪で告訴された

I didn't know that they were secretly **listening in**.

彼らがこっそり聞いていたなんて知らなかった

He was **listening in** on Alice and her boyfriend in the next room.

彼は隣の部屋でアリスと彼氏の会話を盗み聞きしていた

I am convinced that my office was **bugged**.

間違いなく私のオフィスは盗聴されたと思う

The bill would allow the police to **tap** phones.

その法案は、警察が電話を盗聴することを可能にする

📖 □ **mean**（形）意地悪な □ **bill**（名）法案

105

普通の

1 normal　**2** common　**3** ordinary
4 average　**5** conventional　**6** mediocre

「普通の」「よくある」「平凡な」を表現する

「普通の」とそれに類する意味を表す形容詞を整理しよう。

・**normal**：「普通の、標準的な、正常な」という意味を表す。

・**common**：common mistake（よくある間違い）のように「一般的な、よく起こる・見られる」という意味で使われる。「共通の」という意味もある。

・**ordinary**：「（変わっている点や特別な点がなく）普通の」という意味を表す。文脈によっては「ありふれた」というネガティブなニュアンスが出ることもある。

・**average**：「平均的な」という意味。「平均」という名詞としても使う。

・**conventional**：「新しい」の反対で「従来からある」という意味。「型にはまった、独創性のない」というネガティブな意味でも用いる。

・**mediocre**：「平凡な、いまいちの」というネガティブな意味を持つ。

My **normal** temperature is 36.5 °C.

私の平熱は36.5度です

Under **normal** circumstances, I would agree with you.

通常の状況であれば、私もあなたに同意します

It is perfectly **normal** to feel anxious in the current situation.

現在の状況で不安を感じるのは、まったくもって正常だ

What is the most **common** surname in your country?

あなたの国で最も多い名字は何ですか？

That's a **common** mistake Japanese people make when speaking English.

それは日本人が英語を話す時によくやる間違いだ

Joint problems are **common** to this breed of dog.

関節の問題は、この犬種にはよく起きる

At first glance, it looked like an **ordinary** car.

最初に見た時、それは普通の車に見えた

It was just an **ordinary** Sunday morning.

それは何の変哲も無い日曜の朝だった

His performance was pretty **ordinary**.

彼の演技はありふれたものだった

The **average** weight of a newborn is around 3 kg.

新生児の平均体重は3キロ前後だ

The man is of **average** height and weight.

その男は中肉中背だ

📝 be of average height/weight/intelligenceで「平均的な身長／体重／知能だ」という意味

Concerns over **conventional** cigarettes boosted the demand for e-cigs.

従来のたばこに対する懸念が電子たばこの需要を押し上げた

My grandmother prefers to cook it in a **conventional** oven.

祖母はそれを昔ながらのオーブンで調理することを好む

Her views on dating are surprisingly **conventional**.

男女交際に関する彼女の考えは驚くほど型にはまっている

I was a **mediocre** student.

私は平凡な学生だった

The movie is **mediocre** at best.

その映画はひいき目に見ても、いまいちだった

📑 ☐ **e-cig** (名) 電子たばこ (e-cigarette)
☐ **at best** せいぜい、ひいき目に見ても

珍しい

1 **unusual** 2 **rare** 3 **unique**
4 **exceptional** 5 **extraordinary**
6 **unprecedented**

「珍しい」「独特の」「例外的な」「並外れた」を表現する

「珍しい」という意味を表す形容詞を整理しよう。

・**unusual**：usual（通常の）の反意語で、「（通常・標準とは異なって）珍しい」という意味。

・**rare**：「めったに起こらない、（数が少ないため）めったに目にすることがない」というニュアンスを持つ語。

・**unique**：「（他にはない特徴を持っていて）珍しい、独特の」という意味。「唯一無二の」というニュアンスがある。

・**exceptional**：exception（例外）の形容詞形で「例外的な」という意味の語。「特別優れた」という意味で用いることもある。

・**extraordinary**：ordinary（普通の）の前にextra（範囲外の）が付いて出来上がった語で「異常なほど」「並外れた」のように「驚くほど通常とは違っている」といったニュアンスで使われる。

・**unprecedented**：「過去に例のない、前代未聞の」という意味の語。

We had snow last night, which is very **unusual** for this time of year.

昨夜雪が降ったが、この時期としてはかなり珍しいことだ

It's **unusual** for Becky to stay late at work.

ベッキーが遅くまで残業するのは珍しいことだ

She has a very **unusual** name, which she has always disliked.

彼女は非常に珍しい名前を持ち、その名前がずっと嫌いだった

📝 strange name（変な名前）は失礼に当たるので、unusual nameやuncommon name（一般的ではない名前）などを使おう

Violent crimes are **rare** in this quiet town.

この静かな街では、凶悪犯罪はめったに起こらない

This is a very **rare** species, with only around 300 left in the wild.

これはとても珍しい種で、野生には300個体ほどしか残っていない

Humans are **unique** in their ability to process complex information.

複雑な情報を処理できるという点で人類は独特だ

The issues of an aging society are not **unique** to Japan.

高齢化社会の問題は日本に特有の問題ではない

📝 unique to 〜で「〜に特有の」

Such extensions are allowed only in **exceptional** situations.

そのような延長は例外的な状況でのみ許される

His talent is truly **exceptional**.

彼の才能は本当に素晴らしい

They have achieved something **extraordinary**.

彼らは驚くべきことを達成した

His passion and determination are **extraordinary**.

彼の情熱と決意は並外れている

An **unprecedented** number of people lost their jobs last year.

昨年、過去に類を見ないほど多くの人が失業した

The COVID-19 pandemic is **unprecedented** in recent history.

新型コロナウイルスの感染拡大は近年に例のないことだ

適した

1 **suitable** 2 **suited**
3 **appropriate** 4 **proper**

appropriateは「(状況に)ふさわしい」というニュアンス

「適した、ふさわしい」という意味を表す形容詞を整理しよう。

・**suitable**：ある目的や特定の人にとって「適している、ぴったりの」という意味を表す。

・**suited**：suit (p. 170参照) の過去分詞が形容詞化したもの。suitableとほぼ同じ意味だが、suitableより使われる頻度が低い。

・**appropriate**：suitableと重なる部分が多いが、例えば「面接に適した服装」や「目上の人に適切な言葉遣いをする」のように、「(場の状況を考えて) 適切な」というニュアンスで使うことが多いのが特徴。

・**proper**：主にイギリス英語で好まれる語で、「適切な手順」や「適切な使用法」のように「正しい」というニュアンスで使うことが多い。

これらの反意語はそれぞれunsuitable (適切でない)、unsuited/ill-suited (適切でない)、inappropriate (不適切な)、improper (不適切な、正しくない) という形になる。これらも覚えておこう。

This book is **suitable** for beginners.

この本は初級者にぴったりだ

📝 suitable for 〜で「〜に適している、ぴったりだ」

Are you looking for a watch **suitable** for scuba diving?

スキューバダイビングに適した時計をお探しですか?

The island is a **suitable** travel destination for nature lovers.

その島は、自然が好きな人にとってぴったりの旅行先だ

They consider Vancouver a **suitable** city in which to raise children.

彼らはバンクーバーを子育てするのに適した都市だと考えている

The land is **suited** to any kind of farming.

その土地は、あらゆる種類の農業に適している

📝 suited to/for 〜で「〜に適している」(toを使うことが多い)。またsuitableと異なり、suited city のように名詞の前に置く形では普通使わない

Lester is perfectly **suited** to the job.

レスターはその仕事に適任だ

This movie is not **appropriate** for children under 13.

この映画は13歳未満の子供には適していない

📝 appropriate for 〜で「〜に適している」

Is this shirt **appropriate** for a job interview?

このシャツは仕事の面接に適していますか?

I certainly don't think his comments were **appropriate**.

彼のコメントが適切だったとはまったく思わない

It wouldn't be **appropriate** to wear jeans to church.

教会にジーンズをはいて行くのは適切ではないだろう

📝 It is appropriate to do 〜(〜することは適切だ)やIt is appropriate that SV 〜(〜は適切だ)の形で使うことも多い

Complaints will be discussed and **appropriate** actions will be taken.

苦情は協議され、適切な対応が取られます

📝 appropriate action(適切な対応)やappropriate comment(適切なコメント)のように、名詞の前に置く形でも使われる

Please follow the **proper** procedure.

適切な手順に従ってください

📝 properはこのように名詞の前に置く形で用いる

You'll need **proper** tools to get the job done.

その仕事を仕上げるには適切な道具が必要だ

🔖 □ **destination**(名)行き先

それなりに良い

① satisfactory **②** decent **③** acceptable

意外と難しい「そこそこ」の伝え方

「良い」を強調した「素晴らしい」はgreatやamazingなどで表せるが、「それなりに良い、そこそこの」をどう表現するかは意外と難しいのではないだろうか？　ここでは、そうした意味を持つ形容詞を取り上げよう。

・**satisfactory**：satisfy（〜を満足させる）の関連語で、「満足のいくレベルだ、十分だ、申し分ない」という意味を表す。

・**decent**：「申し分ない、結構良い、きちんとした」という意味。decent education（きちんとした教育）、decent restaurant（そこそこのレベルのレストラン）のように、最高ではないが悪くもない。それなりにきちんとしたレベルであるということを強調する意味で使われる。

・**acceptable**：〈accept（受け入れる）＋able（できる）〉から、「受け入れられる」というのが元の意味。そこからsatisfactoryと同じく「満足いくレベルだ」という意味で使われる。反意語のunacceptable（受け入れられない、許せない）もよく使われるので覚えておこう。

The food was **satisfactory** but not excellent.
料理はまずまずだったが、素晴らしいというほどではなかった

📝 satisfyingと区別しよう。satisfyingは「（主に自分の望み通りで）満足できる、（仕事などが）やりがいのある」という意味で、satisfactoryよりもポジティブなニュアンスで使われる

The results were **satisfactory** to both sides.
結果は双方にとって申し分のないものであった

Her performance is far from **satisfactory**.
彼女のパフォーマンスは満足できるレベルからは程遠い

We still haven't received a **satisfactory** explanation.
我々はまだ満足のいく説明を得られていない

They served us a **decent** meal.

彼らはまともな食事を出してくれた

Island Café was the only place in town to get a **decent** cup of coffee.

アイランドカフェは、ちゃんとしたコーヒーを飲める街で唯一の場所だった

We want our son to get a **decent** education.

息子にはきちんとした教育を受けさせたいと思う

My goal in life is to have a **decent** job and a **decent** income.

私の人生の目標は、そこそこの仕事に就いて、それなりの収入を得ることだ

He seemed like a **decent** man.

彼はまともな人間のように思えた

📝 人に対して使われると「礼儀正しい、まともな、親切な」といった意味を表すことがある。いわゆる「ヤバい人」の反対だと考えておこう

Don't come in! I'm not **decent**.

入ってこないで！ 今服を着ていないから

📝 「(主語が)きちんと服を着ている」という意味で使うこともある。I'm not decent. は「(着替え途中などで)服をきちんと着ていない」、Are you decent? は「服を着ている？ 着替えが終わった？」という意味

I can't find a solution that is **acceptable** to everyone.

誰もが満足のいく解決法を見つけられない

The survey showed an **acceptable** level of awareness about the product.

その調査でその商品にそれなりの認知度があることが分かった

Some people still think it is **acceptable** to behave like that.

そのような行動をしても問題ないといまだに考える人もいる

📝 文字通り「受け入れられる、容認できる」という意味でも使う

📑 □ **solution**（名）解決（法）　□ **behave**（動）行動する、振る舞う

109

重要な

1 significant **2** vital **3** crucial
4 essential **5** paramount

importantの"親戚"の単語を押さえよう

「重要な」と言えばimportantが有名だが、それ以外にも同様の意味を表す形容詞を整理しよう。

・**significant**：「重要・重大であり注目に値する」というニュアンスで使われる。significant change/improvement/difference（著しい変化／向上／違い）のように、何かが「著しい、大幅な（それ故に重大な）」という意味でも使われる。

・**vital/crucial/essential**：「非常に重要な」というimportantを強調した意味を表す。essentialは特に「欠かせない、必須の」というニュアンスが強い。

・**paramount**：「何にもまして重要な」というニュアンスで使われるフォーマルな語。

AI technology is expected to have a **significant** impact on people's lives.

AI技術は人々の生活に重大な影響を与えるだろう

The agreement will be highly **significant** for the future of this region.

その合意は、この地域の将来にとって非常に重要だ

There was no **significant** difference between the two groups.

その2つのグループに著しい差は見られなかった

Bring your **significant** other.

大切な人とご一緒にどうぞ

📝 significant otherは「配偶者、恋人」を意味する

Science has played a **vital** role in improving the quality of human life.

科学は人類の生活の質向上に大きな役割を果たしてきた

📝 play a vital/crucial/essential role in 〜で「〜において非常に重要な役割を果たす」（roleの代わりにpartも使われる）

Digital marketing is **vital** to your company's success.

デジタルマーケティングは会社の成功にとって非常に重要だ

It is **vital** that you keep your personal information private.

個人情報を明かさないことが非常に重要です

📝 It is vital/crucial/essential that ～、またはIt is vital/crucial/essential to do ～で「～することが非常に重要だ」

The doctor checked his **vital** signs.

医者は彼のバイタルサインを調べた

📝 vital signsは呼吸、脈拍など生きている状態を示すサインのこと

The healthcare system is a **crucial** part of society.

医療制度は社会の非常に重要な一部である

It is **crucial** for our business to remain innovative.

革新的であり続けることは、私たちのビジネスにとって必須だ

Eggs are an **essential** ingredient in this recipe.

卵は、このレシピにおいて欠かせない材料だ

Dairy products are **essential** for healthy bones and teeth.

乳製品は骨や歯の健康にとって欠かせない

Your safety is **paramount** to us.

お客様の安全が我々にとって何よりも重要です

Reduction in greenhouse gas emissions is of **paramount** importance.

温室効果ガスの排出を減らすことは非常に重要だ

📝 paramountは、be of importance（重要である）を強調して、be of paramount importanceという形で用いることも多い

🔖 □ **ingredient**（名）（主に料理の）材料、構成要素
□ **dairy**（名）乳製品／（形）乳製品の　□ **emission**（名）排出、放出

110

主に

① mainly **②** chiefly **③** primarily
④ mostly **⑤** largely

becauseとの組み合わせは頻出

〈程度〉を表す副詞のうち「主に」という意味の語をマスターしよう。

・**mainly**：main（主な）の副詞形で「主に」という意味の一般的な語。

・**chiefly/primarily**：それぞれchief/primary（主な）の副詞形で、mainlyと同じ意味だが、よりフォーマルな響きがある。

・**mostly/largely**：mainlyとほぼ同じ意味。あえて細かい違いを挙げるとすれば、mainlyは「主として」、mostly/largelyは「大部分は」というニュアンスで使われる傾向がある。

これらはmainly because ～（主に～が理由で）のように、〈理由〉を表す語句と結びついた形で使われることも多いので、押さえておこう。

Insomnia is caused **mainly** by stress.

不眠症は主にストレスによって引き起こされる

 上に挙げた副詞は前置詞句（ここではby stress）の前に置かれて、それを修飾する形で用いることが多い

The country's economy depends **mainly** on tourism.

その国の経済は、主に観光業に依存している

Our customers are **mainly** young women.

当社のお客様は主に若い女性です

 名詞や、形容詞＋名詞の前に置かれることもある

This hotel is **mainly** aimed at business people.

このホテルは主にビジネスパーソンをターゲットにしている

I canceled my cable TV subscription **mainly** because it was too expensive.

ケーブルテレビを解約した。主な理由は料金が高すぎたからだ

The plant is found **chiefly** in the Mediterranean region.
その植物は主に地中海沿岸の地域で見つかる

His business failed, **chiefly** because of poor management.
主に経営がまずかったために、彼の事業は失敗した

The disease occurs **primarily** in children under five years of age.
その病気は主に5歳未満の子供が発症する

The decrease in sales is **primarily** due to the cold weather.
売上の減少は主に気温の低さが原因だ

📝 becauseと同じく理由を表すdue toと結びつくことも多い

The reviews are **mostly** positive.
レビューは主にポジティブなものだった

I was born in Boston, but **mostly** grew up in New York.
生まれはボストンだが、ほとんどニューヨークで育った

There were thousands of people at the concert, **mostly** young people.
数千人がそのコンサートにいたが、ほとんどは若者だった

After graduation I spent a year traveling, **mostly** in Asia.
卒業後、主にアジアを旅して1年を過ごした

Mostly, I eat at home.
たいていは家で食事をします

📝 mostlyはsometimes（時々）との対比で、「たいていは（＝usually）」という意味で使われることがある

The audience was **largely** made up of families.

聴衆は主に家族連れだった

Our success was **largely** due to your efforts.

我々の成功は、主にあなたたちの努力のおかげだ

- □ **insomnia**（名）不眠症
- □ **Mediterranean**（形）地中海の
- □ **graduation**（名）卒業

言葉に対する
「感度」を上げよう

　子供の頃、誰もがプレーした経験があるドッジボール（dodgeball）。このdodgeという語の意味は次のうちどれか？
　①ぶつける　②よける　③受け止める

　ドッジボールは身近なスポーツだが、dodgeの意味をご存じだろうか。これは「よける」という動詞だ（または「よけること」という名詞）。

　これに関連して、アメリカ・メジャーリーグのロサンゼルス・ドジャース（Dodgers）というチーム名についても触れておこう。よく見るとdodgerの複数形だ。つまり「よける人たち」が文字通りの意味。なぜこのような名前になったのか？　ドジャースはかつてニューヨークのブルックリンに本拠地があった（当時のチーム名はAtlantics）。ブルックリンには路面電車（trolley）が走っており、ファンはこれをよけながら球場に足を運ぶのでTrolley Dodgersという愛称で呼ばれていた。それがチーム名になり、現在ではTrolleyが外れてDodgersのみが残っているというわけだ（メジャーリーグ公式サイト「MLB.com」より）。

　こうしたdodgeballやDodgersなどの言葉を目にしても、特に意味を気にしなかった人も多いのでは？　それは非常にもったいない。「どんな意味だろう？　どんな由来があるのだろう？」と考えて調べてみることで新たな発見があり、結果的にボキャブラリーを増やすことができるからだ。そのためには、まずは言葉に対する「感度」を上げること。目にした語・耳にした語を何も考えずにスルーしたりせず、その意味や由来を意識してみる習慣をつけていこう。

Review Exercise 11　　　　　　　▶ 答えは481ページ

① 次の定義に当てはまる語を [　] 内から選ぼう。

1 good enough

2 very important

3 usual or traditional

4 right for a particular purpose or situation

5 never having happened before

[appropriate ／ conventional ／ decent ／ unprecedented ／
vital]

---

② 日本文の意味に合うように空所に適語を入れよう。

※最初の1文字のみ与えられている。

1 I (o　　　　　) her saying to her friends that she was in
trouble.

(彼女が困っていると友達に言うのが聞こえてきた)

2 He was fired for (a　　　　　) his power.

(彼は権力を乱用したことで解雇された)

3 (M　　　　　), my father works from home.

(たいてい、父は家で仕事をしている)

4 This trend is not (u　　　　　) to young people.

(この傾向は若者に特有のものではない)

5 He was (a　　　　　) by his parents as a child.

(彼は子供の頃、両親に捨てられた)

6 I honestly thought the movie was pretty (m　　　　　).

(正直なところ、その映画は平凡だった)

7 Paris (b   ) world-famous museums and art collections.

(パリには世界的に有名は美術館や芸術作品がある)

③ [ ]内の語を使って次の日本文を英語にしよう。

1 引っ越し前に多くの家具を処分した。[got]

2 ケーブルテレビを解約した。主な理由は料金が高すぎたからだ。[mainly]

3 この本は英語の初級者にぴったりだ。[suitable]

④ 下線部に注意して、次の英文の意味を考えてみよう。

1 The difference between ordinary and extraordinary is that little extra. —Jimmy Johnson

2 The first call with a mobile phone was made by its inventor, Martin Cooper. The Motorola engineer called his rival Joel Engel of AT&T's Bell Laboratories to brag about his achievement.

⑤ 次のなぞなぞに答えよう。

When I'm green, you wait. When I'm yellow, you're happy. When I'm black, you throw me away. What am I?

111

部分的に、少し

① partly **②** partially **③** slightly
④ a bit **⑤** somewhat

あえて曖昧に伝えたい時に便利な単語

〈程度〉を表す副詞のうち、「部分的に」「少し」などの意味を表す語句を押さえよう。

・**partly**：「部分的に、一部は」という意味。partには「部分、部品」という意味があるのを知っていれば、partlyがこの意味で使われるのはイメージしやすいだろう。

・**partially**：partlyと同じく「部分的に、一部は」という意味を表す。partlyが「（全体の中の）一部分である」ということを強調するのに対し、partiallyは「完全な状態に届かず部分的だ」ということを強調するというニュアンスの微妙な違いがある。

・**slightly**：a littleと同じように「少し、少々、やや」という意味。

・**a bit**：a littleと同じ意味だが、よりカジュアルな響きのある語。

・**somewhat**：「やや、多少」という意味で、一般にslightlyやa bitよりも〈程度〉が少し強い。

partly/partiallyは、partly/partially because 〜（その理由の1つは〜）のように、〈理由〉を表す語句と結びついて使われることも多い。

The company is **partly** owned by the UAE government.

その会社はアラブ首長国連邦政府が部分的に所有している

The cold weather is **partly** to blame for a drop in beer sales.

寒い気候が、ビールの売上減の部分的な原因だ

📝 p. 232で学習した〈S is to blame (for 〜)〉（「（〜は）Sのせいだ」）のto blameの前に置いて「部分的な責任」を示すことがある

On Sunday, we'll have **partly** cloudy skies throughout the day.

日曜日は一日中、所々曇るでしょう

📝 mostly cloudyなら「ほとんど雲に覆われた状態」を指す

They were late, **partly** because he was reluctant to go.

彼らは遅れた。その理由の1つは彼が行きたがらなかったことだ

The minister only **partially** explained why he received the money.

大臣はそのお金を受け取った理由を部分的にしか説明しなかった

The delay is **partially** due to construction work at the Kingston Bridge.

その遅れの原因の一部は、キングストン橋の建設工事だ

We provide help and support to blind and **partially** sighted people.

我々は目の不自由な方、弱視の方に援助と支援を提供します

📝 partially sightedは「一部しか見えない」から「弱視の」

I feel **slightly** better today.

今日は少し調子がよくなった

"Do you prefer math to English?" "Only **slightly**."

「英語より数学が好き?」「少しだけね」

Can you turn the music down **a bit**?

音楽のボリュームを少し下げてよ

Aren't you **a bit** too young to be going through a midlife crisis?

中年の危機を経験するには、君はちょっと若すぎやしないか?

📝 a bit/littleは、too 〜の意味を和らげるために使われることも多い

It was **somewhat** more expensive than I expected.

思っていたより、やや高かった

He admitted, **somewhat** reluctantly, that he had made a mistake.

彼はやや不本意そうに間違いを犯したことを認めた

112

完全に

① completely **②** totally **③** entirely
④ fully **⑤** utterly **⑥** altogether

💡

強調したい時に便利な単語

〈程度〉を表す副詞の最後に、「完全に」という意味の語を見ていこう。

・**completely**：「完全に」という意味の一般的な語。

・**totally/entirely**：completelyとほぼ同じ意味で用いる。totallyは口語で好まれる語。

・**fully**：特にunderstand（理解する）やaware（認識している）などの〈理解〉を表す語と相性が良く、一緒に使われることが多い。

・**utterly**：utterly depressed（完全に落ち込んでいる）のように、ネガティブな意味を持つ言葉を修飾する傾向がある。

・**altogether**：「完全に」の他、「合計で、全部で（in total）」「全体的に見れば」という意味でも用いられる。all together（みんな［全て］一緒に）と区別しよう。

これらの副詞は否定文で使われると、「完全に〜というわけではない」という部分否定を表すという点も押さえておこう。

The earthquake **completely** destroyed the building.

地震がその建物を完全に破壊した

Troy is **completely** mad. Stay away from him.

トロイは完全に頭がおかしい。あいつには近づくなよ

I'm not **completely** sure about it.

それについては完全に自信があるわけではありません

I **totally** agree with you.

あなたに完全に同意します

This behavior is **totally** unacceptable.

こうした行動は、まったく容認できない

"Jim is so hot." "**Totally**!"

「ジムって、とてもセクシーだね」「そうだよね！」

📝 Totally. はI agree. と同じく相手に同意する際に使われることがある。特にアメリカ英語で好まれるカジュアルな言い方

At least four **entirely** different languages are spoken in the country.

少なくとも4つの完全に異なる言語がその国では話されている

That is not **entirely** true.

それは完全に正しいというわけではありません

The flight was **fully** booked.

そのフライトは満席だった

It is crucial to **fully** understand what they need before giving advice.

助言をする前に、彼らの必要なものを完全に理解することが重要だ

Mr. Davis has not **fully** recovered from the motorcycle accident.

デービス氏はバイクの事故から完全に回復してはいない

Mike was **utterly** devastated when his wife left him.

マイクは奥さんが出て行って、完全に落ち込んでいた

His comments about the current situation were **utterly** ridiculous.

現在の状況についての彼の発言は、完全にばかげたものだった

The tax should be abolished **altogether**.

その税金は完全に廃止されるべきだ

He said he had an **altogether** new idea.

彼は完全に新しいアイデアがあると言った

It was not **altogether** his fault.

それは完全に彼の責任というわけではなかった

明らかな

1 clear 2 apparent
3 obvious 4 evident

「これといった理由なく」「あからさまな嘘」などを表現できる

「明らかな」という意味で使える形容詞をセットで押さえよう。

・**clear**：「明らかな、はっきりしている」という意味の最も一般的な語で、この他にも幅広い意味で使われる。clear water（透き通った水）という使い方からイメージできる通り、「（理解を妨げるものが何もなくて）明らかな」という感覚で理解しておこう。

・**apparent**：「明らかな、明白な」という意味。「（外見上）明らかな」というニュアンスで用いることが多い（appearance（外見）と語源的につながりがある）。

・**obvious**：「明らかな、明白な」という意味。「（誰が考えても）明らかな」というニュアンスで用いることが多い。

・**evident**：evidence（証拠）の形容詞形。「（証拠があって、または状況などから）明白な」というニュアンスで使うことが多く、ややフォーマルな語。

これらは多少のニュアンスの違いはあるが、基本的には同様の意味を表すと考えておいて間違いはない。また、副詞形のclearly/apparently/obviously/evidently（明らかに）もよく使われるので押さえておこう。

It was clear to everyone that changes were necessary.

変化が必要なことは誰の目にも明らかだった

There are clear signs of progress.

進歩の明らかな兆候が見られる

I want to make one thing perfectly clear — I have nothing to do with this.

1つはっきりさせておきたいことがある。私はこれとは無関係だ

The evidence is crystal clear.

証拠は非常に明白だ

📝 crystal clearは直訳すると「水晶のように透き通った」。そこから、「完全に明白な」というclearを強調した意味を表す

You have to finish your homework first. Do I make myself **clear**?

まず宿題を終えろ。分かったか？

📝 Do I make myself clear? は「私は自分自身を明確にしているか？⇒私の言いたいことが伝わっているか？」という意味で、しばしば話し手のいらだちや怒りを表す

It was **apparent** from his face that he was nervous.

彼が緊張しているのは、表情から明らかだった

Emma was angered by his **apparent** lack of interest in her career.

エマは彼が彼女のキャリアに明らかに関心がないことに怒った

Bill often yells at us for no **apparent** reason.

ビルはしばしば、これといった理由もなく私達を怒鳴り散らす

📝 for no apparent reasonで「これといった明確な理由もなく」

It seems **obvious** to me that he is trying to hide something.

彼が何かを隠そうとしていることは私には明白に思える

How should I respond when my child tells an **obvious** lie?

子供があからさまな嘘をついた時はどう反応すべきですか？

It is perhaps the most **obvious** sign that your wife is cheating on you.

おそらくそれが、奥さんが浮気している最も明らかな兆候でしょう

It was **evident** to me that she was not happy about the decision.

彼女がその決断を喜んでいないことは私には明らかだった

The trend is becoming increasingly **evident**.

その傾向はますます明白になってきている

CHAPTER 2 · 似ている単語の使い分け

114

曖昧な

 ① unclear ② vague ③ obscure
④ ambiguous ⑤ subtle

同じ「曖昧な」でもニュアンスが異なる

前ページとは逆に、「曖昧な、微妙な、はっきりとは分からない」といった感じの意味を持つ形容詞を整理しよう。

・**unclear**：clearの反意語。「はっきりしない、不明確な、不明瞭な」という意味で幅広く使われる。

・**vague**：伝える側の説明不足などが原因で、何かが「はっきりしない、分かりにくい」といった意味で使うことが多い語。

・**obscure**：「薄暗い、よく見えない」というのが元の意味。そこから「不明瞭な、（理解するのが難しいなどの理由で）分かりにくい」という意味で使われる。また、「無名の、知られていない」という意味もある。

・**ambiguous**：2つ、またはそれ以上の意味に取れるために「曖昧な」という意味で主に用いられる語。

・**subtle**：「かすかな香り」「微妙な違い」などのように、「はっきりしていないために簡単には分からない、気付かない」といったニュアンスで使われる語。

The cause of the accident remains **unclear**.

その事故の原因は不明なままだ

It is still **unclear** why he suddenly decided to turn himself in.

なぜ彼が突然出頭する気になったのか、いまだに分かっていない

I am **unclear** about what I need to do next.

次に何をするべきなのかよく分からない

📝 be unclear about ～で「(主語は)～をはっきり分かっていない」

He gave only a **vague** explanation.

彼は曖昧な説明しかしなかった

I have only a **vague** memory of her.

彼女については曖昧な記憶しかない

📝 vague memory/recollection (曖昧な記憶)、vague impression (曖昧な印象)、vague idea (漠然とした認識) などのパターンを押さえておこう

He was **vague** about where he had been at the time of the shooting.

彼は銃撃が起きた時にどこにいたのかを明言しなかった

📝 be vague about ～で「(主語は) ～について明言しない、曖昧な」。be unclear about ～ (～をはっきり分かっていない) と区別しよう

When I asked him who she was, he was rather **vague**.

彼女は誰かと彼に聞いたが、彼は曖昧なことしか言わなかった

The rules for the game are somewhat **obscure**.

そのゲームのルールは、やや分かりにくい

The restaurant was closed for some **obscure** reason.

どういうわけかレストランは閉まっていた

📝 for some obscure reasonは「はっきり分からない理由で」という意味の表現

The origin of the word is **obscure**.

その単語の語源は、はっきりとは分かっていない

The wording of the message was highly **ambiguous**.

そのメッセージの言葉遣いは、非常に曖昧であった

The prime minister's statement was deliberately **ambiguous**.

首相は意図的にどちらとも取れる声明を出した

There is a **subtle** difference between the two words.

その2語の間には微妙な違いがある

The officer detected a **subtle** smell of alcohol.

その警官は、かすかなアルコールの臭いを感じ取った

📑 □ **origin** (名) 起源、由来　□ **deliberately** (副) 意図的に (＝on purpose)

115

正確な

1 **accurate**　2 **exact**
3 **precise**　4 **strict**

それぞれの単語のニュアンスの違いを理解しよう

「正確な」という意味を表す形容詞を押さえよう。

・**accurate**：情報などが「(間違いがないという点で)正確な」という意味で主に使われる。

・**exact**：数字や情報などが「(わずかな違いもなく)完全に正確な」という意味を表す。

・**precise**：exactと同じく「完全に正確な」という意味を表すが、exactよりも一般に使用頻度は低い。

・**strict**：strict「(人が)厳しい、厳格な」という意味で使うことが多い語。そこから転じて「(言葉の定義などが)正確な、厳密な」という意味でも使われる。

The novel is historically **accurate**.

その小説は歴史的に正確だ

I can assure you that the translation is completely **accurate**.

その翻訳は完全に正確だとあなたに保証しますよ

The witness gave an **accurate** description of the vehicle.

目撃者は、その車について正確な説明をした

It would be more **accurate** to say things are out of their control.

状況は彼らの手に負えなくなっていると言う方がより正確だろう

📝 It is more accurate to say 〜で「〜と言う方がより正確だ」

The **exact** date of his birth is not recorded.

彼が生まれた正確な日付は記録に残っていない

The **exact** location of the new factory has yet to be decided.

その新しい工場の正確な場所は、まだはっきりとは決まっていない

Police are investigating the **exact** cause of the accident.

警察はその事故の正確な原因を捜査している

"Did she really say that?" "Yes, those were her **exact** words."

「本当に彼女がそう言ったの?」「はい、正確にそう言いました」

✐ exact wordsは誰かの発言をそのまま引用して伝える際に使える表現

Precise measurement is essential to successful baking.

正確な計量は、焼菓子作りの成功に欠かせない

At that **precise** moment, the phone rang.

まさにその時に電話が鳴った

✐ precise/exact momentで「まさにその瞬間」

Can you be a bit more **precise** about it?

それについて、もう少し正確に教えてくれないか?

✐ be preciseで「正確な情報を出す、正確に話す」

They have lots of children — seven, to be **precise**.

彼らには子供がたくさんいる。正確には7人だ

✐ to be precise/exactで「正確に言えば」

To be more **precise**, she is his ex-wife.

より正確に言えば、彼女は彼の元妻だ

What is the **strict** definition of folk music?

フォークミュージックの厳密な定義は何ですか?

He is not unemployed in the **strict** sense.

厳密な意味では、彼は失業しているわけではない

✐ in the strict sense (of the word)で「厳密な意味では」

116

似ている

① similar **②** alike **③** akin **④** equivalent

それぞれの単語の使い方に注意しよう

「似ている、同様の」に関連した意味の形容詞をセットで押さえよう。

・**similar**：「似ている」という意味で幅広く使われる語。

・**alike**：特に「見た目や性質が似ている」という文脈で使うことが多い語。They think alike.（彼らは似たような考え方をする）のように、動詞を修飾する副詞として使うこともある。

・**akin**：主にakin to ～の形で「～と似ている、同種の、類似した」という意味を表す、フォーマルな語。ちなみにkinは「親族」。「親族である」から「似ている、同種の」という意味が生まれた。

・**equivalent**：「（～に）相当する、同等の」という意味。equi-はequal（等しい）、valentはvalue（価値）と語源的に関係がある。つまり「等しい価値を持つ」から「同等の」という意味になると捉えておこう。「相当するもの」という名詞の意味もある。

以上は形容詞だが、この他resemble（～と似ている）、look like ～（～と見た目が似ている）、take after ～（～（＝年上の親族）と似ている）のように、「似ている」という意味を表す動詞も押さえておこう。

We often mix them up because they look quite **similar**.

彼らはとても似ているので、私達はしばしば間違えてしまう

What a coincidence! I had a **similar** dream last night.

何て偶然でしょう！　私も昨夜似たような夢を見たのです

📝 「同じ夢を見た」ならhad the same dream。似ているだけなら複数のパターンがあるが、「同じ夢」は1つしかないのでtheが使われる

The texture is **similar** to chicken.

食感は鶏肉に似ている

📝 similar to ～で「（主語は）～と似ている」

The two products are **similar** in appearance.

その2つの商品は見た目が似ている

📝 similar in 〜 で「(主語 は) 〜 の 点 で 似 て い る」。similar in size/shape/color/style/character（大きさ／形／色／形式／性格の点で似ている）など、様々な使い方をする

My husband and I are **similar** in many ways.

夫と私は、多くの点で似ている

Scott is very **similar** in character to his father.

スコットは、性格が父親と非常に似ている

All her songs sound **alike** to me.

彼女の歌は、私にはどれも同じように聞こえる

📝 形容詞のalikeは、このように、複数形を主語にして「似ている」という使い方が基本

The twins don't really look **alike**.

その双子はあまり似ていない

📝 look-alike（そっくりさん）という名詞も押さえておこう

This book appeals to boys and girls **alike**.

この本は男の子も女の子も同じように興味をひくものだ

📝 A and B alikeで「AとB同じように」。このalikeは副詞

Studying a second language is **akin** to a workout for your brain.

第二言語を学ぶことは、脳の運動のようなものだ

He described the website as something **akin** to eBay.

彼はそのウェブサイトをeBayのようなものと表現した

An engineering degree or **equivalent** experience is essential.

工学の学位か、またはそれに相当する経験が必須です

A mile is **equivalent** to about 1.6 kilometers.

1マイルは、約1.6キロメートルに相当する

📝 equivalent to 〜で「〜に相当する」

🔖 □ **texture**（名）食感、質感、生地　□ **appearance**（名）外見

117

十分な

① **enough** ② **sufficient** ③ **ample**
④ **abundant** ⑤ **adequate**

「十分な」という意味の形容詞を押さえよう

・**enough**：「必要を十分に満たしている」というニュアンスで、形容詞や副詞として使われる。

・**sufficient**：意味はenoughとほぼ同じだが、よりフォーマルな語。

・**ample**：「必要を満たして余りある」というニュアンスの語。この他、「（特に女性の身体が）豊満な」という意味もある。

・**abundant**：「豊富な、余りある」という意味の語。動詞形のabound（（主語が）豊富に存在する）も押さえておこう。

・**adequate**：receive adequate training（十分な訓練を受ける）のように、「（ある目的のために）質や量が十分な、適切な」という意味を表す。

必要な数・量に対して、これらの語が表す範囲の目安を図示すると、以下のようになる。

また、これらの反意語のinsufficient/inadequate（不十分な）も押さえておこう。

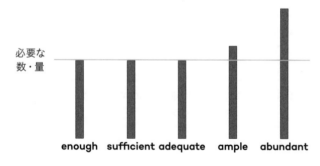

There weren't **enough** chairs for everyone.

全員分のいすがなかった

📝 数えられる名詞を修飾する場合、名詞は複数形を用いる

Five minutes will be **enough** to complete the online application.

オンライン申し込みを完了するのに5分もあれば十分です

The bench is large **enough** to comfortably sit four adults.

そのベンチは大人4人が快適に座るのに十分な大きさだ

📝 形容詞・副詞を修飾する場合はlarge enoughの語順になる

I knew Ian was going to give up soon, and sure **enough**, he did.

イアンがすぐ諦めるのは分かっていたが、案の定、彼は諦めた

📝 sure enoughは「案の定、思った通り」という決まり文句

The evidence was not **sufficient** to convince the jury.

その証拠は、陪審員を納得させるには不十分だった

He had **sufficient** time to deal with the problem.

彼には、その問題に対処するのに十分な時間があった

The company has **ample** money for advertising their new service.

その企業には、新サービスを宣伝する資金がたっぷりある

She has an **ample** figure.

彼女はふくよかな体型をしている

There is an **abundant** supply of food.

食料の供給が豊富にある

Rainfall is **abundant** in the coastal area.

沿岸の地域は降雨量がたっぷりある

They haven't been getting **adequate** nutrition.

彼らは十分な栄養を摂っていない

Her salary is **adequate** for her own personal needs.

彼女の給料は、個人的なニーズを満たすには十分だ

118

感謝する・しているる

1 appreciate　　**2** grateful　　**3** thankful

thank you以外にも感謝の表現を知ろう

「感謝する」といえばthankが有名だが、それ以外に「感謝する」という動詞、及び「感謝している」という意味の形容詞を押さえよう。

・**appreciate**：「（相手の行為などに対して）感謝する」という意味を表す動詞。appreciate how serious the situation is（事の重大さを理解する）のように、「（価値・重要性など）を正しく理解する」という意味もある。

・**grateful**：gratitude（感謝）の形容詞形で、「（何かを）感謝している」という意味。

・**thankful**：主に「雨が降らなくてよかった」のように、「（悪いことが起きなくて、または望み通りの結果が出て）ほっとしている、うれしい」というニュアンスで使うことが多い語。gratefulが〈人に対する感謝〉を表すのに対し、thankfulは〈自分の中の安堵〉を表すと捉えておこう（ただし、thankfulをgratefulと同じ意味で使う人も多い）。

thankとappreciateはどちらも「感謝する」という意味の動詞だが、以下のように用法が異なるので注意しよう。

> ・I appreciate **your help**.
> 　　　　　〈感謝する事柄〉
>
> ・Thank **you** for **your help**.
> 〈感謝する相手〉　　〈事柄〉

I **appreciate** your offer, but I don't need any help.

君の申し出には感謝しているが、助けは必要ない

📝 〈ミス防止〉「感謝している」につられて進行形にしないこと

Thank you for coming. I really **appreciate** it.

来てくれてありがとう。本当に感謝しているよ

Your comments and suggestions will be greatly **appreciated**.

ご意見・ご提案を頂ければ大変ありがたく思います

✎ 受け身で用いると「(主語は) 感謝される」から、「主語があるとありがたい」という意味を表す

I **appreciate** having the opportunity to speak with you today.

本日お話できる機会を持てたことを感謝いたします

✎ appreciate ～ ingで「～することを感謝する」

I would **appreciate** it if you could send me more information.

さらなる情報を頂ければありがたく思います

✎ I would appreciate it if ～で「～して頂けるとありがたい」という丁寧な依頼。itは「して欲しいこと」を指す。wouldやcouldのように過去形 (＝仮定法) を使うことで丁寧なニュアンスを出している

I'm deeply **grateful** to all of you.

あなた方全員に深く感謝しています

✎ grateful+to+相手 (～に感謝している)、grateful+for+事柄 (～のことを感謝している)、grateful+that ～ (～を感謝している) の3つが基本的なパターン

I'm deeply **grateful** to all of you for your support.

あなた方全員に、ご支援を深く感謝しています

You should be **grateful** that I didn't tell your parents.

私が両親に言わないでおいてあげたことを、君は感謝すべきだよ

I'm **thankful** that I got home before the storm started.

嵐が来る前に家に帰れてよかった

✎ thankful that ～ (～でよかった) という形で用いることが多い

We're very **thankful** that no one was injured.

けが人がでなくて本当によかった

Ed is **thankful** that he passed the exam. He is **grateful** to his teachers.

エドは試験に合格してほっとしている。彼は先生方に感謝している

🔖 □ **storm** (名) 嵐

119

熱心な

1 eager 2 keen
3 enthusiastic 4 ardent

熱望や熱中を表現する言葉

「熱心な」という意味を表す形容詞を整理しよう。

・**eager**：やる気にあふれている様子を表す。「(〜することを) 熱望している」という意味でも使う。

・**keen**：特にイギリス英語で好まれる語で、「何かに強い興味・欲求を持っている」というニュアンスで使うことが多い。eagerと同じく「熱望している」という意味もある。他にも a keen sense of smell (鋭い嗅覚) のように「(感覚が) 鋭敏な」など、様々な意味で用いられる。

・**enthusiastic**：enthusiasm (熱中、熱狂) の形容詞形で、何かに熱中していたり、興奮していたりする様子を表す。

・**ardent**：an ardent fan (熱心なファン) のように、何かを熱心に信奉している様子を表す際に使われることが多い。

A group of **eager** students took part in the event.

熱心な学生達のグループがそのイベントに参加した

He was **eager** to hear the test results.

彼はテストの結果を聞きたがっていた

📝 「〜を熱望する」の意味では、be eager to do 〜 (〜したがる)、be eager for 〜 (〜を求めている) の形で使うことが多い。anxious (p. 166参照) も同様の意味だが、こちらはニュアンス的に不安な気持ちを含んでいることが多い

The young boys are always **eager** for new experiences.

その若い男の子達は、いつも新しい体験を求めている

Daniel is a real **eager** beaver.

ダニエルは本当に働き者だ

📝 eager beaverは「働き者、勉強熱心な人」を意味するイディオム

Jackie has a **keen** interest in astronomy.

ジャッキーは天文学に強い関心を持っている

My father is **keen** on golf.

父はゴルフに夢中だ

📝 be keen on 〜で「〜に夢中になっている、〜したがっている」。My father is a keen golfer. でも意味は同じ

The staff are always **keen** to help.

従業員はいつでも〔お客様の〕お役に立ちたいと思っています

📝 be keen to do 〜で「〜したがる」

Sarah wanted to go there, but I wasn't very **keen**.

サラはそこに行きたがったが、私はあまり乗り気ではなかった

📝 文脈から明らかな時はto do 〜を省略することがある

We received an **enthusiastic** welcome in the country.

その国では熱烈な歓迎を受けた

He was **enthusiastic** about his work.

彼は仕事に夢中になっていた

📝 be enthusiastic about 〜で「〜に熱心な、夢中な」。「〜に乗り気だ」というニュアンスで使うこともある

At first I wasn't very **enthusiastic** about the idea of moving to Tokyo.

私は当初、東京に引っ越すという考えに乗り気ではなかった

He is an **ardent** supporter of gun rights.

彼は銃を所有する権利の熱烈な支持者だ

📝 この他、ardent opponent（熱心に反対する人）、ardent admirer/fan（熱心なファン）のように人を表す名詞を後ろに続けることが多い

His wife is an **ardent** feminist.

彼の妻は熱心なフェミニストだ

🔖 □ **take part in** 〜 〜に参加する　□ **astronomy**（名）天文学

謙虚な

① humble　**②** modest　**③** reserved

humble/modestには「質素な」というニュアンスも

「謙虚な、控えめな」という意味を表す形容詞を整理しよう。

・**humble**：特に「自分が他人と比べて特別優れているとは思わない」というニュアンスで「謙虚な」という意味を表す語。時に卑屈な感じを表すこともある。「(地位・身分が) 低い」「(住居などが) 質素な」という意味もある。

・**modest**：特に「自分の能力や業績を自慢したりせず、慎み深い」というニュアンスで「謙虚な」という意味を表す語。「(サイズ・金額などが) それほど大きくない」や、humbleと同じく「(住居などが) 質素な」という意味もある。

・**reserved**：「あまり自分の意見や感情を述べたがらない」といった感じを表す語で、日本語の「控えめな」に近い。

humbleとmodestについては、それぞれ名詞形のhumility/modesty (謙虚さ) も押さえておこう。

Pete is a very **humble** man.

ピートはとても謙虚な男だ

He is always **humble** about his achievements.

彼は決して自分の業績を鼻にかけたりしない

📝 humble about 〜で「〜に対して謙虚な」

In her winning speech, she remained **humble** and grateful for the opportunity.

勝利演説で、彼女は謙虚さを失わず、その機会に感謝していた

In my **humble** opinion, we should consider different approaches.

私の意見では、他のアプローチを検討すべきかと思います

📝 in my humble opinionはin my opinion (私の意見では) とほぼ同じ意味だが、humbleが入っている分、ややへりくだった感じがある。チャットなどでは頭文字を取ってIMHOと書くことも多い

He had to eat **humble** pie because the facts he presented were wrong.

提示した事実が間違っていたため、彼は間違いを認めなければならなかった

📝 eat humble pieは「間違いを認める、受け入れる」という意味のイディオム。昔使用人に食べさせていたhumble pie（動物の臓物を使ったパイ）が、その語源と言われる

She lives in a **humble** one-story house on the outskirts of Tulsa.

彼女はタルサ郊外の質素な平屋住宅で暮らしている

Jamie was surprisingly **modest** about his success.

ジェイミーは自分の成功に対して、驚くほど謙虚だった

📝 modest about 〜で「〜に対して謙虚な」

You're too **modest**. You know you're very talented.

君は謙虚すぎるよ。自分に才能があることは分かっているだろ

"I still have a long way to go," Sam said in his usual **modest** way.

「僕はまだまだだよ」とサムはいつもの謙虚な調子で言った

There has been a **modest** increase in sales.

売上がわずかに伸びた

He achieved **modest** success as a playwright.

彼は劇作家としてささやかな成功を収めた

Rose is a quiet and **reserved** woman.

ローズは物静かで控えめな女性だ

The Japanese have a reputation for being **reserved** and well-behaved.

日本人は控えめで行儀が良いという評判がある

🔖　□ **outskirts**（名）郊外、町外れ　□ **playwright**（名）劇作家
　　□ **reputation**（名）評判
　　□ **well-behaved**（形）行儀が良い

---

① 次の定義に当てはまる語を [　] 内から選ぼう。

1 easy to notice

2 more than enough

3 not too proud about yourself

4 able to be understood in more than one way

5 showing strong excitement about something

[ambiguous ／ ample ／ enthusiastic ／ evident ／ modest]

---

② 日本文の意味に合うように空所に適語を入れよう。

※最初の1文字のみ与えられている。

1 He was (f　　　　) aware of such risks.

(彼はそうしたリスクを十分に認識していた)

2 This weekend, Saturday to be (p　　　　), marks the

10th anniversary of his tragic death.

(今週末、正確には土曜日、彼が非業の死を遂げてから10年になる)

3 Elijah had to eat (h　　　　) pie and publicly apologized

to them.

(イライジャは間違いを認め、彼らに公の場で謝罪した)

4 She became an (a　　　　) supporter of the Labour Party.

(彼女は労働党の熱心な支持者になった)

5 This museum is suitable for kids and adults (a　　　　).

(この博物館は、子どもにも大人にもうってつけだ)

6 Any support you can provide would be greatly (a　　　　).

(ご支援を頂ければ、大変ありがたく思います)

7 Isn't it a (b　　　　) too late for that now?

(それをするには、少し遅すぎやしないかい?)

---

8 It was (o　　　　　) that Charlotte was lying to me.

（シャーロットが私に嘘をついていたのは明らかだった）

9 Noel was (v　　　　　) about what he knew about the case.

（ノエルはその事件について何を知っているのかを明言しなかった）

10 The event should be postponed or canceled (a　　　　　).

（そのイベントは延期か、もしくは完全に中止すべきだ）

❸ [　]内の語を使って次の日本文を英語にしよう。

1 あなた方全員に、ご支援を深く感謝しています。[grateful]

2 彼はテストの結果を聞きたがっていた。[eager]

3 その2つの商品は見た目が似ている。[similar]

❹ 下線部に注意して、次の英文の意味を考えてみよう。

1 Lobsters taste with their feet. Their pincers have small hairs that are <u>equivalent</u> to human taste buds.

*pincers：「はさみ」　　*taste buds：「味蕾（みらい）、味覚器」

2 In general, women are more susceptible to the effects of alcohol than men. This is <u>partly</u> because women tend to have less enzymes that are needed to break down alcohol before it reaches the bloodstream.

*susceptible to ～：「～の影響を受けやすい」　　*enzymes：「酵素」

121

激しい、暴力的な

① violent ② fierce ③ cruel
④ brutal ⑤ vicious ⑥ savage

荒々しさや乱暴さを表現する言葉

「激しい、暴力的な」という意味を表す形容詞をセットで押さえよう。

・**violent**：violence（暴力）の形容詞形で、「暴力的な、乱暴な」という意味を表す。「（映画・小説などが）暴力描写の多い」「（争い・議論・嵐などが）激しい」という意味もある。

・**fierce**：「（争い・議論・嵐などが）激しい」「（人・動物の性質が）獰猛な」などの意味で使われることが多い語。

・**cruel**：「（性格・行為が）残酷な」という意味の語。

・**brutal/vicious/savage**：細かいニュアンスの違いはあるが、基本的にはどれも「（攻撃・性質などが）凶悪な、残忍な」「（争いが）激しい」といった意味を表す。

There was a nationwide increase in **violent** crime last year.

昨年は全国的に凶悪犯罪の増加が見られた

He has a **violent** temper and it gets even worse when he drinks.

彼は気性が荒く、酒を飲むとそれがさらにひどくなる

The peaceful demonstration quickly turned **violent**.

その平和的なデモは、すぐに暴力的になった

Children should not be permitted to play **violent** video games.

子供達が暴力的なゲームをするのを許すべきではない

The viral video has sparked a **fierce** debate over animal rights.

そのバズった動画は動物の権利をめぐる激しい議論を巻き起こした

The soldier was killed in a **fierce** battle.

その兵士は激しい戦闘で命を落とした

The **fierce** dog suddenly jumped onto me.

その獰猛な犬は、突然私に飛びかかってきた

His father was a cold, **cruel** man.

彼の父親は、冷たく残酷な男だった

Children can sometimes be very **cruel** to each other.

子供は時に、お互いに対してとても残酷になることがある

It was very **cruel** of them to exploit animals for entertainment.

動物を娯楽に利用するなんて、彼らはとても残酷だ

📝 It is cruel of 人 to do 〜で「〜するとは人は残酷だ」

Hitler was a **brutal** dictator.

ヒトラーは残酷な独裁者だった

I don't know why the police were so **brutal** to African Americans.

なぜ警察はアフリカ系アメリカ人に暴力的なのか分からない

📝 名詞形brutality（残虐、残虐行為）を使ったpolice brutality（警察による暴力）は、英語ニュースでは頻出

The man has been jailed for a **vicious** attack on an Asian woman.

その男はアジア人女性への凶悪な襲撃で投獄された

It is a typical example of a **vicious** circle.

それは悪循環の典型的な例だ

📝 vicious circleは「悪循環」という決まり文句

Last night, there was **savage** fighting in the district.

昨夜その地区で激しい戦闘があった

122

巨大な

1 **huge**　2 **enormous**　3 **massive**
4 **vast**　5 **gigantic**　6 **immense**

bigよりも大きさを強調できる言葉

「巨大な、非常に大きい」という意味の形容詞をまとめて押さえよう。

・**huge/enormous/massive**：いずれもbig/largeが表すレベルよりも、さらに大きなものを表す際に使われる。面積・体積の大きさだけでなく、「数・量が多いこと」「影響力が大きいこと」などに対しても用いる。

・**vast**：「(場所が) 広大な」「(数・量などが) 膨大な、莫大な」という意味で用いる。

・**gigantic**：giant (巨人) と似ていることから分かる通り「巨大な」という意味を表す。特に「同種のものの中で群を抜いて大きい」というニュアンスで使うことが多い。

・**immense**：「(計り知れないほど) 巨大な、大量の」というニュアンスを持つ語。

The old woman lives alone in a **huge** house.

その老婆は巨大な屋敷に一人で住んでいる

📝〈ミス防止〉上で取り上げている形容詞は全て「非常に」という意味を含んでいるため、原則としてveryとは一緒に使わない

A **huge** number of people were against the plan.

非常に多くの人々が、その計画に反対していた

His latest movie was a **huge** success.

彼の最新映画は大ヒットした

The costs were **huge**, but the experience was worth it.

コストは莫大だったが、その経験はそれに見合うものだった

The building is **enormous**.

その建物はものすごく巨大だ

The brain needs **enormous** amounts of energy to function well.

脳は十分機能するために莫大なエネルギーを必要とする

A **massive** truck collided with a passenger bus, wounding 10 people.

巨大なトラックが旅客バスと衝突し、10人がけがをした

They have spent a **massive** amount of money on equipment.

彼らは設備に莫大な金額を投資してきた

Mr. Lee had a **massive** heart attack last month.

リーさんは先月重度の心臓発作を起こした

📝 massiveには「病気が重度の（＝severe）」という意味もある

A **vast** area of rainforest has been destroyed to provide wood.

広大な面積の熱帯雨林が、木材を提供するために破壊された

The **vast** majority of green sea turtles are now female.

アオウミガメの圧倒的多数が今やメスになってしまっている

📝 vast majorityで「圧倒的多数」

A **gigantic** cargo ship ran aground in the Suez Canal.

巨大な貨物船がスエズ運河で座礁した

Gigantic waves crashed against the cliffs.

巨大な波が崖にぶつかった

They were under **immense** pressure.

彼らは計り知れない重圧の中にいた

Taylor is a great singer and enjoys **immense** popularity.

テイラーは素晴らしい歌手で、絶大な人気を誇っている

恥ずかしい

① embarrassed ② ashamed
③ uncomfortable ④ awkward

☀

embarrassedとashamedは使う場面が大きく異なる

「恥ずかしい、気まずい」という感情を表す形容詞を押さえよう。

・**embarrassed**：「人前でおならが出て恥ずかしい」や「人前で歌うのが恥ずかしい」のように、主に人の目が気になって恥ずかしいという状況で使われる。embarrassingは「(人を)恥ずかしがらせるような」。名詞形はembarrassment（恥ずかしさ、当惑）。

・**ashamed**：shame（恥）の形容詞形で、「いじめられっ子を助ける勇気がなかったことが恥ずかしい」のように「(良心の呵責で、道徳に反したことをして)恥ずかしい」という気持ちを表す語。

・**uncomfortable**：comfortable（快適な）の反意語で、「(肉体的に)不快な」という意味以外にも、「(恥ずかしさ・気まずさによる)不快感、落ち着かない感じ」を形容する時にも使われる。

・**awkward**：「気まずい、落ち着かない」という意味。「そんなに親しくない人と会話が途切れて気まずい状況」や「(嫌な別れ方をした)元カレ・元カノと出くわした時の気持ち」などを表す際に使われる。「不器用な、ぎこちない」という意味もある。「(気持ちや動きが)スムーズではなく乱れている」というイメージを持つ語だと捉えておこう。

I felt really **embarrassed** when I accidentally called a teacher "Mom."

先生を間違えて「ママ」と呼んだ時は、本当に恥ずかしかった

I'm too **embarrassed** to sing in public.

人前では恥ずかしくて歌えない

Meg was **embarrassed** about revealing the massive sweat patches under her arms.

メグは、脇の下の巨大な汗染みが見えてしまうことを恥ずかしがっていた

📝 embarrassed about ～で「～のことを恥ずかしがっている」

Kip gave me an **embarrassed** grin.

キップは私に向かって恥ずかしそうに笑った

Bill felt **ashamed** of his behavior at his sister's wedding.

ビルは妹の結婚式での自身の振る舞いを恥じていた

✎ ashamed of 〜で「〜を恥じている」

Don't worry. It's nothing to be **ashamed** of.

心配しないで。それは恥じるようなことではありません

You should be **ashamed** of yourself.

(不道徳な相手に向かって) 恥を知れ

Pete was deeply **ashamed** that he hit his wife.

ピートは妻を殴ってしまったことを深く恥じていた

✎ ashamed that S V 〜で「〜を恥じている」

I was a bit **uncomfortable** with everyone looking at me.

みんなに見られていて、私は少し恥ずかしかった

There was an **uncomfortable** silence and we both blushed.

気まずい沈黙があり、私たち二人とも赤面した

Do you remember that **awkward** moment when you were watching a movie with your parents and a sex scene came on?

親と映画を見ていてセックスシーンが出てきた時の、あの気まずい瞬間を覚えていますか？

I always feel **awkward** when I'm with my boss.

上司と一緒にいるといつも落ち着かない

Avoid office romance. It will be **awkward** if things don't work out.

社内恋愛はやめておけ。うまくいかなければ気まずくなるぞ

124

確信している

① sure **②** certain **③** positive

間違いないと自信がある時に使える言葉

・**sure**：「間違いない」と確信している様子を表す。

・**certain**：sureと同じように使われるが、よりフォーマルな語。〈certain＋名詞〉の形では、「ある、何らかの〜」という意味を表すので注意しよう。

・**positive**：「ポジティブな」という意味が有名だが、それ以外に「〜は間違いない」という意味もある。sure/certainよりも、やや意味が強い。

I'm **sure** the pub is open until 2 a.m.

確かそのパブは午前2時まで開いているはずだ

📝 be sure (that) S V 〜（〜だと確信している）の形で使うことが多い

I'm pretty **sure** Howard likes you.

きっとハワードはあなたのことが好きよ

📝 強調する場合はvery/pretty/quite/absolutelyなどを前に付ける

I'm not 100% **sure**, but I think I saw your husband yesterday.

完全な自信はないけれど、昨日旦那さんを見掛けたと思うの

Are you **sure** you want a divorce?

本気で離婚したいの？

📝 Are you sure? は、相手の意思・気持ちを確認する際にも使われる

I wasn't **sure** how to explain this.

これをどう説明したらよいのか分からなかった

Jimmy is **sure** of passing the exam.

ジミーは（自分が）試験に合格することを確信している

Jimmy is **sure** to pass the exam.

ジミーはきっと試験に合格するだろう

📝 1つ前の例文と比較しよう。be sure of ～は「(主語が) ～を確信している」、be sure to do ～は「主語がきっと～すると (話し手が) 確信している」という違いがある

"Can you help me set the table?" "**Sure** thing!"

「食卓を整えるのを手伝ってくれない?」「もちろん!」

📝 Sure thing. は何かに同意する際に使う他、That's a sure thing. (それは間違いないことだ) のような使い方もする

One thing is for **sure**, we need more people.

1つはっきりしていることがある、もっと人が必要だ

📝 One thing is (for) sure. で「1つはっきりしていることがある」

Please make **sure** all the windows are locked.

全ての窓がロックされているか確認してください

📝 make sure ～で「～を確認する、確実に～する」

I'm **certain** you know how to use this.

これの使い方は知っているはずですよね

It is **certain** that they will accept our offer.

彼らが私たちのオファーを受けるのは確実だ

📝 It is certain that ～で「～は確実だ」。sureはこの形で使わない

They are not allowed to watch a **certain** type of movie.

彼らはある種の映画を見るのを許されていない

📝 〈certain＋名詞〉は、このように「(明言せずに) 何らかの」という意味で用いる

Certain foods can trigger migraines shortly after consumption.

ある食べ物は、食後すぐに偏頭痛を引き起こすことがある

We were **positive** that we would win the game.

私たちは間違いなくその試合に勝つと思っていた

"Are you really **sure**?" "**Positive**."

「本当に間違いないの?」「もちろん」

連続の

125

1. straight　2. consecutive
3. successive　4. in a row

「3年連続」や「5連勝」などを表現できるようになろう

「5日連続で」のように「連続の」という意味を表す語句を整理しよう。

・**straight**：「真っ直ぐな」という意味が有名だが、元は「伸ばされた」が原義（stretchと語源的なつながりがある）。そこから、for five straight days（5日間連続で）のように「連続の」という意味でも使う形容詞。

・**consecutive**：straightと同じくfor five consecutive days（5日連続で）という使い方をする形容詞。straightよりフォーマルだが、よく使われる。

・**successive**：これもstraightよりフォーマルな形容詞。上記2つと同じくfor five successive days（5日連続で）という形で使われる。succeedは「成功する」の他、「後を継ぐ、後に続く」という意味もある。前者の意味の形容詞形がsuccessful（成功した）、後者の形容詞形がsuccessiveだ。

・**in a row**：rowは「列」という名詞。そこからin a rowは「（列のように）連続して」という意味で用いられる。for five days in a row（5日間連続で）やthree times in a row（3回連続で）などのように〈数字＋単位＋in a row〉の語順で使う。

これらはfor five consecutive daysの他、my fifth consecutive win（5回連続となる勝利）やfor the third month in a row（3ヵ月連続で）のようにsecond、third、fourthといったいわゆる序数詞と共に使うこともある。序数詞は「今回が連続して5日目の勝利に当たる」という具合に、「今回」という特定の1回に焦点を当てる。そのため、序数詞の後ろに続く名詞は原則として単数形になるということも押さえておこう。

「5日間連続で」	「5回連続となる勝利」
for five **consecutive** days	my fifth **consecutive** win
	●●●●◉
5日続いている	今回が連続して5回目

The boy slept for two **straigh**t days.

その男の子は2日間連続で眠った

Pedro drove for six hours **straight**.

ペドロは6時間ぶっ通しで車を走らせた

📝 straightに関してはsix hours straightの語順も可

It's been raining for three **consecutive** days.

3日連続で雨が降っている

It was his fifth **consecutive** win this season.

それは彼の今シーズン5連勝となる勝利だった

The team has lost 15 **successive** games.

そのチームは15連敗した

Tokyo was ranked as the least friendly city to international residents for the third **successive** year.

東京は3年連続で外国人住民に最も優しくない街に選ばれた

Successive governments have tried and failed to solve the problem.

後続する政権もその問題を解決しようとし、失敗してきた

📝 successiveはsuccessive governments（後続する政権）のように、名詞を修飾して「後に続く〜」という意味で用いることもある

He's beaten me three times **in a row**.

彼は3回連続で私を負かした

The unemployment rate has fallen for the sixth month **in a row**.

失業率は6ヵ月連続で低下した

126

ほとんど

1 **almost**　2 **nearly**
3 **practically**　4 **virtually**

断定を避ける時にも有用な言葉

「ほとんど、ほぼ〜」という意味を表す副詞を押さえよう。

・**almost**：「ある状態にぎりぎり達していない」というニュアンスの語。修飾する語の前に置いて「ほとんど、ほぼ〜」という意味を表す。

・**nearly**：almostとほぼ同じく「ある状態に達していない」という意味を表す。イギリス英語でより好まれる語で、一般にalmostの方が「ある状態」に近い。

・**practically/virtually**：どちらも「事実上」という意味の副詞で、almostと同じく「ほとんど〜」という意味でも用いる。

It's **almost** impossible to buy a house in Hawaii.

ハワイに家を買うなんて、ほとんど不可能だ

Ted is **almost** always late.

テッドは、必ずと言っていいほど遅刻してくる

He **almost** fell off the platform.

彼はもう少しでホームから転落するところだった

📝 almost/nearlyは動詞を修飾すると「もう少しで〜するところ」という意味を表す

It's **almost** 2:00.

もうすぐ2時だ

📝 一般にalmostを使う方がnearlyよりも2時に近い。目安として、It's almost 2:00. が1:58くらいであるのに対し、It's nearly 2:00. は1:45くらいだと考えておこう

"Have you finished?" "**Almost**."

「終わったか？」「ほとんど（終わっている）」

Almost anybody could do it.

ほとんど誰でもそんなことはできる

✏️〈ミス防止〉anyone、anybody、anythingなどを修飾して「ほとんど誰でも [何でも]」という意味を表す場合、nearlyはあまり使わない

Mr. Gupta is **almost** never in his office.

グプタ氏がオフィスにいることはほとんどない

✏️〈ミス防止〉no、never、nothing、nobodyなどの否定語を修飾する際にnearlyは使わない

Luckily, there was **almost** no traffic.

ラッキーなことに、交通量はほとんどなかった

I grew up with a dog named Bella. She is **almost** like a sister to me.

私はベラという犬と共に育った。彼女はほとんど妹のようなものだ

✏️〈ミス防止〉この例のように「(厳密には違うが) 何かに近い」という文脈では、nearlyは使わない

I'm **nearly** finished.

ほとんど終わっています

It's **nearly** certain that he will be re-elected.

彼が再選されるのはほとんど間違いない

There were **nearly** 100 students in the classroom.

100人近い学生が教室にいた

Kelly very **nearly** missed her flight.

ケリーはもう少しで飛行機に乗り遅れるところだった

✏️ nearlyはveryやprettyなどで強調することがある

Rats eat **practically** anything.

ネズミはほとんど何でも食べる

The hall was **virtually** empty.

ホールにはほとんど人がいなかった

📖 □ re-elect (動) 〜を再選させる ※受け身で使うことが多い

まあまあ、それなりに

● fairly　● quite　● rather

「veryの一歩手前」を表現できるようになろう

「それなりに、かなり」という〈程度〉を表す副詞を整理しよう。

・**fairly**：「まあまあ、それなりに」という意味を表し、形容詞・副詞を修飾する。「公平に、フェアに」という意味もある。

・**quite**：「かなり」という意味で、形容詞・副詞の他、名詞や〈形容詞＋名詞〉などを修飾することもある。

・**rather**：「かなり、相当」という意味で、「思ったより」というニュアンスで使うことが多い。quiteと同じく形容詞・副詞の他、名詞や〈形容詞＋名詞〉などを修飾することもある。rather than ～（～ではなく）や、I would rather ～ than...（…よりむしろ～したい）という表現も押さえよう。

これらはa little（少し）とvery（とても）の間くらいを表し、それぞれの程度の強さは目安として以下のようになる。

a little<**fairly**<**quite**≦**rather**<very

ちなみに（特にイギリス英語では）quiteやratherを、これといった意味なく、単に語調を整えるために形容詞・副詞に付けることもある。

Her mother is **fairly** tall.

彼女の母親は結構背が高い

Emma speaks French **fairly** well — enough for everyday living.

エマはフランス語がそれなりにできる。日常生活に困らないほどだ

The movie was **quite** good. I enjoyed it very much.

その映画はかなり良かった。とても楽しかったよ

Emma speaks French **quite** well. She doesn't have a problem communicating with French natives.

エマはフランス語がかなりうまい。ネイティブとの会話も問題ない

I'm reading **quite** an interesting book at the moment.

今、とても面白い本を読んでいるんだ

📝 〈形容詞＋名詞〉の修飾には、〈quite a＋形容詞＋名詞〉の語順が一般的。名詞の修飾には〈quite a＋名詞〉の語順をとる

The news was **quite** a surprise to me.

そのニュースは私にとっては驚きだった

I'm not **quite** satisfied with the results.

その結果には完全には満足していない

📝 quiteは否定文で使われると「完全には〜でない」という意味を表す

Easton is very social and has **quite** a lot of friends.

イーストンはとても社交的で、友達もかなり多い

📝 quite a lot/bitで「かなりたくさん」

It's **rather** cold, isn't it?

結構寒いよね

Emma speaks French **rather** well. People often think she is from France.

エマはフランス語がかなりうまい。よくフランス出身だと思われる

Peter is **rather** a fool.

ピーターはかなりのばかだ

📝 〈rather＋名詞〉は主にイギリス英語で使われる

Brad would choose to walk home **rather than** pay the taxi fare.

ブラッドはタクシー代を払うより歩いて帰ることを選ぶだろう

I'**d rather** die **than** apologize to Troy.

トロイに謝るくらいなら死んだ方がいい

"Can I smoke?" "Well, I'd **rather** you didn't."

「たばこ吸っていいかな？」「できればやめていただきたいです」

📝 I would ratherは「(誰かに)〜してほしい」の意味でも使う。後ろにdidn'tのような過去形を使うと、丁寧な感じが出る

128

実際には

1 **actually**　2 **in fact**
3 **as a matter of fact**

「情報を追加する」という機能を持つ語句

「実際には、実は」という意味で使われる副詞を押さえよう

・**actually**：前の文に何らかの情報（特に聞き手にとって意外な情報）を付け加えて、「実際には」という意味を表す。この他、Did he actually hit her or just threaten to?（彼は実際に彼女を殴ったのか、それとも殴ると脅しただけなのか？）のように、文全体ではなく動詞を修飾して「実際に（〜する）」という意味を表す用法がactuallyにはある。

・**in fact / as a matter of fact**：actuallyと同じく、何らかの情報を付け加える際に使われる（as a matter of factの方がややフォーマル）。

この3つはほとんど同じ意味で、ポイントは聞き手にとってやや意外な情報や、相手の興味を引くような情報を前の文に付け加える際に使われるということだ。

上のように、これらが付け加える「情報」は、①前の文のさらに詳しい追加情報、②前の文を否定するような内容の2つに大別される。このうち、actuallyに関しては、主に②の意味で使うことが多いということを覚えておこう。ちなみに「前の文」は相手の発言だけでなく、自分の発言のこともある。

"You're a doctor, right?" "Well, **actually**, I'm a dentist."

「あなたは医者でしょ」「いえ、実際は歯科医です」

📝 このようにactuallyは、前の文の内容をやんわり否定するニュアンスで使うことが多い

"I'm not disappointed at all. **Actually**, I'm kind of relieved."

私は全然がっかりしていない。実際には、少しほっとしている

I'm not a big drinker. **Actually**, I hardly ever drink.

私はそれほど酒飲みではない。実際、めったに飲むことはない

📝 ここでは前の文のさらに詳しい追加情報を導いている（左の図の①のパターン）

It's more comfortable chatting with my coworkers online rather than **actually** talking to them.

同僚とは、実際に話すよりもオンラインでチャットする方が楽だ

📝 ここでは動詞を修飾して「実際に〜する」という意味を表している

"Do you know him?" "Yes. **In fact**, he is my best friend."

「彼とは知り合いなの？」「はい。それどころか私の親友です」

Rachel doesn't like her new job. **In fact**, she is thinking of quitting.

レイチェルは新しい仕事が好きではない。実は退職を考えている

This may sound rather simple, but **in fact** it's very difficult.

これは結構簡単そうに聞こえるだろうが、実際にはとても難しい

He may come across as intimidating, but **in fact** he is very kind and nice.

彼は怖そうに見えるだろうが、実際にはとても優しくてよい人だ

"Is he new here?" "Yes. **As a matter of fact**, he just joined the company yesterday."

「彼は新入り？」「はい、実は昨日入社したばかりです」

"Is he new here?" "No. **As a matter of fact**, he's been working here for three years."

「彼は新入り？」「いいえ、もう3年もここで働いていますよ」

129

遅い

❶ later　❷ latter　❸ latest　❹ last

意味の違いで2パターンの比較級の変化

これらはすべてlate（遅い、遅く）の比較級・最上級。以下のように理解しよう。

・「時間が遅い」：**late-later-latest**
・「順番が遅い」：**late-latter-last**

このように、lateは「遅い」は「遅い」でも、「時間が遅い」のか「順番が遅い」のかによって活用が異なる。
・**later**：earlierの逆で、主に「より遅く、後で、後ほど」という副詞として使われる。「より遅い」という形容詞の意味もある。
・**latter**：former（前者の、前者）の逆で、「後者の、後半の、順番が遅い方の」という形容詞、または「後者」という名詞として使われる。
・**latest**：lateの最上級だが「時間が遅い」という意味は薄れて、主に「最新の」という形容詞として用いる。
・**last**：「最後の」「最後に」という形容詞・副詞として用いる（原義は「順番が最も遅い」）。last night（昨夜）、last month（先月）のように「昨〜、先〜、前回の〜」のような使い方もする。

"See you **later**." "**Later**, Paul."

「またな」「じゃあな、ポール」

📝 Later. だけでも別れの挨拶として使える

The horse died a few days **later**.

その馬は数日後に死亡した

📝 〈ミス防止〉a few days laterのような〈期間＋later〉（〜後に）は過去の文脈で用いるため、I'll call you a few days later.（数日後に電話します）のように未来を表す際には使わない。その場合はin a few days（数日後に）を使おう

We'll talk about it **later** today.

それについては今日この後お話ししましょう

📝 later today（今日この後）、later this week（今週この後、今週中に）、later that night（その夜その後）などのパターンを押さえよう

The event was postponed to a **later** date.

そのイベントは後日に延期となった

📝 形容詞のlaterは〈later＋名詞〉の形で用いる

I prefer the **latter** offer to the former one.

前者よりも後者の提案の方が私はよいと思う

The name gained popularity in the **latter** half of the 20th century.

その名前は20世紀の後半に人気が高まった

Of these two options, the client chose the **latter**.

2つの選択肢のうち、クライアントは後者を選んだ

Her **latest** book has hit the shelves.

彼女の最新刊が発売された

I'll be home by nine at the **latest**.

遅くとも9時までには帰るね

📝 at the latestで「遅くとも」

He was **last** seen chatting with a man near the school.

彼が最後に目撃されたのは学校の近くで男と話しているところだ

She hasn't been feeling well for the **last** few weeks.

彼女はここ数週間体調がよくない

Troy is the **last** person I would trust.

トロイは、私が最も信頼しない人間だ

📝 「最後の」から転じて「最も〜ない」という意味でも使う

🔖 □ **postpone**（動）〜を延期する

欲望

① desire ② hunger ③ appetite
④ thirst ⑤ greed ⑥ lust

forと結びつくという点も押さえよう

「欲望」という意味で使う名詞をセットで押さえよう。

・**desire**：「欲望」という意味で幅広く使われる語。「〜を（強く）望む」という動詞としても用いる。

・**hunger/appetite/thirst**：それぞれ「飢え」「食欲」「のどの渇き」という意味だが、転じて飲食物以外の欲求や欲望に対しても使われる。

・**greed**：「必要以上のものを求める強欲さ」というニュアンスがある語。形容詞形はgreedy（強欲な）。

・**lust**：特に性的な欲求や権力欲などに対して用いることが多い語。

これらの語はdesire for 〜のように、後ろにforをつなげて「〜を求める欲望」という形で用いることが多い。forが使われる理由は、call for help（助けを求める）、be desperate for attention（注目を浴びたがっている）のように、for自体に「〜を求める」というニュアンスがあるため、これらの名詞と相性が良いからだと考えておこう。

Michael didn't even try to hide his **desire** for money and power.

マイケルは富や権力への欲望を隠そうともしなかった

He certainly has no **desire** for fame.

彼には名声を得たいという欲求が本当にない

📝「（欲求を）抱く」はhaveの他、feelも使われる

He expressed a firm **desire** to go back to his country.

彼は国に帰りたいという確固たる願望を表明した

📝 desire to do 〜で「〜したいという欲望・欲求」

I was seized with a sudden **desire** to laugh aloud.

私は声を出して笑いたい突然の欲求に襲われた

I wish I had enough money to satisfy all my **desires**.

自分の全ての欲望を満たすのに十分なお金があればなあ

Their plan had the **desired** effect.

彼らの計画は期待通りの効果をあげた

📝 desired effectは「期待通りの効果、望ましい効果」

The journalist was motivated by a **hunger** for truth.

そのジャーナリストは真実を求める欲求に突き動かされていた

An uncontrolled **appetite** for money will always lead us to destruction.

富への抑えきれない欲望は、必ず私たちを破滅へと導く

A continuous **thirst** for knowledge is critical in building a successful career.

途切れることのない知識欲は、仕事での成功において非常に重要だ

That man is driven by **greed** for fame.

あの男は名誉欲にかられている

The only way to be content in life is to make sure your needs don't become **greed**.

人生に満足する唯一の方法は、あなたのニーズが強欲に変わらないようにすることだ

The guy is clearly blinded by his **lust** for power.

あいつは明らかに、権力欲で目がくらんでいる

You're just using me to satisfy your **lust**. Is that all I mean to you?

あなたは性欲を満たすために私を利用しているだけじゃない。私はあなたにとってその程度の存在なの?

🔖
- □ **fame**（名）名声
- □ **be seized with/by** 〜（感情など）〜にかられる、襲われる
- □ **motivate**（動）〜に動機を与える、〜を突き動かす
- □ **continuous**（形）絶え間ない、途切れることのない
- □ **content**（形）満足している

① 次の定義に当てはまる語を [　] 内から選ぼう。

1 extremely large

2 cruel and violent

3 happening one after another

4 feeling guilty because you have done something wrong

[ashamed / immense / savage / successive]

② 適切な語を選ぼう。

1 The annual meeting is scheduled to take place in the
(later / latter) half of the year.

2 I have a (sure / certain) amount of money left in my
account.

3 Mr. Wilson is (almost / nearly) never in his office.

4 My thirst (to / for) knowledge will never be satisfied.

③ 日本文の意味に合うように空所に適語を入れよう。
※最初の1文字のみ与えられている。

1 It was (q　　　　) a cold day.

（かなり寒い日だった）

2 Michael is socially (a　　　　).

（マイケルは人付き合いが苦手だ）

3 It seems like we are caught in a (v　　　　) circle.

（どうも悪循環にはまっているようだ）

4 The man bowled three perfect games in a (r　　　　).

（その男性はボウリングで3ゲーム続けてパーフェクトを出した）

5 I'd (r   ) you didn't, if you don't mind.

（差し支えなければ、やめていただきたいのですが）

④ 下線部に注意して、次の英文の意味を考えてみよう。

1 You might think from the name that Caesar salad is an item inspired by the famous Roman emperor Julius Caesar. Actually, it was named after Caesar Cardini, an Italian-American man who invented it in 1924.

* Caesar salad：「シーザーサラダ」

2 Durability is one of the most important features of a smartphone. Since people often keep their phones in their back pockets, Samsung developed a robot that resembles a human butt to sit on phones to make sure they can withstand the pressure. The robot even wears jeans.

*durability：「耐久性」 *butt：「尻」 *withstand：「～に耐える」

⑤ 次のなぞなぞに答えよう。

Name three consecutive days without using the words Tuesday, Thursday and Sunday.

関係

① relation　**②** relationship
③ connection　**④** correlation

relation/relationshipではニュアンスが少し異なる

「関係」という意味で使う名詞を整理しよう。

・**relation**：relationshipよりもフォーマルな語で、国と国との関係のように大規模なものに対して使うことが多い。また「血縁関係」に対しても使われ、「親戚(＝relative)」という意味もある。

・**relationship**：relationよりカジュアルな語で、人間同士などの小規模な関係(時に恋愛関係)に対して使うことが多い。

・**connection**：「歯周病と心臓疾患には関係(＝つながり)がある」のように「つながり」という意味の「関係」に対して用いる。

・**correlation**：〈cor-(共に)＋relation(関係)〉から「相関関係」という意味を表す。connectionと似た意味だが、よりフォーマルな語。

紛らわしいのはrelationとrelationshipだと思うが、relation/relationship between smoking and lung cancer(喫煙と肺がんの関係)のようにconnectionの意味ではどちらも使える。このように両者の意味は重なる部分もあるが、違いとしては上に挙げたニュアンスの差を押さえておこう。

U.S.-China **relations** have deteriorated over the past few years.

米中関係はここ数年で悪化した

📝 「外交関係」や「労使関係」のように、2つ以上の集団同士の「関係」を表す時には複数形を用いる

Japan established diplomatic **relations** with South Korea in 1965.

日本は1965年に韓国と外交関係を樹立した

Mr. Baker has published a book on international **relations**.

ベーカー氏は国際関係に関する本を出版した

📝 ここまで見たように「(国同士の)関係」にはrelationsを使う方が普通。そもそも国同士の関係を話題に

するのはフォーマルな文脈が多いからだ。ただし、relationship between Japan and the U.S.（日米関係）のようにrelationshipを使うこともある

Anne Wood has sued her former employer, Ben Wood (no **relation**).

アン・ウッドは、彼女の元雇い主のベン・ウッド（親戚関係なし）を訴えた

📝 このno relationは「名前は同じだが夫婦や親族ではない」という意味を表している。no relation to Anneとすることもある

The book bears no **relation** to a similarly titled 2001 French movie.

その本は、似たタイトルの2001年のフランス映画とは関係がない

📝 have/bear no relation to 〜で「〜とは関係はない」

Kate has quite a good **relationship** with her mother.

ケイトは母親と、とても良好な関係にある

What is your **relationship** to him?

彼とはどんな関係ですか？

Are you in a **relationship** right now?

今付き合っている人はいますか？

📝 be in a relationship (with 〜)で「(〜と) 交際している」

Single? No! I'm in a **relationship** with freedom.

独り身かって？　違います！　私は自由と付き合っているの

There is a direct **relationship** between smoking and lung cancer.

喫煙と肺がんには直接的な関連がある

Police are looking for a **connection** between the suspect and the victim.

警察は容疑者と被害者との関係を探している

There's a strong **correlation** between poverty and crime.

貧困と犯罪には、強い相関関係がある

結果

1 **result**　2 **consequence**
3 **outcome**　4 **repercussion**

resultは動詞としての用法もある

「結果」という意味を持つ名詞を押さえよう。

・**result**：「結果」という意味で幅広く使われる語。動詞としての意味もあり、特にresult from ～（（主語は）結果として～から生じる）、result in ～（（主語は）～という結果になる）という形で用いることが多い。

・**consequence**：resultよりもフォーマルな語で、特に「（何かの結果として生じる）重大なこと」というニュアンスで使うことが多い。

・**outcome**：come outから生じた名詞で、〈out(外に)＋come(出る)〉から、「最終的に外に出てきたもの＝結果」という意味を表す。特に「（選挙や裁判などの）最終的な結果」という意味で使うことが多く、「ふたを開けるまでどうなるか分からない」というニュアンスがある。

・**repercussion**：主に「（長期にわたって影響を及ぼすような）悪い結果、影響」という意味で使うことが多い語で、基本的に複数形で用いる。

Success is the **result** of motivation and hard work.

成功はモチベーションと努力の結果だ

📝 「～の結果」は、result/consequence/outcome/repercussions of ～のように、後ろにofをつなげて表す

We have achieved the desired **result**.

私たちは望み通りの結果を得ることができた

They got laid off as a **result** of the COVID-19 pandemic.

彼らは新型コロナウイルスの感染拡大の結果として解雇された

📝 as a result (of ～)で「(～の)結果として」

About 80% of lung cancer **results** from smoking.

約80%の肺がんは、喫煙から生じる

This could **result** in the loss of customers.

このことは、お客を失うことにつながりかねない

📝 result in 〜はlead to 〜 (p.156) とほぼ同じ意味を表す

Poor health is both a cause and a **consequence** of poverty.

不健康は、貧困の原因であり結果でもある

Cheating on exams can have serious **consequences**.

試験での不正は、深刻な結果をもたらす可能性がある

📝 serious consequenceで「深刻な結果」。他にもdirect consequence（直接的な結果）、dire/tragic consequence（悲惨な結果）などのパターンがよく使われる

Even the smallest error could have dire **consequences**.

ほんの小さな誤りでさえも、悲惨な結果をもたらす可能性がある

He has to face the **consequences** of what he's done.

彼は自分がしたことの報いを受けなくてはならない

📝 face/suffer the consequencesで「報いを受ける」

The prime minister refused to comment on the **outcome** of the election.

首相は選挙結果についてコメントすることを拒否した

The decision determined the **outcome** of the war.

その決断が戦争の結果を決定づけた

📝 determine/decide the outcome of 〜で「〜の結果を左右する」

They didn't fully consider the **repercussions** of their actions.

彼らは自分たちの行動の結果をよく考えなかった

The financial crisis in 2008 had serious **repercussions** for the global economy.

2008年の金融危機は世界経済に深刻な影響をもたらした

混乱、騒ぎ

① confusion ② disorder ③ chaos
④ turmoil ⑤ uproar ⑥ fuss ⑦ frenzy

「騒ぎたてる」「過熱報道」などを表現できるようになろう

「混乱、騒ぎ」に関連した意味を持つ名詞を押さえよう。

・**confusion**：confuse（〜を混乱させる）の名詞形。「（頭の中の）混乱、困惑、混同」の他、「混乱状態、無秩序」の意味でも使う。

・**disorder**：order（秩序）に反対の意味を表すdis-が付いてできた語。「（特に公共の場での）混乱状態、無秩序、騒動」といった意味で使う。mental disorder（精神疾患）のように「病気、障害」の意味もある。

・**chaos**：日本語でも「カオス」と言うように、「混乱状態、無秩序」という意味を表す。disorderよりも意味が強い。

・**turmoil/uproar**：どちらも「混乱状態、騒ぎ、騒動」といった意味を持つ。特にuproarは人々が大騒ぎするような騒動に対して用いることが多い（roarは「ほえる、わめく」「ほえる声」という意味の語）。

・**fuss**：「些細なことで騒ぎたてること、心配すること」という意味の名詞。「（過度に）騒ぎたてる、心配する」という動詞としても使う。

・**frenzy**：「熱狂、狂乱」といったニュアンスで使われる。

これらの語は「混乱、騒ぎ」の意味では数えられない名詞扱いが基本だが、uproar、fuss、frenzyはa/anを付けて使うことも多い。

There was a look of **confusion** on his face.

彼の表情に混乱している様子が見て取れた

He changed his name to avoid **confusion** with another actor.

彼は別の俳優との混同を避けるため、名前を変えた

He allegedly set off the fire alarm to create **confusion**.

彼は混乱を引き起こすために火災警報器を作動させたとのことだ

✏️ ここに挙げた語はcreate/causeと結びつくことで「騒ぎを起こす、騒ぎになる」という意味を表す

Police received some reports of public **disorder** in the area.

警察はその地域での騒動の通報を受けた

✏️ public disorderは公共の治安を乱すような騒動を指す

Mounted police were called in to quell the **disorder**.

その騒動を鎮めるために、騎馬警官隊が呼ばれた

The city was in total **chaos** after the bombing.

爆撃の後、その街は大混乱に陥っていた

✏️ chaosはしばしばtotal/complete/absolute/utterなどで強調される

The country plunged deeper into **turmoil** after the disaster.

その災害の後、その国はさらなる混乱に陥った

The revelation caused an **uproar** among her fans.

その新事実は、彼女のファンの間で大騒ぎを巻き起こした

I knew you were going to make a **fuss** about it.

君はそのことで騒ぎたてると思っていたよ

✏️ make a fuss about/over 〜で「〜のことで騒ぎたてる」

Why is there so much **fuss** about what celebrities wear?

どうしてセレブの服装のことで、そんなに大騒ぎするのか?

Ohtani sent the crowd into a **frenzy** with a grand slam.

大谷が満塁ホームランで観客を熱狂させた

Kei caused a media **frenzy** when he returned to Japan with a ponytail.

圭がポニーテールで日本に帰国するとメディアが大騒ぎした

✏️ media frenzyは「メディアの大騒ぎ、過熱報道」という決まり文句

欠点、欠陥

1 fault **2** shortcoming **3** flaw
4 defect **5** glitch

「人の欠点」「商品の欠陥」「機械の不具合」を表現するための語

「欠点、欠陥」という意味の名詞をまとめて押さえよう。

・**fault**：「(人の) 欠点」や「(機械などの) 欠陥」といった意味で幅広く使われる語。
「(失敗などの) 責任、過失、落ち度」という意味もある。

・**shortcoming**：faultよりフォーマルな語で、「(人・物の) 欠点」の意味で使われ
る。特に1つの欠点を意味する場合を除き、通例複数形で用いる。short (達していない)
という部分から分かる通り「至らぬ点、不十分な点」というニュアンスがある。

・**flaw**：「(宝石などの) 傷」という意味の名詞で、そこから「(人の) 欠点」や「(計画・シ
ステム・論理などの) 欠陥、不備 (※特に全体が台無しになるような重大なもの)」の意味
でも使われる。

・**defect**：「(機械などの) 欠陥 (※主に製造段階で生じたもの)」「(人の) 欠点」「(計
画・システム・論理などの) 欠陥、不備」などの意味で用いる語。「(身体の) 障害」という
意味もある。

・**glitch**：主に「(機械・ソフトウェアなどの) 小さな技術上の問題、不具合」という意
味で使われる。

I love him despite his **faults**.
欠点があるにもかかわらず、私は彼を愛している

Kenny admits laziness is his worst **fault**.
ケニーは怠け癖が彼の最大の欠点だと認めている

They are working to repair a **fault** in the machine.
彼らはその機械の欠陥を直している

The fire was caused by an electrical system **fault**.
その火災は電気系統の故障で起きた

My wife finds **fault** with everything I do.
妻は私のやることなすことにけちをつける

📝 find fault with 〜で「〜のあら探しをする」

Don't get mad at me. It's not my **fault**.

私に怒らないでよ。私のせいじゃないんだから

📝 このfaultは「責任、過失、落ち度」という意味

It's much easier to notice **shortcomings** than strengths.

長所よりも短所の方がずっと目に付きやすい

There are serious **shortcomings** in this report.

この報告書には深刻な欠陥がある

As human beings, we all have certain **flaws**.

人として、私たちはみんな何らかの欠点を持っている

📝 関連語としてflawless（欠点のない）という形容詞を覚えておこう

Hackers find **flaws** in computer systems.

ハッカーたちはコンピューターシステム内の欠陥を見つける

We inspect products for **defects** before they are dispatched.

私たちは発送前に商品に欠陥がないかどうかチェックする

My camera came with a **defect**, so I sent it back.

カメラに欠陥があったので送り返した

These chemicals are known to cause birth **defects**.

これらの化学物質は先天異常を引き起こすことが知られている

📝 birth defectで「先天的な障害」。heart defectなら「心臓の障害」

The launch has been postponed due to some technical **glitches**.

発売は技術的な問題で延期された

They still haven't fixed the **glitches** in the game.

彼らはまだそのゲームの不具合を修正していない

程度

① extent **②** degree

toと結びつく形を頭に入れよう

「程度、度合い」という意味を表す名詞を押さえよう。

・**extent**：「程度、度合い」という意味を表す。extend（～を広げる、延長する）の名詞形で、程度は程度でも「どの程度まで広がっているか、及んでいるのか」という〈範囲〉に焦点を当てるニュアンスがある。

・**degree**：extentと同じく「程度、度合い」という意味を表す。degreeはgrade（段階、等級、学年、成績）と語源的に関係があり、ここから分かるように、程度は程度でも「どの段階にあるのか」という〈段階〉に焦点を当てるニュアンスがある。他にも「（温度・緯度・角度などの）度」や「学位」という意味もある。

このように両者は基本的には同じ意味だが、extentは〈範囲〉を、degreeは〈段階〉を意識するという微妙なニュアンスの違いがある。そのため、extent of his knowledge on ～（～についての彼の知識の程度＝知識の及ぶ範囲）のように〈範囲〉に焦点を当てるような文脈ではextentが好まれる。

また、どちらもto ～ extent/degree（～の程度）という形で使われることが多い。以下のように、「～」の位置に置かれる語句によって、「程度のレベル」が変化する。

「ある程度」　　to $\begin{bmatrix} \text{a/an} \\ \text{some} \\ \text{a certain} \end{bmatrix}$ **extent/degree**

「かなりの程度」　to $\begin{bmatrix} \text{a great} \\ \text{a large} \\ \text{a considerable} \end{bmatrix}$ **extent/degree**

※to an equal extent/degree（同程度）、to a surprising extent/degree（驚くほど）などのパターンもある

The workers estimated the **extent** of radioactive contamination.

その作業員たちは、放射能汚染の程度を推定した

📝 extent/degree of ～で「～の程度」

Satellite images show the **extent** of the damage caused by the tornado.

衛星写真で、その竜巻が起こした被害の程度が分かる

To some **extent**, he is right.

ある程度、彼は正しい

Japan depends, to a great **extent**, on imports for its food and energy.

日本は食糧とエネルギーをかなりの程度、輸入に頼っている

To what **extent** can we trust the results of the survey?

その調査の結果はどの程度信頼できるものなのか？

📝 「程度のレベル」をwhatで尋ねているパターンで、「どの程度か」を問う際の頻出表現

The results show a high **degree** of correlation between these two figures.

その結果は、この2つの数字の間に高いレベルの相関関係を示している

The defendant is responsible for the accident to a certain **degree**.

被告は、ある程度その事故に責任がある

The way we view death determines, to a surprising **degree**, the way we live our lives.

死をどう捉えるかは、驚くほど私たちの生き方を左右する

The scandal affected her popularity to a limited **degree**.

そのスキャンダルは彼女の人気に限定的な影響しか与えなかった

Diana has a master's **degree** in psychology.

ダイアナは心理学の修士号を持っている

The two lines meet at a 45-**degree** angle.

その2つの線は、45度の角度で交わっている

considerable,
considerate

形は似ているけれど、意味が全く違う

この章ではここまで、関連する意味を持つ語句をまとめて押さえるという形で単語を提示してきたが、ここからは「形は似ているが、意味が異なる語」を紹介しよう。こうした語句もバラバラに覚えるより、セットで押さえる方が理解が早くて効率もよい。まずはconsider（考える）の形容詞形について見ていこう。

・**considerable**：「（数・量・程度などが）かなりの、相当な」という意味を表す語。largeやgreatなどをフォーマルにした語だと捉えておこう。反意語はinconsiderable（取るに足りない）。

・**considerate**：「思いやりがある」という意味の語。反意語はinconsiderate（思いやりがない、配慮に欠ける）。

同じconsiderの形容詞形なのに、なぜこうした意味の違いが生じるのかは、以下のように語源的に考えれば理解できるし、この2つを混同することもなくなる。

considerable

*-able＝「できる」
「考える（consider）ことができる」
⇒考えるに値する⇒「（数・量・程度が）相当な」
※数量が少なければ、わざわざ考えるに値しない。
　「考えることができる」のは、それなりに数量があるから

considerate

*-ate＝「〜がある、〜がいっぱいの」
例）passionate（情熱的な）<passion（情熱）がいっぱいある
「considerがいっぱいある」
⇒たっぷり考えてあげる⇒「思いやりがある」

The storm caused **considerable** damage to the crops.

その嵐は、作物に大きな損害を与えた

📝 このように名詞を修飾することが多いが、Damage to the crops was considerable.（作物への被害は大きかった）のような使い方もする

His father had a **considerable** influence on his choice of career.

彼の父は、彼のキャリアの選択に多大な影響を与えた

They spent a **considerable** amount of time and money on developing the product.

彼らはその商品の開発に膨大な時間とお金をかけた

We have received a **considerable** number of complaints so far.

今のところ、かなりの数の苦情が届いている

📝 〈ミス防止〉「かなりの数の〜」という意味を表す際にはa considerable number of 〜を用いる。この意味でconsiderable complaintsのように名詞の複数形を直接修飾するのは誤りだと考える人もいるので注意

Hotel demand is, to a **considerable** degree, affected by seasonal factors.

ホテルの需要は、季節要因に大きな影響を受ける

Ted is a polite and **considerate** young man.

テッドは礼儀正しく思いやりのある若者だ

Lily is always **considerate** of other people's feelings.

リリーはいつも人の気持ちに対して思いやりがある

📝 considerate of 〜で「〜に対して思いやりがある、配慮している」

Please be **considerate** of other passengers and refrain from making phone calls.

他のお客様へ配慮し、電話はお控えください

Sue is always **considerate** toward her students.

スーは常に生徒たちに対して思いやりがある

📝 「〜に対して」という前置詞はof以外にtoやtowardも使われる

It was very **considerate** of you to leave such a kind review.

親切なレビューを残してくれて、あなたはとても思いやりがある

📝 It is considerate of 人 to do 〜で「〜してくれるとは人は思いやりがある、親切だ」

effect, affect

名詞か動詞かで使い分ける

この2つも紛らわしいが、以下のように区別しておこう。

・**effect**：「影響、効果」という名詞。「（法律などの）効力」「（薬などの）効き目」という意味で使うこともある。

・**affect**：「～に影響を与える」という動詞。

上記のようにeffectが名詞、affectが動詞と区別しておけば大丈夫だ。ちなみにeffectには「～を引き起こす」という動詞としての用法もあるが、使われる頻度が低いので無理して覚える必要はないだろう。

両者の違いを押さえたら、side effect、take effectやaffected areaなど、effect/affectを使った様々な表現をマスターしていこう。

He didn't realize the serious **effects** of smoking until it was too late.

彼は手遅れになるまで喫煙の深刻な影響が分からなかった

The moon has an **effect** on the tides.

月は潮の満ち引きに影響を与える

📝 have an effect on ～で「～に影響を与える」。これは1語のaffectで置き換え可能

Caffeine has the **effect** of increasing the metabolic rate slightly.

カフェインには代謝率を少しだけ上げるという効果がある

📝 have the effect of ～で「～という効果がある」

Possible side **effects** include nausea and dizziness.

副作用として、吐き気やめまいが生じる可能性がある

📝 side effectは「副作用」。他にもopposite effect（逆効果）、bad/adverse effect（悪影響）、ripple/knock-on effect（波及効果、連鎖反応）、greenhouse effect（温室効果）などを押さえておこう

The budget cuts will have an adverse **effect** on our performance.

予算の削減は、私達のパフォーマンスに悪影響を及ぼすだろう

This new law will be in **effect** next month

この新しい法律は来月施行される

📝 in effectは「(法律などが) 効力を持って、施行されて」という表現。また、「実質的に、事実上」という意味でも使う

These two words are, in **effect**, synonymous.

この2つの言葉は、事実上同義語だ

The medication should take **effect** in 10 minutes.

その薬は10分で効いてくるはずだ

📝 take effectで「(薬の) 効果が出る」「(法律が) 施行される」。後者の意味ではgo/come into effectやbecome effectiveも使える

The company hasn't put the plan into **effect**.

会社はまだその計画を実行に移していない

📝 put/bring/carry ～ into effectで「～を実行に移す、施行する」

Many small businesses have been adversely **affected** by the recession.

多くの中小企業が不況による悪影響を受けた

📝 affectにadversely/negativelyなどが付くと、特に悪影響であることを示す

Tim was deeply **affected** by his parents' divorce.

両親の離婚はティムの心に深い影響を及ぼした

📝 このように「(精神的に) 影響を与える」の意味で使うことも多い

Newcastle disease only **affects** chickens and other poultry.

ニューカッスル病は鶏とその他の家禽にしか感染しない

📝 「(病気・災害が) 襲う・影響を与える」という意味でも用いる

The region was severely **affected** by the earthquake.

その地域は地震でひどい被害を受けた

Relief supplies were delivered to the **affected** areas.

救援物資が被災地に届けられた

oversee, overlook

seeとlookのニュアンスの違いからアプローチ

どちらもoverの後に「見る」という意味のsee、lookがくっついてできた動詞だが、意味が異なるので注意しよう。

・**oversee**：「(プロジェクト・予算・部下など)を監督する、管理する、統括する」という意味の語。oversee-oversaw-overseenと活用する。

・**overlook**：「〜を見落とす」または「(ミスなど)を大目に見る、見逃してやる」という意味の語。「(場所が)〜を見渡す」という意味もある。

なぜ、こうした意味の違いが生じるのか。これはseeとlookの違いからアプローチすると頭に入りやすいだろう。seeは、見るは見るでも「目に入ってくる」という意味を表す。一方、lookは「そちらに目を向ける」という意味で、必ずしも「何かが目に入る、それを目で捉える」という意味を表すわけではない。次の例文ではそれが端的に表れている。Look at this picture. See a blonde woman in the front row? (この写真を見てくれ。最前列にいるブロンドの女性が見えるか?)。

つまりoverseeは「上から(=over)何かを目に入れる」から「監督する、管理する」。overlookは「(物事の)うわべ[上っ面]だけに目を向ける」から「〜を見落とす、(見落としが意図的なものであれば)見逃してやる」という意味になると考えておこう。以上は正式な「語源」というわけではないが、このように捉えておくと両者の違いがイメージしやすいと思う。

oversee
※上から見る
⇒「〜を監督・管理する」

overlook
※うわべだけに目をやる
⇒「〜を見落とす」
　「(意図的に)見逃してやる」

Mr. Watanabe will **oversee** the whole project.

ワタナベ氏がプロジェクト全体を統括する

His job involves **overseeing** a group of managers.

彼の仕事にはマネージャー達の監督が含まれている

She is responsible for **overseeing** a budget of 50 million yen.

彼女は5千万円の予算を管理する責任者だ

The National Park Service **oversees** all national parks in the U.S.

国立公園局は米国内の全ての国立公園を管轄している

📝「(組織などが)〜を管轄する」という意味でも用いる

The main duty of the committee is to **oversee** the election process.

その委員会の主な役目は、選挙の過程を監視することだ

📝「〜を監視する」というニュアンスが出ることもある

I think we're **overlooking** something.

私たちは何かを見落としているようだ

The detective seems to have **overlooked** an important clue.

その探偵は、重要な手掛かりを見落としたようだ

We can easily **overlook** warning signals about our own health.

私達は健康への警告信号を簡単に見落としてしまいがちだ

When two people are in love, they tend to **overlook** each other's faults.

2人が愛し合っていると、お互いの欠点を大目に見ることが多い

📝「大目に見る」の意味では、後ろに「ミス」「欠点」「不正・違反」などを表す語を続けることが多い

That kind of behavior shouldn't be **overlooked**.

そのような行為は見逃されるべきではない

Our room **overlooked** the Mediterranean Sea.

部屋から地中海が見渡せた

adapt, adopt

aptは「適切な」、optは「選ぶ」のイメージ

見た目がそっくりなこの2つの単語は、以下のように区別しよう。

・**adapt**：「〜を適応させる、(目的に合うように) 変える」という意味の動詞。adapt to 〜の形で「〜に適応する」という意味を表す。

・**adopt**：「(方針・方法・態度など) 〜を採用する」という意味の動詞。「採用する」から転じて「〜を養子にする」の意味で使うことも多い。

これらの意味の違いは、その成り立ちを知れば、はっきり見えてくる。まずadaptの中にあるaptは、apt name (ふさわしい名前) のように「適切な、ふさわしい (= suitable)」という意味を持つ形容詞。つまりadaptは「適切な状態にする」から「適応させる」という意味を表すと考えておこう。一方、adoptのoptは「選ぶ」という意味を持つ動詞 (この名詞形がoption [オプション、選択肢] だ)。「(何らかの方針や方法など) を採用する」とは、「自ら選んで取り入れる」ということ。だからoptという部分を含むadoptは「採用する」という意味になると覚えておこう。

They **adapted** the book for use in schools.

彼らは学校で使用するために、その本を改作した

📝 adapt A for 〜 (〜に合うようにAを変える)、adapt A to do 〜 (〜するようAを変える) のように、adaptの後ろには「変えるもの」が続く。これらは受け身で使うことも多い

The course has been **adapted** to meet the needs of advanced learners.

上級学習者のニーズを満たすため、コースに変更が加わった

The movie is **adapted** from her best-selling novel.

その映画は、彼女のベストセラー小説を映画化したものだ

📝 ある作品を映画、テレビ、舞台など別のメディア用に作り変える際にも使われる。名詞形adaptation (適応、改作) を使ったmovie adaptation of 〜 (〜の映画化) という表現も押さえておこう

The dinosaurs couldn't **adapt** to the new conditions.

恐竜たちは、新しい環境に適応できなかった

Jim **adapted** easily to college life.

ジムは簡単に大学生活になじんだ

This book explains how plants **adapt** themselves to their surroundings.

この本は植物がいかに周囲の環境に適応するかを説明している

📝 adapt oneself to ～は「自分自身を～に適応させる」から「～に適応する」というadapt to ～と同じ意味を表す

They **adopted** the new policy.

彼らはその新しい方針を採用した

📝 adoptは「方針」を意味するpolicy、「方法」を意味するapproach/strategy/measure、「態度」を意味するattitude/stance/manner/positionなどを後ろにつなげることが多い

I think the government should **adopt** a more scientific approach.

政府はもっと科学的なアプローチを採用すべきだと思う

He pledged to **adopt** a firm stance on the neighboring country.

彼は隣国に対して強い態度を取ることを約束した

When **adopted**, the new plan will replace the current one.

採用されると、その新しい計画は現在の計画に取って代わる

Owen was **adopted** when he was two years old.

オーウェンは2歳の時に養子になった

🔖
- □ **advanced** (形) (レベルが) 上級の
- □ **surroundings** (名) 周囲の環境 ※この意味では複数形で用いる
- □ **neighboring** (形) 隣接している

respectful, respectable, respective, respectively

respectは「尊敬」「点、事項」という意味から理解する

respect（尊敬、尊敬する）の関連語を押さえよう。

・**respectful**：「敬意を持っている［示している］、尊重している」「敬意のこもった、丁重な」という意味の形容詞。respectに−fulが付いているので、「尊敬の気持ちがフルに（＝たっぷり）ある」から、この意味になる。反意語のdisrespectful（失礼な、無礼な）もよく使われる。

・**respectable**：服装・人物・家系・仕事などが社会的に見て「立派な、きちんとしている」といった意味を表す形容詞。respectに「できる」を意味する−ableが付いているので「尊敬することができる」⇒「尊敬に値する」から、このような意味で使われると理解しておこう。

・**respective**：our respective rooms（私達それぞれの部屋）やthe respective roles of men and women（男女それぞれの役割）のように、〈respective＋名詞〉の形で「それぞれの」という意味で使う形容詞。

・**respectively**：A and B, respectively（それぞれAとB）のように、複数のものを列挙して「それぞれ」という意味を表す副詞。

respectiveもrespectの形容詞形であるにもかかわらず、なぜ「尊敬」の意味がないのか疑問に思った人がいるかもしれない。respectには「尊敬」の他にも、in this respect（この点において）のように「**点、事項**」という意味がある。この意味での形容詞形がrespectiveだ。

```
              ┌─ 「尊敬」 ──→ respectful, respectable
              │    形容詞
respect  ─────┤
              │
              └─ 「点」 ──→ respective, respectively
                   形容詞
                   副詞
```

You should be **respectful** of other people's opinions.

他人の意見を尊重すべきだ

📝 respectfulに関してはbe respectful（尊重・尊敬している）の他、a respectful manner（丁重なやり方）のように名詞を修飾するパターンを押さえよう。前者で何を尊重するのか明示するには主にof〜を続ける

We all have to behave in a **respectful** manner.

私達はみな丁重に振る舞う必要がある

"It's up to you, sir," Bill said in a **respectful** tone of voice.

「それはあなた次第です」とビルは敬意のこもった口調で言った

Anna changed into **respectable** clothes.

アナはきちんとした服装に着替えた

📝 名詞を修飾する以外に、She seems respectable.（彼女はきちんとした人のようだ）のように補語としても使う

The naughty boy grew up into a **respectable** man.

そのわんぱく小僧は立派な男性へと成長した

My son-in-law makes a **respectable** salary.

義理の息子にはそこそこの収入がある

📝「（収入・成績などが）まあまあの」の意味で使うこともある

After the class, they all went back to their **respective** homes.

授業が終わって彼らはみなそれぞれの家に帰っていった

📝 respectiveの後ろの名詞は原則として複数形

These people are highly successful in their **respective** fields.

この人たちはそれぞれの分野で大成功を収めている

Ichiro and Jiro are 11 and nine years old, **respectively**.

一郎と次郎は、それぞれ11歳と9歳だ

📝 このように… A and B, respectively (それぞれAとB) というのがrespectivelyの基本的な使い方

The first and second prizes went to Emma and Wendy, **respectively**.

1等賞と2等賞は、それぞれエマとウェンディーに授与された

🔖 □ **manner** (名) やり方、方法 (way)、態度
　　 □ **naughty** (形) わんぱくな、行儀の悪い

単語を「生き物」のように
観察しよう

　掲載する英文記事を読んで誤りがないかチェックする「校正」も、英字新聞編集者の仕事の一つだ。しかしながら、英文をただ読むだけでは退屈してしまうこともある。そこで僕は、英文中に出てくるaとtheに印を付け、なぜそこでa/theが使われているのかを徹底的に考えるようにしてみた。このように大量の用例を観察することで、学校で習ったaとtheの使い分けのルールが、本当の意味で理解できるようになっていった。ルールを頭に入れただけでは、それは所詮「机上のルール」。この「観察」のプロセスがなければ、自信を持ってaとtheを使い分けることができなかっただろう。

　同じくtakeやgetなどの基本動詞にも着目してみた。すると、それぞれの動詞の表すニュアンスが見えるようになっていった（この経験を生かして執筆したのが本書のChapter 1というわけだ）。

　ぜひ皆さんにも、英文を読む際に本書で学んだ単語をじっくり観察することをお薦めしたい。僕は、ある意味「昆虫図鑑」を作る意識で本書を執筆した。単語が昆虫なら、そのイメージや典型的な使い方といった情報は「生態」に例えられる。あたかも昆虫を観察するように、「確かにこのtakeには『受け取る』のニュアンスがあるな」「図鑑にあった通り、adaptが『映画化される』という文脈で使われているぞ」といった具合に、ひとつひとつの単語に意識を向けるようにしよう（虫が苦手な方は、動物や魚などに置き換えてほしい）。本書で学んだ「生態」を、今後英文に触れる際に観察する習慣をつけることで、単語を使える力がさらに伸びていく。

---

① 次の定義に当てはまる語を [ ] 内から選ぼう。

1 the level of something

2 the final result of something

3 a fault in someone or something

4 a state of confusion or excitement

[defect / degree / outcome / turmoil]

---

② 適切な語を選ぼう。

1 We've decided to (adapt / adopt) a new approach to the problem.

2 Too much stress can have a negative (affect / effect) on your mind.

3 A (considerable / considerate) amount of money has been wasted so far.

4 The committee is responsible for (overlooking / overseeing) the fundraising process.

5 He took off his hat and greeted her in a very (respectful / respective) manner.

---

③ 日本文の意味に合うように空所に適語を入れよう。

※最初の1文字のみ与えられている。

1 I'm afraid the rumor is true to some (e   ).

(残念ながら、そのうわさはある程度本当だ)

2 Your lifestyle bears no (r   ) to your high blood pressure.

(あなたの生活スタイルは高血圧とは関係がない)

③ Nigel and Matt were born in 1988 and 1990, (r   ).

(ナイジェルとマットはそれぞれ1988年と1990年に生まれた)

④ These animals learned to (a   ) themselves to new environments.

(これらの動物は新たな環境に適応することを学んだ)

---

④ 次の [　] 内の語句を日本文の意味に合うように並び替えよう。

※それぞれ1語不足しているので補うこと。

※文頭にくる語も [　] 内では原則として小文字になっている。

① 彼は、質の悪い食生活は結果として抜け毛につながると信じている。

[can / he / loss / a poor diet / believes / hair / result].

② どうして彼女がそのことでそんなに騒いでいるのか分からない。

[don't / fuss / why / such / I / she's / it / know / about / a].

③ なぜ自分の父親のあら探しをするんだ?

[with / father / do / find / you / own / why / your]?

---

⑤ 下線部に注意して、次の英文の意味を考えてみよう。

① Being aware of a single shortcoming within yourself is far more useful than being aware of a thousand in someone else. — Dalai Lama

② Good news for coffee lovers: A 2015 study found a correlation between moderate caffeine consumption (two to five cups of coffee a day) and increased memory abilities in healthy older adults.

*moderate：「適度な」　　*consumption：「摂取すること」

CHAPTER

3

コアイメージと語源で
語彙を増やす

最終章では、たくさんの意味を持つややこしい多義語、日本語訳だけ覚えてもピンとこない語、使い方に注意を要する語など、早い話が、詳しい説明を必要とするような要注意語句を扱います。例えば、以下の文を見てください。

The latest model **features** a more powerful engine.
（最新モデルは、より強力なエンジンを搭載している）
The exhibit will **feature** his works.
（その展覧会では、彼の作品が展示される）
His new album **features** Stevie Wonder.
（彼のニューアルバムには、スティービー・ワンダーが参加している）

　全てfeature（p. 462）という動詞が使われていますが、「搭載している」「展示される」「参加している」のように訳がバラバラで、これを見ただけではfeatureの使いどころが分からないと思います。こうした語句は、コアとなるイメージを深く理解していないと分からないし、使えないのです。逆に、コアイメージを頭に入れれば、どんな文脈で使われても理解できるし、自分でも使いこなせるようになります。この章で扱うのは、独学でさっと覚えても、本質が理解できないようなものばかりです。詳しい解説と幅広い例文を読んで、しっかりマスターしましょう。

charge

1. （動）〜を請求する（名）請求、料金、使用料
2. （動）〜を告発する、責める（名）告発、罪、容疑、非難
3. （動）〜に責任を負わせる（名）責任
4. （動）〜を充電する（名）充電

「荷馬車、荷物を積む」が語源

chargeは様々な意味を持つ語で、上には特によく使われる意味を挙げた。chargeは語源的に「荷馬車、荷物を積む」という語に由来している。そこから、**「重荷・負担を与える」**というニュアンスを持つ語だと理解しておこう。そう考えると、上記の意味は何らかの形で重荷や負担を与えるイメージが共通しているのが分かるのではないだろうか。

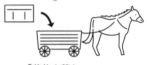

charge のイメージ

「荷物を積む」
⇒「重荷・負担をかける」

The hotel **charges** $99 per night.

そのホテルは一晩で99ドル請求する⇒一泊99ドルだ〔①〕

Do you **charge** for delivery?

送料はかかりますか？〔①〕

📝 charge for 〜（〜の料金を請求する）、〈charge＋人＋for 〜〉（人に〜の料金を請求する）、〈charge＋金額＋for 〜〉（〜のことで金額を請求する）のように、課金の対象となることはforを使って表す

We will not **charge** you for quotations.

見積もりを出すのに料金は請求しません〔①〕

They **charge** $40 for the monthly plan.

彼らは月額プランで40ドルを請求する〔①〕

There's no **charge** for using our services.

我々のサービスを利用するのに料金はかかりません〔①〕

Breakfast and lunch are served free of **charge**.

朝食と昼食が無料で提供されます〔①〕

📝 free of chargeは「無料で」という意味の表現

The man was **charged** with murder.

その男は殺人容疑で告発された〔②〕

📝〈charge＋人＋with ～〉で「人を～の容疑で告発する」

They **charged** that their boss abused his power.

彼らは上司が権力を乱用したと非難した〔②〕

📝 法的な「告発」以外にも「非難する」の意味でも使われる。charge that SV ～で「～だと非難する」

He was arrested on murder **charges**.

彼は殺人罪で逮捕された〔②〕

📝 arrested on murder chargesとarrested for murderは、意味は同じだが使われる前置詞が異なるので注意

Prosecutors dropped the **charges** against him due to lack of evidence.

検察官は証拠不十分で彼に対する告訴を取り下げた〔②〕

They are **charged** with investigating those cases.

彼らはそうしたケースの調査をする責任を負っている〔③〕

📝〈charge 人・組織 with ～〉で「人・組織に～の責任を与える」。上の例文はこの受身形

I'd like to speak to the person in **charge**.

担当者とお話しさせていただきたいのですが〔③〕

📝 in chargeは「責任を負っている」。という意味でperson in chargeは「責任者・担当者」。be in charge of ～は「～の責任者である」、〈put 人 in charge of ～〉は「人を～の責任者にする」

Last night I **charged** my laptop to 100%.

昨夜、ノートパソコンを100％まで充電した〔④〕

📝「～を充電する」以外にも、It's charging.（それは充電中だ）のように「（主語が）充電される」という自動詞の意味でも用いる

📖 □ **quotation**（名）引用、見積もり　□ **prosecutor**（名）検察官

address

① **(動)～の宛名を書く**

② **(動)～に向けて話す、演説する**

③ **(動)(問題など)～に対処する、取り組む**

④ **(動)～を(敬称などで)呼ぶ**

💡 ────────

adは「～に」、dressは「まっすぐ」

addressと言えば、「住所」という名詞の意味が有名だが、この語は動詞として使われることも多い。上記の意味のうち、①「～の宛名を書く」は名詞の「住所」から連想しやすいが、その他はどうだろうか。何だかバラバラの意味で使われてややこしいと思われた人もいるかもしれない。まずは、addressの成り立ちを知ることが大切。そうすることで、それぞれの意味に共通するイメージが見えてくる。

addressは、adとdressという2つの部分に分けることができる。ad-には「～に」という意味がある。例えばadjust(～を調節する、適合させる)は「～に対してジャストな状態にする」から「調節する」の意味を表す。一方、dressはご存じの通り「ドレス」や「～に服を着せる」という意味だが、これは「まっすぐ」という意味の言葉が元になっている(「まっすぐな状態にする」から「きちんと服を着せる」)。

つまりad+dressは「**～に対してまっすぐ**」というのが原義。そこから、「～にまっすぐ向ける、向き合う」というイメージで捉えることができる。聴衆に演説したり、問題に取り組んだり、誰かを〇〇と呼んだりする場合も、「まっすぐ向き合う」感じがある。

 ────────

We spent the whole afternoon **addressing** our wedding invitations.

結婚式の招待状の宛名を書くのに午後を丸々使った〔①〕

The parcel was returned because it had been wrongly **addressed**.

宛名が間違っていたので、その小包は戻ってきた〔①〕

My mother opened and read a letter **addressed** to me.

母が私に宛てられていた手紙を開けて読んだ〔①〕

📝〈address ～ to 人〉で「～を人に宛てる」

The new mayor **addressed** the crowd of nearly 500 people.

新市長は500人近い群衆に向けて演説した〔②〕

📝 ②の意味では〈address＋聴衆〉、または下の例のように〈address＋演説する場〉というパターンで使うことが多い。また、addressには「演説」という名詞の意味もある（speechよりフォーマルな語）

He was invited to **address** a conference in Osaka.

彼は大阪の会議での講演に招かれた〔②〕

Jake looked up from his book to **address** me.

ジェイクは私に話し掛けるために本から顔を上げた〔②〕

📝「〜に向かって話す、話し掛ける」という意味でも用いる

World leaders gathered to **address** the issue of climate change.

世界の首脳が気候変動の問題に対処するために集まった〔③〕

📝 ③の意味では主に「問題・課題」などを表す語と共に使われて、「問題に対処する」という意味を表す。p.168で扱ったdeal with 〜、handle、tackleなどと意味が近い

Your concerns are being properly **addressed**.

あなたの懸念されていることは、適切に対処されています〔③〕

I prefer Lizzie's boyfriends to **address** me as Mr. Stevens.

リジーの彼氏には私をスティーブンズさんと呼んで欲しい〔④〕

📝〈address 人 as 〜〉で「人を〜という呼び方で呼ぶ」

Do you **address** your boss by his first name?

上司をファーストネームで呼びますか？〔④〕

How would you like to be **addressed**?

どのようにお呼びすればよろしいでしょうか？〔④〕

🔖　□ **parcel**（名）小包

force

① (動) 〜に強要する　② (動) 〜を (無理やり) 強い力で動かす

「無理やり感」が基本のイメージ

動詞のforceは、force me to do it (私にそれをさせる) のような基本の用法以外にも、force my head against the fence (私の頭をフェンスに押しつける)、force my way through 〜 (〜の間を無理やり進む)、force it open (それをこじ開ける) のように、様々な使い方をする厄介な動詞だ。こうした幅広い用法を持つ動詞を押さえるには、コアとなるイメージをつかむようにしよう。

forceのコアイメージは「**無理やり感**」。何かを無理やり、力ずくでやるというイメージで捉えておけば、どのような形で使われていても理解することができる。forceは幅広い用法を持つため、使いこなせるようになれば、自分で表現できる範囲が大きく広がる。それぞれの用法をしっかりマスターしよう。ちなみにforceは「力、暴力」を意味する名詞としても使われる。

force my head against the fence	force my way through 〜	force it open

※全て「無理やり〜する」というイメージで捉えることができる

She was charged with **forcing** her cheating husband to eat dog food.

彼女は浮気者の夫にドッグフードを食べさせて起訴された〔①〕

📝 〈force 人 to do 〜〉で「人に (意思に反して) 〜させる」

Wildfires **forced** thousands of people to evacuate their homes.

山火事で数千人が家から避難するのを余儀なくされた〔①〕

He was **forced** to resign after the scandal emerged.

スキャンダルが明るみに出て、彼は辞任を余儀なくされた〔①〕

On a cold winter morning, I **forced** myself to get out of bed.

ある寒い冬の朝、私はどうにかしてベッドから出た〔①〕

📝 force myselfはこのように、自分自身を無理やり動かすような状況で使われる

I **forced** the clothes into my suitcase.

私はその服をスーツケースに押し込んだ〔②〕

📝 ②の意味では、〈force（無理やり）＋into（中へ）〉のように、前置詞・副詞などのニュアンスと合わせて考えると意味が見えてくる

The new supermarket **forced** us out of business.

その新しいスーパーは、私たちを廃業に追い込んだ〔②〕

The driver **forced** the package through the letterbox.

そのドライバーは荷物を郵便受けに無理やりねじ込んだ〔②〕

The officer **forced** his head against the fence.

その警官は、彼の頭をフェンスに押しつけた〔②〕

They **forced** him down to the ground.

彼らは彼を地面に押し倒した〔②〕

The woman **forced** her way through the crowd.

その女性は群衆の中を無理やり進んだ〔②〕

The burglar tried to **force** the window open.

その泥棒は窓をこじ開けようとした〔②〕

📝 force open the windowという形も使われる。文脈から「開ける」ことだと分かる場合は単にforce the windowと言うこともある

Don't **force** your ideas on me.

あなたの考えを私に押しつけないで〔②〕

📝「あなたの考えを無理やり私の上（＝on）にのせる」⇒「考えを押しつける」と理解しておこう

🔖 □ **wildfire**（名）山火事　□ **evacuate**（動）〜から避難する
　　□ **package**（名）荷物　□ **burglar**（名）泥棒

CHAPTER 3 ・ コアイメージで語彙力アップ

serve

❶（動）（飲食物を）提供する、〜に給仕する　❷（動）〜を接客する

❸（動）（公職・兵役など）を務める、（刑期）を務める

❹（動）役に立つ、役目を果たす

「〜にお仕えする、奉仕する」がコアイメージ

動詞のserveは上記のように様々な意味で使われるが、「**〜にお仕えする、奉仕する**」というのがコアとなるイメージ。飲食物の提供や接客は相手に奉仕するイメージがあるし、公職・兵役を務めることは国にお仕えする行為だ。

また、serve as an office（オフィスとしての役目を果たす）のように「（何らかの形で）役に立つ、役目を果たす」という用法があるが、これも「（役目を果たすことで）お仕えしている」と理解することができる。同様に、名詞形のservice（サービス、世話、奉仕）やservant（召使い）にも、このイメージが生きているのが見て取れるだろう。

ちなみに、「（テニスなどの）サーブ」は、飲食物の提供と同じく、相手のコートに「ボールをお渡しする」というイメージで捉えておこう。

飲食物を提供する　　接客する　　兵役を務める　　刑期を務める

Breakfast is **served** between 6 and 10 a.m.

朝食は6時から10時の間に提供されます〔①〕

She was **serving** two customers at a time.

彼女は一度に2人の客に対応していた〔②〕

📝 〈serve＋飲食物〉、〈serve＋相手〉の他、serve me a cup of tea（私にお茶を出す）のように〈serve＋相手＋飲食物〉という使い方もある

Are you being **served**?

ご用件を承っていますか？〔②〕

📝 直訳は「（他の店員から）接客を受けていますか？」

The tickets will be given out on a first-come, first-**served** basis.

チケットは先着順で配布されます〔②〕

📝 on a first-come, first-served basisは「先着順で」という意味の表現。最初に来た人が、最初にサービスを受けるということ

Mr. Johnson **served** three terms as governor.

ジョンソン氏は知事を3期務めた〔③〕

He refused to **serve** in the Army.

彼は兵役を拒否した〔③〕

The man **served** six years in prison.

その男は6年の刑期を務めた〔③〕

He became the first **serving** U.N. chief to visit Hiroshima.

彼は広島を訪れた最初の現職の国連事務総長になった〔③〕

📝 servingは「務めている」から「現職の（= sitting、incumbent）」の意味でも使う

The large room also **serves** as my office.

その大きな部屋は、私のオフィスにもなる〔④〕

📝 serve as 〜で「〜の役目・機能を果たす」

If my memory **serves** me right, I met him two years ago.

私の記憶が正しければ、彼とは2年前に会っている〔④〕

📝 if (my) memory serves me right/correctlyで「私の記憶が正しければ」。直訳は「記憶が私に正しく役立つなら」

"She dumped me." "**Serves** you right! You never treated her well."

「彼女に捨てられた」「自業自得だ！　大事にしていなかっただろ」

📝 (It) serves 人 right.で「人にとって自業自得だ」。直訳は「人に対して正しく役目（＝当然の報いを与えること）を果たしている」

🔖　□ **governor** (名) 知事

point

① (名) 要点、(話の) 核心、大事な点　② (名) 目的、意味　③ (名) 段階

④ (動) 〜を指す、(銃など) を向ける、突きつける

⑤ (動) (point outの形で) 〜を指摘する

point は「矢印の先端」のイメージで

「ポイント」という言葉は日本語でも使われるが、英語のpointは多くの日本人が考えている以上に幅広い意味を表す。まずは、基本となるイメージを押さえよう。pointは「とがった先端」というのがコアイメージ。簡単に言うと、**矢印の先のようなもの**をイメージしておこう。そこから「(ズバッと刺すような) 話の核心」や「(ある行動が目指すような) 目的、意味」という意味を表す。

また「矢印の行き着く先」から「ある段階」という意味でも使われるし、さらに矢印で指し示すように「〜を指す」「〜を指摘する」という動詞の意味もある。他にも「(ペンなどの) 先端」「(ペン先で打つような小さな) 点」など、様々な意味がある。

要点、核心　　目的、意味　　(ある) 段階　　指す、指摘する

I see your **point**, but I don't think I can agree with you.

言いたいことは分かりますが、同意はしかねます〔①〕

Point well taken.

言いたいことはよく分かるよ〔①〕

📝 Point well taken. は「言いたいことはよく分かる」という決まり文句

My **point** is that it was not our fault.

私が言いたいのは、それは我々の責任ではないということだ〔①〕

That's not entirely true, but that's not the **point** anyway.

そういうわけではないが、いずれにせよそこは大事ではない〔①〕

You're missing the **point**.

君は論点が分かっていないな〔①〕

What's the **point** of following these rules?

こうしたルールに従う意味って一体何よ？〔②〕

There is no **point** in worrying about things that you can't change.

自分で変えられないことを悩んだって仕方がない〔②〕

📝 There is no point (in) 〜ing で「〜したって意味がない、無駄だ」

You'll have to make that decision at some **point** in the future.

将来どこかの段階で、その決断をしなければいけないよ〔③〕

Sadly, many species have been hunted to the **point** of extinction.

悲しいことに、多くの種が絶滅するまで狩られてきた〔③〕

📝 to the point of 〜で「〜という段階に至るまで」。the point where SV 〜は「〜という段階」

I've reached the **point** where I can't take it anymore.

もうそれには耐えられないという段階まで来てしまった〔③〕

Don't **point** at me.

私を指さすのはよせ〔④〕

📝 point to 〜は「〜の方向を指す」というニュアンス。point at 〜の方が「ピンポイントに〜を指す」という感じが強い

The masked man **pointed** a gun at me.

その覆面をした男は、私に銃を突きつけた〔④〕

📝 関連表現としてat gunpoint（銃を突きつけて・突きつけられて）を覚えておこう

Jan **pointed out** that there is a typo in the headline.

見出しに誤植があるとジャンが指摘してくれた〔⑤〕

He **pointed out** that we were running out of time.

彼は時間が無くなってきているという点を指摘した〔⑤〕

line

❶（名）線、境界線　❷（名）列　❸（名）（電話の）回線

❹（名）一致、同調　❺（名）せりふ　❻（動）一列に並ぶ、並べる

「線(line)」から派生するイメージを捉えよう

lineには様々な意味があるが、ここでは特に注意を要するものを見ていく。まず文字通り①「線」の意味で使う他、poverty line（貧困ライン）、draw a line（線を引く⇒何かと何かを区別する）、cross the line（線を渡る⇒一線を越える）、be on the line（境界線上にある⇒〔主語が〕かかっている、失うリスクがある）のように比喩的な意味で使うことも多い。

また、「線」から転じて②「列」や③「（電話の）回線」の意味でも使うし、in line with ～（～と一致して）のように④「一致」という意味もある。これは「～と同じ線の中にいる」から、この意味で使うと考えておこう。

他にも⑤「（役者の）せりふ」の意味もあり、転じてpickup line（誘い文句）のような使い方もする。また、⑥「一列に並ぶ、並べる」という動詞の用法もある。この意味ではline upの形で使うことが多い。

draw a line	cross the line	be on the line	in line with

「(AとBを)区別する」	「一線を越える」	「～が懸かっている、失うリスクがある」	「～と一致して」

She drew a vertical **line** on the blackboard.

彼女は黒板に垂直の線を書いた〔①〕

📝 horizontal line（横線）、diagonal line（斜線、対角線）、straight line（直線）、curved line（曲線）、dotted line（点線）などを押さえよう

Many people in the country are living below the poverty **line**.

その国では多くの人が貧困ライン以下の生活をしている〔①〕

It is sometimes hard to draw a **line** between right and wrong.

善悪の区別をつけることは時に難しい〔①〕

His behavior has totally crossed the **line**.

彼の行動は完全に一線を越えた〔①〕

The heavyweight belt was on the **line** in that fight.

その試合にはヘビー級のベルトが懸かっていた〔①〕

They waited in **line** for hours.

彼らは何時間も一列に並んで待った〔②〕

📝 in lineで「一列に」。イギリス英語では「列」の意味でqueueを使うことが多い

A man cut in **line**.

一人の男が列に割り込んできた〔②〕

📝 cut in lineで「列に割り込む」

Nelson tried to call, but the **line** was busy.

ネルソンは電話しようとしたが、回線が込み合っていた〔③〕

Mr. Moore, your mother is on the **line**.

ムーアさん、お母様からお電話です〔③〕

📝 be on the lineは「電話に出ている」の意味でも使う

The outcome was in **line** with our expectations.

結果は私たちの予想と一致していた〔④〕

"Hi. You look a lot like my next girlfriend." "That's the worst pickup **line** ever."

「やぁ、君は僕の次の彼女にそっくりだ」「最悪の誘い文句ね」〔⑤〕

Everyone, please **line** up.

みんな、一列に並んでくれ〔⑥〕

They're **lined** up by number, smallest to largest.

それらは番号の小さい順に並んでいる〔⑥〕

CHAPTER 3 ・ コアイメージで語彙力アップ

case

①（名）場合　**②（名）実例、事例**

③（名）実情　**④（名）事件**

⑤（名）訴訟　**⑥（名）症例、患者数**

⑦（接）（in caseの形で）〜の場合に備えて

日本語の「ケース」より広い意味で使われる

日本語でも「そうしたケースでは」のように「場合」の意味で「ケース」を用いるが、英語の caseは日本語よりも幅広く使われる。

caseは語源的に「**落ちてくるもの、降りかかること**」というのが元の意味。そこから 「**実際の出来事やその実例**」といった意味が生じ、長い年月を経て上記のように幅広 い意味で使われるようになったが、基本は「ケース」という意味で捉えておこう（「事件」 「訴訟」「症例」なども、ある種の「ケース」と考えることができる）。

In that **case**, I'll make an exception.

その場合は、例外を認めよう〔①〕

There are many **cases** where victims have no choice but to give up.

被害者が泣き寝入りせざるを得ない場合が多々ある〔①〕

That's a classic **case** of "easy come, easy go."

それは「得やすいものは失いやすい」の典型的な例だ〔②〕

If that's the **case**, I'll pass.

そういうことなら、私は遠慮しておきます〔③〕

📝 the caseで「実情」という意味を表す。If that's the caseは「それが実情なら」が直訳。そこから 「そういうことなら」の意味で使われる

That's always the **case** with Jimmy.

ジミーはいつもそうだ〔③〕

📝 直訳は「ジミーに関してはいつもそれが実情だ」。このwithは「〜に関して」という意味でthe case with 〜（〜に関する実情、〜に当てはまる）という形で用いられる

That's not the **case** with me.

それは私には当てはまりません〔③〕

His brother is a key witness in the murder **case**.

彼の弟は、その殺人事件の重要な証人だ〔④〕

Prosecutors decided to drop the **case** against her.

検察は彼女に対する訴訟を取り下げることにした〔⑤〕

The city has seen a spike in COVID-19 **cases**.

その都市では新型コロナウィルス感染症の患者が急増した〔⑥〕

I wrote down the number **in case** I forget it.

忘れるといけないから、その番号を書き留めた〔⑦〕

Let's order more pizza **in case** Tim comes.

ティムが来る場合に備えて、もっとピザを頼んでおこう〔⑦〕

📝 ifと紛らわしいが、in caseは「〜の場合に備えて…する」、ifは「(実際に)〜になったら…する」という意味を表す。in case Tim comesは「ティムが来るかもしれないから(あらかじめ)ピザを頼んでおく」だが、if Tim comesは「実際にティムが来たらピザを頼む」という意味の違いがある。ただし、特にアメリカ英語ではin caseをifの意味で使うこともある

Just **in case** you've forgotten, today is Annie's birthday.

忘れているかもしれないけれど、今日はアニーの誕生日だよ〔⑦〕

📝 in caseの後ろに「忘れている／知らない」という語を続けることで「忘れている／知らないかもしれないので念のため伝えておくと」という意味を表す。この意味ではjust in caseの形で用いることが多い

In case of fire, please use the emergency stairs.

火災の際には、非常階段を利用してください〔⑦〕

📝 〈in case of＋名詞〉は「〜の場合には」という決まり文句

🔖 □ **classic** (形) よく知られた、定番の
　　□ **emergency** (名) 緊急、非常事態

level

 （名）水準、レベル

②（名）（特定の）高さ

③（動）平らになる、〜を平らにする

④（形）水平な、平らな

「天秤、水平」が語源

levelは、いわゆる「レベル、水準」という意味が有名だが、これは語源をたどると「**天秤**」という語に行き着く。つまり元は「水平」という意味だった。これがsea level（海抜）、eye level（目の高さ）のように「（水平面の）高さ」を意味するようになり、転じて「レベル」の意味になったと理解しておこう。

「水平」という名詞の意味ばかりでなく、「〜を平らにする」という動詞としても用いられる。動詞としては level offやlevel outの形で使われることも多く、こちらは「〜を平らにする」以外にも、「平らになる」という意味も表す。物理的に何かが平らになる場合ばかりでなく、例えば「グラフが横ばいになる」という意味でも用いられるので注意しよう。また、名詞や動詞以外にも、「水平な」という形容詞の用法もある。

levelのイメージ

The unemployment rate fell to its lowest **level** in 50 years.

失業率は過去50年で最低レベルまで低下した〔①〕

These programs are designed for students who are at an advanced **level** of English.

これらのプログラムは英語が上級レベルの学生向けに作られている〔①〕

📝「〜のレベルにある」はat 〜 levelのように前置詞のatを用いる

The doctor measured the **level** of alcohol in my blood.

その医者は、私の血中のアルコールレベルを測った〔①〕

The cabin is situated at 2,000 meters above sea **level**.

その小屋は海抜2,000メートルのところに位置している〔②〕

📝 sea levelは「海水面、海の高さ」。above sea levelで「海抜」。同様の用例としてground level（地表面、1階 (※イギリス英語)）、eye level（目の高さ）、knee level（膝の高さ）などを覚えておこう

A calendar is hung on the wall at eye **level**.

カレンダーが目の高さで壁に掛かっている〔②〕

You'll need to **level** the ground before planting flowers.

花を植える前に地面を平らにする必要がある〔③〕

After the long hill, the path **leveled** off.

長い丘を越えると、道が平らになった〔③〕

📝「平らにする、なる」の意味ではlevel off/outという形も使われる

When the plane **leveled** out, he unbuckled his seat belt and stood up.

飛行機が水平になると、彼はシートベルトを外し立ち上がった〔③〕

The divorce rate has **leveled** off.

離婚率が横ばいになった〔③〕

📝 上昇・下降していたものが「横ばいになる」という意味でも用いる

The surface of the desk is not **level**.

その机の表面は平らではない〔④〕

Make sure to pitch the tent on **level** ground.

テントは平らな地面に張るようにしなさい〔④〕

🔖
- □ **advanced**（形）上級の
- □ **cabin**（名）小屋
- □ **situated**（形）位置している
- □ **pitch**（動）（テントを）張る

matter

❶（名）問題、事柄　❷（動）（主語は）重要である

❸（接）（no matter what/how...の形で）たとえ〜でも

「話の材料」から意味が発展

matterという語の歴史をたどると「**物質、材木**」を意味する言葉に行き着く
（material〔材料、原料〕と語源的につながっている）。

そこから「話の材料＝話題」⇒「問題、事柄」という意味が生じ、さらに「しっかり問題とし
て認識される＝重要である」という発想から、「（主語は）重要である」という動詞としても
使われるようになった。こう考えておくと、それぞれの意味のつながりが見えやすい。

We discussed the **matter** over the phone.

私たちはその事柄について電話で話し合った（①）

📝「事柄」の意味でmatterを使うのは、ややフォーマル。日常会話では単にdiscussed itと言うことが多
い

It's no laughing **matter**. I nearly died!

笑い事じゃないよ。僕は死にかけたんだ！（①）

📝 laughing matterで「笑い事」

I guess it's only a **matter** of preference.

それは単に好みの問題だと思う（①）

📝 a matter of 〜（〜の問題）という形で用いることが多い

Tokyo is likely to be hit by a major earthquake within the next 30 years. It's not a **matter** of "if," but "when."

東京は今後30年の間に巨大地震に襲われる可能性が高い。それはif（起こるかどうか）ではなく、
when（いつ起こるのか）の問題だ（①）

What's the **matter**? You look depressed.

どうしたの？　落ち込んでいるみたいだけど（①）

What's the **matter** with you today?

お前今日どうしたんだよ？〔①〕

📝 What's the matter? は直訳すると「何が問題なのか？」だが、これは「どうしたの？」と相手を心配する表現。一方What's the matter with you? は、主に相手に対していらだっている時に使うことが多い

To make **matters** worse, the car broke down again.

さらに悪いことに車がまた故障した〔①〕

📝 to make matters worseは「さらに悪いことに」という意味の表現

I've never been to China, or any foreign country for that **matter**.

中国には行ったことがありません、というかそもそも外国に行ったことがないのです〔①〕

📝 for that matterは「そのことについてさらに詳しく言えば」という意味の表現。主にand/orの後で使われる

Don't talk to me like that — or to anyone else for that **matter**.

俺にそんな口の利き方をするな、というか誰に対してもだ〔①〕

Does it really **matter**?

それって本当に重要なこと？〔②〕

It doesn't **matter** who you used to be. What **matters** is who you are today.

過去にどんな人であったかは重要ではない。重要なのはあなたが現在どんな人であるかだ〔②〕

No matter what you say, nobody will believe you.

あなたが何を言おうと、誰も信じないよ〔③〕

📝 no matter what⇒whatever、no matter who⇒whoever、no matter where⇒whereverのように、多くの場合〈疑問詞＋ever〉に置き換え可能。ただし、Whatever you say doesn't matter.（君が何を言おうと重要ではない）のように、〈疑問詞＋ever〉は文の主語や目的語として使えるが、no matter ～はこの形で使えないので注意

Apple fans will buy the new iPhone, **no matter how much** it costs.

アップルのファンは値段がいくらでもその新型iPhoneを買う〔③〕

🔖 □ **preference**（名）好み

figure

① （名）（はっきりとは見えない）人影、物の影　② （名）（主に女性の）体のライン

③ （名）（修飾語句を伴って）〜な人物　④ （名）数字

⑤ （名）（figure of speechの形で）言葉のあや

⑥ （動）〜だと考える、結論づける

⑦ （動）（figure outの形で）〜を理解する、解明する

-💡-

「形・輪郭」のイメージで理解する

figureは語源をたどると「**形、姿、輪郭**」を意味する語に行き着く。これを出発点に考えると、figureの表す意味を理解しやすくなる。「人影」「体のライン」はまさに「形」だし、a historical figure（歴史上の人物）のように「人物」の意味でも使われるが、これも人影がよりはっきりとした形を持ったものだと考えておこう。

また、figureには「数字」という意味もある。numberが幅広く「数字」を表すのに対し、figureはsales figures（売上高）やgovernment figures（政府の統計）のように、「統計や計算の結果として出てくる数字」という意味で使うことが多い。これも、例えば売上を具体的に数字で表すことによって、よりはっきりとした「輪郭」を与えていると考えておくと理解しやすいのではないだろうか。

名詞以外にも「考える」や「理解する」という動詞としても使われるが、「頭の中ではっきりと形を描ける」ことが考えることや理解することにつながると捉えておくと分かりやすいだろう。ちなみにfigure skating（フィギュアスケート）というスポーツの名称は、氷の上に図形を描く競技から発展したことに由来する。

-🔊-

I lifted my head and saw a tall **figure** moving outside the window.

顔を上げると窓の外に背の高い人影が動いているのが見えた〔①〕

Meg likes to wear clothes that show off her **figure**.

メグは体のラインを強調するような服を着るのが好きだ〔②〕

What do you do to keep your **figure**?

体形を維持するために何をしていますか？〔②〕

📝 他にもlose one's figure（体形が崩れる）、watch one's figure（体形が崩れないように気をつける）などのパターンを押さえておこう

He has long been a leading **figure** in the movie industry.

彼は長いこと映画業界の大物であり続けている〔③〕

📝 leading figureで「主要人物、大物」。key/central figureでも似た意味を表す。他にもpublic/well-known figure（著名人）、authority figure（権威ある人）、political figure（政治家）、real-life figure（実在の人物）、historical figure（歴史上の人物）、father figure（父親のように頼りがいがある人）などのパターンを押さえておこう

The graph shows last month's sales **figures**.

グラフは先月の売上高を示している〔④〕

Do these **figures** include those who are currently unemployed?

この数字には現在無職の人も含まれているのか？〔④〕

The amount is about $20 million in round **figures**.

その額は、概算で約2000万ドルだ〔④〕

📝 in round figuresで「概算で」。関連表現としてround up/down（端数を切り上げる／切り下げる）を覚えておこう。roundの元の意味は「丸、丸い、丸める」。日本語でも「数字を丸める」と言う。ちなみにballpark figureも「概算」を意味する。野球場（ballpark）の観客数は概算で発表されることから

Of course I don't mean it. It's just a **figure of speech**.

もちろん本気で言っていない。単なる言葉のあやだよ〔⑤〕

I **figured** that she was just jealous of my success.

彼女は私の成功を妬んでいるだけだと考えた〔⑥〕

📝 thinkと同じような意味だと考えておこう

Did you **figure out** how to do it?

それのやり方が分かった？〔⑦〕

It doesn't take a rocket scientist to **figure** that **out**.

それを理解するのに天才は必要ない⇒誰でも分かる〔⑦〕

□ **rocket scientist**（名）頭の切れる人、天才

❶ 日本文の意味に合うように空所に適語を入れよう。

※最初の1文字のみ与えられている。

[1] It (s　　　　　) you right! You never listened to me.

（自業自得だよ！　私の言うことを全然聞かなかったでしょ）

[2] Aaron (f　　　　　) the can open with a knife.

（アーロンはナイフを使ってその缶をこじ開けた）

[3] He decided to run for president to (a　　　　　) issues of

poverty.

（彼は貧困問題に取り組むために大統領に立候補することにした）

[4] It was merely a (f　　　　　) of speech.

（それは単に言葉のあやだった）

[5] Murder rates in the city are beginning to (l　　　　　) off.

（その都市の殺人事件発生率は横ばいになってきた）

---

❷ 上下の文の空所に共通して入る語を答えよう。

[1] They put me in ＿＿＿＿＿ of advertising.

　 Do you ＿＿＿＿＿ your phone to 100 percent every day?

[2] I've never hit my children, or anyone else for

that ＿＿＿＿＿.

　 We're all going to end up dead. It's just a ＿＿＿＿＿ of

when.

[3] I'll repeat it, just in ＿＿＿＿＿ you've forgotten.

　 I'm certain the ＿＿＿＿＿ against you will be dropped.

[4] Don't you realize your entire future is on the ＿＿＿＿＿?

　 Approximately 25 percent of the population lives below

---

the poverty _____.

5 There's no _____ in discussing it because it is not

going to happen anyway.

　My _____ is, you really shouldn't react to rude

people online.

③ [　]内の語を使って次の日本文を英語にしよう。

1 それは私には当てはまりません。[case]

2 ジョンソン氏は知事を3期務めた。[served]

3 その覆面をした男は、私に銃を突きつけた。[pointed]

④ 下線部に注意して、次の英文の意味を考えてみよう。

1 Be who you are and say what you feel, because those

who mind don't <u>matter</u> and those who <u>matter</u> don't mind. —

Bernard Baruch

2 I didn't <u>cross the line</u>, you drew it in after I traversed it.

— Russell Brand

*traversed：「〜を横切った」

3 According to Guinness World Records, the first person to

be <u>charged</u> with speeding was Englishman Walter Arnold.

On Jan. 28, 1896, Arnold drove his "horseless carriage" at

more than four times the speed limit – 13 km/h! He was

chased and pulled over by a police officer on a bicycle.

*carriage：「馬車」

part

① (名) (全体の中の) 一部、部品　② (名) 役、役割 (= role)

③ (名) 地方、地域 (= area)　④ (名) (争いなどでどちらかの) 味方、側

⑤ (動) 別れる、手放す　⑥ (名) (頭髪) を分ける

「分割」が基本的なイメージ

partは幅広い意味を持つ語だが、基本となるイメージは**「分割」**。そこから、大きく分けて「分ける、別れる」系と、分けられた結果として「一部分」系の2つの意味で使われると理解しておこう。

part
=「分割」

「一部分」系
「(全体の)一部」「役、役割」「地方、地域」
(役や地域も全体の中の一部)

「分ける、別れる」系
「別れる、手放す」「味方、側 (分かれて争っているイメージ)」
「(髪) を分ける」

Part of the roof was damaged by fire.

屋根の一部が火災で損傷を受けた〔①〕

📝 part of 〜で「〜の一部」。一般にこの意味では無冠詞で使うが、一部であることを特に強調する時、またはa large part of 〜 (〜の大部分) のように形容詞が付く時はaを用いることが多い

That's **part** of the reason I decided to take French.

それが、私がフランス語を履修しようと思った理由の一つだ〔①〕

Yoga has become an essential **part** of my life.

ヨガは私の生活の欠かせない部分になった〔①〕

Sweat can make your private **parts** itch.

汗で陰部がかゆくなることがある〔①〕

📝 private partsは「プライベートな体の部分」から婉曲的に「陰部」を意味する

The event was held as **part** of the promotional campaign.

そのイベントは販促キャンペーンの一環として開かれた〔①〕

✐ as part of ～で「～の一部・一環として」

The factory makes car **parts** for Toyota.

その工場はトヨタ向けに車の部品を作っている〔①〕

My daughter got the leading **part** in the school play.

うちの娘は学校の演劇で主役の座を射止めた〔②〕

He played a key **part** in the success of the project.

彼はプロジェクトの成功において中心的な役割を果たした〔②〕

✐ play a part/role in ～は直訳すると「～において役を演じる」だが、転じて「～において（何らかの）役割を果たす」という意味を表す

They took **part** in the discussion.

彼らはその議論に参加した〔②〕

✐ take part in ～で「～に参加する」。このpartは「（果たす）役割」から転じて「関与、関わり」といった意味

What **part** of Canada are you from?

カナダのどの地域の出身ですか？〔③〕

She always takes his **part**.

彼女はいつも彼の肩を持つ〔④〕

✐ take one's partで「～に味方する、～の肩を持つ（= side with ～）」

She waved at me as we **parted**.

彼女は別れ際に私に向かって手を振った〔⑤〕

He didn't want to **part** with his car.

彼は車を手放したがらなかった〔⑤〕

✐ part with ～で「～を（嫌々）手放す」

He **parts** his hair on the side.

彼は髪を横分けにしている〔⑥〕

✐「（頭髪の）分け目（= parting）」という名詞としても用いる

📖　□ **itch**（動）（主語が）かゆい

rule

❶（動）〜を支配する、統治する　❷（動）裁定する、法的な判断を下す

❸（動）（主語は）最高だ　❹（動）（rule outの形で）（可能性など）を除外する

「ルールを敷く」から意味が発展

ruleについては、「ルール、規則」という名詞の意味はご存じだろうが、実はこの語は動詞としてもよく使われる。「（国など）を統治する」や「〜という法的な判断を下す」などの意味があるが、これらは**「ルールを敷く＝統治する、判断を下す」**といった具合に「ルール」とイメージ的に結びついているのが分かるだろう。

他にも、The movie rules.（その映画は最高だ）のように、「（主語は）最高だ」という意味で使うこともある。これはカジュアルな表現で「その映画は他の作品を圧倒するように支配している＝最高だ」と捉えておくと分かりやすいと思う。

それから、rule out（（可能性など）を除外する）もよく使われる。これは「判断を下す＋out（外す）」から「〜という可能性を除外する」という意味になると捉えておこう。

以上のような動詞のruleの用法は意外と盲点になっていることが多い。ここでしっかり押さえておこう。この他、ruleを使った重要表現もいくつか紹介する。

Queen Victoria **ruled** England for over 60 years.

ビクトリア女王は60年以上もイングランドを統治した〔①〕

The Liberal Democratic Party has **ruled** Japan for decades.

自民党は何十年も日本を支配している⇒政権の座にある〔①〕

📝 これと関連してruling party（与党）を覚えておこう。ちなみに「野党」はopposition (party)

The Roman Empire **ruled** over parts of Africa and Asia.

ローマ帝国はアフリカとアジアの一部を支配していた〔①〕

📝 特に「支配が〜に及ぶ」ということを表す際にはrule over 〜という形も用いられる

Gambling addiction always **ruled** her life.

ギャンブルへの依存が常に彼女の人生を支配していた〔①〕

📝 比喩的に「〜を支配する、〜に影響を与える」という意味でも使う

The judge **ruled** in favor of the plaintiffs.

判事は原告に有利な判決を出した〔②〕

📝 rule against 〜なら「〜に不利な判決を出す」

The Supreme Court **ruled** that the law was unconstitutional.

最高裁は、その法律は憲法違反という判断を下した〔②〕

📝 rule that 〜で「〜という法的な判断を下す」。ruled the law unconstitutionalのようにrule A B（AをBと判断する）の形も使われる

You **rule**!

君は最高だね!〔③〕

📝 You rock. でも同じ意味。逆はYou suck.（お前は最悪）

He didn't **rule out** the possibility of returning to competition.

彼は競技復帰の可能性を否定しなかった〔④〕

Investigators have **ruled out** arson as the cause of the fire.

捜査員は、火事の原因として放火を除外した〔④〕

📝 rule out A as Bで「AをBの可能性として除外する」

We still haven't **ruled** him **out** as a suspect.

私たちは、まだ彼を容疑者として除外したわけではない〔④〕

As a rule, men are more likely to have high blood pressure.

一般的に男性の方が高血圧になりやすい

📝 as a (general) ruleで「一般的に、たいていは（= generally）」

I expect you to **play by the rules** next time.

次はルールに従ってくれることを期待するよ

📝 play by the rulesで「ルールに従う、ずるをしない」

🔖 □ **addiction**（名）依存　□ **plaintiff**（名）原告（⇔defendant（被告））
　　□ **unconstitutional**（形）違憲の（⇔constitutional（合憲の））
　　□ **arson**（名）放火

mark

①(名)(汚れ・傷などの)跡　**②(名)的、目標、目的**

③(名)(特定の)基準　**④(動)(汚れ・傷などを)付ける**

⑤(動)(特定の出来事など)を示す

⑥(動)〜を祝う、記念する　**⑦(動)(mark downの形で)値下げする**

「印をつける」というイメージを頭に入れておこう

markは、日本語でも「クエスチョンマーク」や「ロゴマーク」などと言う通り、「(何らかの)印、記号」という意味がある。ここではこれ以外に、特に注意を要する重要な用法を見ていこう。

まずmarkは「印」から転じて①「(汚れ・傷などの)跡」や、そうした跡を④「付ける」という意味で使われる。また、②「的(まと)、目標、目的」という意味もある。この意味ではhit the mark(的中する、目的を達する)やmiss the mark(的外れとなる、失敗する)のような決まり文句の中で使うことが多い。この他、surpass the 10,000 mark(1万を超える)のように③「(特定の)基準」を示す際に用いることもある。

最後に、動詞として使われる⑤⑥⑦の用法について。まず、「彼の引退は1つの時代の終わりを示している」のように、主語が「(特定の出来事など)を示す」という意味で用いられる。これは**「(その出来事にマークを付けて際立たせるように)〜を示す」**というイメージで捉えておこう。同じく、何らかのイベントや記念日を際立たせることから「〜を祝う、記念する」「(○周年などに)当たる」という意味もある。また、mark down(〜を値下げする)という形もよく使われるので、覚えておこう。

The kids left dirty **marks** on the floor.

子供たちは床に汚れを付けた〔①〕

There were scratch **marks** on his neck.

彼の首には引っ掻いたような跡があった〔①〕

Some of their predictions hit the **mark**.

彼らの予想のいくつかは的中した〔②〕

His speech really hit the **mark**.

彼の演説は大成功だった〔②〕

✐ このようにhit the markは「的に当たる」から転じて、「的中する、正確である」「意図した目的を達する」という意味でも使われる

He tried to appeal to female voters, but it completely missed the **mark**.

彼は女性の有権者にアピールしようとしたが、完全に失敗した〔②〕

Their estimates turned out to be wide of the **mark**.

彼らの見積もりは不正確であったと分かった〔②〕

✐ wide of the markまたはoff the markで「不正確な、見当違いの」

His Twitter followers have crossed the five-million **mark**.

彼のツイッターのフォロワー数が500万人の大台を超えた〔③〕

Make sure you don't **mark** the surface.

表面に傷を付けないように注意して〔④〕

✐ The surface marks easily.(その表面には傷が付きやすい)のように「汚れ・傷が付く」という自動詞として使うこともある

His retirement **marked** the end of an era.

彼の引退は一つの時代の終わりを示した〔⑤〕

A special exhibition was held to **mark** the 50th anniversary of the battle.

その戦いから50周年を記念する特別展示が開かれた〔⑥〕

This year **marks** the 10th anniversary of the music festival.

今年はその音楽フェスの開催から10周年に当たる〔⑥〕

These peaches have all been **marked down**.

この桃はすべて値下げしています〔⑦〕

📖 □ **retirement**（名）引退　□ **era**（名）時代

due

1 （形）（支払・提出などの）期限になっている

2 （形）（出産・到着などの）予定である　3 （形）当然与えられるべき、適切な

4 （前）（due to ～の形で）～が原因で（= because of）

「借金がある、返済義務を負っている」が語源

dueについては、④で挙げたdue toが最もなじみがあるかもしれないが、それ以外にも様々な意味で使われる。一見するとバラバラの用法に見えるかもしれないが、dueの語源をたどると「借金がある、返済義務を負っている」という意味に行き着く。

これを知るとそれぞれの意味同士のつながりが見えてくるはずだ。借金の返済は当然「期限」と深く結びついているし、「期限」と「（出産などの）予定、予定日」はイメージ的に近い。また、借金は当然返すべきものであるので「当然与えられるべき（敬意など）」という意味が生じたのも納得できるだろう。

I haven't finished my homework which is **due** tomorrow.

明日提出の宿題をまだ終わらせていない〔①〕

📝〈due+日付など〉で「期限が～」。due dateは「支払期日」

When is the bill **due**?

その請求書の支払期限はいつ？〔①〕

The bill is past **due**.

その請求書は支払期限が過ぎている〔①〕

📝 past dueで「支払期限が過ぎた」

Annie is pregnant, and the baby is **due** in October.

アニーは妊娠していて、予定日は10月だ〔②〕

When are you **due**?

出産予定日はいつ？〔②〕

📝「出産予定日」では、主語は母親と赤ちゃんのどちらも使える

The flight from Atlanta is **due** to arrive at 11 a.m.

アトランタからのその便は11時に到着予定だ〔②〕

🖉 be due to do ～で「～する予定だ」

What time is the next bus **due**?

次のバスはいつ到着予定ですか？〔②〕

🖉 dueだけでも「到着予定」という意味を表せる

My new book is **due** out in July.

私の新刊は7月に発売予定だ〔②〕

🖉 be due outで「発売・公開予定だ」

We should treat the man with the respect that is **due** to him.

彼が受けるべき敬意を持ってその男性を扱うべきだ〔③〕

🖉〈due to＋人〉で「（敬意、称賛などが）人に与えられるべき」

With all **due** respect, I'm afraid your plan has some flaws.

失礼ですが、あなたの計画には欠陥があると思われます〔③〕

🖉 with all due respectは「当然の敬意を込めて」から、「失礼ですが、恐れながら」と反論する際の丁寧な前置きとして使われる

After **due** consideration, we decided to go with her plan.

適切な検討をした後、彼女の計画を採用することにした〔③〕

🖉「与えられて当然の」から「適切な、十分な」の意味でも使う

I was late **due to** the heavy traffic.

渋滞が原因で遅れてしまった〔④〕

The company's failure was largely **due to** poor business strategy.

その会社の失敗は主に事業戦略の悪さが原因だ

📖 □ **consideration**（名）検討　□ **strategy**（名）戦略

means

- ❶(名)手段、方法　❷(名)財産、収入
- ❸(by all meansの形で)どうぞ、何としても
- ❹(by no meansの形で)全く〜ではない (= not at all)

「中間点」から「手段」「収入」の意味が生じた

まず、meansは「〜を意味する」という動詞のmeanや、「意地悪な」という形容詞のmeanとは別の単語であるという点に注意しよう。この語は**「中間点」**を意味するmeanの複数形から派生した語で、大きく分けて「手段、方法」と「財産、収入」という2つの意味で使われる。

なぜ「中間点」から上記のような意味が生じたのか。例えば家を買うという「目的」のために、銀行でローンを組むという「手段」を使うとする。この場合、私と、私が達成する「目的（＝家を買うこと）」の「間」にローンという「手段」があると考えることができる。このように**手段とは、自分と、自分が行う行動や達成する目的の間にあるもの。よって、meansが「手段、方法」という意味で使われる**というわけだ。

また**「財産、収入」とは「生活の手段」**であるため、両者のイメージが結びついて②の意味でも使われるようになったと理解しておこう。その他、ここではby all meansやby no meansといった決まり文句も取り上げる。

We need to find some other **means** of transportation.

我々は別の交通手段を見つけなくてはならない〔①〕

📝〈means of＋名詞〉で「〜の手段」。means of transportation/transport（交通手段）、means of communication（通信・伝達手段）、means of distribution（流通手段）、means of identification（本人確認手段）、means of escape（脱出・避難手段）などのパターンを覚えておこう

A letter was the only **means** of communication between him and me.

私と彼の間では、手紙が唯一の通信手段だった〔①〕

📝〈ミス防止〉the only mean of...としないこと。meansは単数形でもmeansを用いる

Do you have any **means** of identification?

本人確認できるものをお持ちですか〔①〕

We have no **means** of contacting him.

彼に連絡を取る手段がない〔①〕

📝 means of ～ ingで「～する手段」

Vaccine passports can be used as a **means** of encouraging vaccinations.

ワクチンパスポートは、接種を奨励する手段として使える〔①〕

The log was lifted by **means** of a crane.

その丸太は、クレーンを使って持ち上げられた〔①〕

📝 by means of ～で「～という手段で、～を用いて」

Some young people say they don't have the **means** to support a family.

若者の中には家族を養う収入がないと言う人もいる〔②〕

She lives beyond her **means**.

彼女は収入以上の生活をしている〔②〕

📝 live beyond one's meansで「収入以上の（分不相応な）暮らしをする」。live within one's meansなら「収入に応じた暮らしをする」

"Do you mind if I borrow this?" "**By all means**."

「これを借りてもいいですか」「どうぞ」〔③〕

📝 by all meansは「（リクエストに対して）いいですよ」という決まり文句。また、「何としても、是が非でも」の意味でも用いる（直訳は「あらゆる手段によって」）

I am **by no means** an art expert.

私は決してアートの専門家などではない〔④〕

🔖 □ **transportation**（名）輸送
□ **identification**（名）本人確認、身分証明書
□ **log**（名）丸太

credit

①（名）信用取引　**②（名）功績、手柄、称賛**

③（動）〜に功績があると考える

「信用、信頼」を出発点にして理解しよう

日本語の「クレジット」という言葉を聞いて、何を思い浮かべるだろうか？　おそらく「クレジットカード」や「（映画・ドラマの）クレジット」などが頭に浮かんだ人が多いだろう。英語のcreditもこうした意味で使われるが、日本語の「クレジット」よりも意味の幅が広いので注意が必要だ。ここではいわゆる「クレジットカード」に代表されるような「信用取引」の他、「功績、称賛」という意味を取り上げる。

この②の意味は日本人にとって盲点となっていることが多いが、英語ではよく使われるのでしっかり押さえておこう。creditは、credibility（信用性、信頼性）と同じく「**信用、信頼**」という意味が元になっている。この「信用」が「称賛」とイメージ的に結びついて②の意味でも使われるようになったと考えれば、分かりやすいのではないだろうか。また、動詞として「〜に功績があると考える」という意味でも使われる（受け身で使うことが多い）。

You'll need a good **credit** history to get a mortgage.

住宅ローンを組むには、信用履歴が良くなければならない〔①〕

Jason bought a new suit on **credit**.

ジェイソンは新しいスーツをクレジットで買った〔①〕

📝 on creditで「（支払い方法が）クレジットで、つけで」

The CEO said **credit** for the firm's success should go to its employees.

CEOは、会社の成功は社員の功績だと言った〔②〕

📝 ②の意味ではcredit for 〜（〜の功績、手柄）の形で使うことが多い。また、これがgo toと結びつくと「功績が〜に行く」から「〜の功績だ、手柄だ」という意味を表す

Much of the **credit** for the win goes to Mark, who hit two home runs.

勝ったのは、ほぼマークのおかげだ。彼は本塁打を2本打った〔②〕

📝 some of the credit（功績のいくらか）やmuch/a lot/most of the credit（功績の多く・ほとんど）とすることで、功績の「程度」を表せる

Zack shared the **credit** with his teammates and coaches.

ザックはその手柄をチームメートやコーチと分け合った〔②〕

I just want to get the **credit** I deserve.

私はただ、自分が受けるに値する称賛を得たいだけだ〔②〕

My boss took **credit** for my work.

上司が私の仕事を自分の手柄にした〔②〕

🖉 take credit for 〜で「〜を自分の手柄にする」

I can't take all the **credit** for it. Everyone helped a lot.

それをすべて自分の手柄になんてできない。みんなが大いに助けてくれたから〔②〕

Several magicians claimed **credit** for the idea.

複数の手品師が、自分がそのアイデアを思いついたと主張した〔②〕

🖉 claim credit for 〜で「〜を自分の手柄だと主張する」

I give **credit** where **credit** is due.

私は功績のある者はきちんと評価する〔②〕

🖉 give credit where credit is dueは「功績が与えられるべき (due) ところに功績を与える」から「認めるべき功績は認める」という決まり文句

He is widely **credited** with inventing the style.

そのスタイルを生み出したのは彼だと広く考えられている〔③〕

🖉 be credited with 〜で「(主語は)〜の功績があると信じられている」

Our success can be **credited** to our dedicated team members.

我々の成功は熱心なメンバーのおかげだ〔③〕

🖉 be credited to 〜で「主語の功績は〜のおかげだ」。このtoは「功績」の向かう先を表しているとイメージしよう

🔖 □ **mortgage** (名) 住宅ローン
□ **deserve** (動) 〜を受けるに値する
□ **invent** (動) 〜を発明する、考案する
□ **dedicated** (形) 献身的な、熱心な

worth

❶（前）〜の価値がある

❷（名）価値

意味だけでなく、使い方のパターンを頭に入れよう

worthは「価値がある」という意味だと知っているものの、worth a tryのような〈worth＋名詞〉やworth 〜 ing、it is worthwhile 〜 ingなど使い方がややこしく、いまいち理解できている自信がないという人も多いのではないだろうか。

まず認識しておくべきは、worthは前置詞で、主にbe worth 〜の形で使われて「（主語は）〜の価値がある」という意味を表すということ（形容詞とする辞書もあるが前置詞と考えた方が理解しやすい）。これを押さえた上で、worthの使い方のパターンをしっかり頭の中で整理しよう。一度で全て覚えられなくても、繰り返し例文を聞いているうちに自然と使えるようになっていく。

【worthのパターン】
- ・S is worth＋名詞：「Sには〜の価値がある」
- ・S is worth 〜 ing：「Sには〜する価値がある」
- ・It is worth 〜 ing：「〜する価値がある」
- ・It is worthwhile 〜 ing（またはto do）：「〜する（時間をかける）価値がある」

worthwhileのwhileは、「時間」という意味。つまり「時間をかける価値がある」というのが元の意味だ。実際にはIt is worth visiting the city. もIt is worthwhile visiting the city. も意味に大差はないが、特に「時間をかける価値がある」ということに意識が置かれる際にworthwhileが使われると考えておこう。本来はworth whileと2語でつづるのが正式だが、現在ではworthwhileを使う方が多い（厳密にはworthとworthwhileは別の語だが、ここでは便宜上一緒に扱う）。

また、worthには「価値」という名詞の用法があるが、これは主に〈金額＋worth of 〜〉（…の価値がある、…相当の〜）という形で使う。

I think his plan is **worth** a try.

彼の計画は試してみる価値があると思う〔①〕

The Sydney Opera House is **worth** a visit.

シドニーのオペラハウスは訪れる価値がある〔①〕

It took me a little while to make it, but it was totally **worth** the effort.

それを作るには少々時間がかかったが、努力する価値はあった〔①〕

📝 wellやtotallyなどを前に付けて強調することがある

A ticket to space cost $450,000, but it was well **worth** it.

宇宙へのチケットは45万ドルしたが、その価値は十分あった〔①〕

📝「何の価値があるのか」が明白な場合はworth itを使うこともある

This painting is **worth** $2 million.

この絵画は200万ドルの価値がある〔①〕

How much is the ring **worth**?

その指輪はどれくらいの価値があるのですか?〔①〕

This movie is **worth** seeing.

この映画は見る価値がある〔①〕

It's **worth** seeing this movie.

この映画は見る価値がある〔①〕

📝 この2つは言い方が違うだけで結局は同じ意味

It's not **worthwhile** interviewing these candidates.

この候補者たちは、わざわざ面接する価値はない〔①〕

Is it **worthwhile** to try to repair the piano?

そのピアノを修理する価値はあるか?〔①〕

📝 worthwhile job(やる価値のある仕事)のような形で使うこともある

The storm caused a million dollars' **worth** of damage.

その嵐は100万ドル相当の被害をもたらした〔②〕

issue

❶（名）問題、争点、問題点（= subject, topic）　❷（名）（雑誌などの）発行号

❸（動）（声明・警報など）を発する　❹（動）（株式・逮捕状など）を発行する

「出てきたもの」が基本のイメージ

issueも様々な意味で使われる語だが、語源をたどると「出て行く」という意味に行き着く。すなわち**「出す」「出てきたもの」**といったイメージで捉えておくと、このissueという語を理解しやすい。

「〜を発する」は文字通り「出す」ということだし、「発行する」や「発行号」も「（世の中に）出てきたもの」だ。また、「問題」も、どこかから「生じたもの」と考えると、意味のつながりが見えやすいだろう。

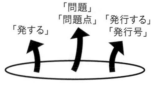

issue=「出す」「出てきたもの」

Amber writes mostly about environmental **issues**.

アンバーは主に環境問題について執筆している〔①〕

The cost of living emerged as one of the biggest **issues** in the election campaign.

生活費は、選挙戦の最も大きな争点の1つになった〔①〕

The new president must address the **issue** of climate change.

新大統領は気候変動の問題に取り組まなければならない〔①〕

Money was not an **issue** anymore.

お金はもはや問題ではなくなっていた〔①〕

Kenny raised some important **issues** at the meeting.

ケニーは会議でいくつかの重要な問題点を提起した〔①〕

📝 raise＋issueで「（話し合うため）問題を提起する」

Anger management therapy helps people with anger **issues**.

アンガーマネジメントセラピーは、怒りの問題を抱えた人を助けてくれる〔①〕

📝 この例のようにproblemと同じような意味で使うこともある

My brother has an **issue** with me and won't tell me why.

弟は私を嫌っていて、その理由を言わない〔①〕

📝 have an issue with ～で「～を嫌う、～に対して問題・文句がある、賛同できない」という意味。issuesと複数形を使うこともある

The article appeared in the June **issue** of *Wildlife*.

その記事はワイルドライフ誌の6月号に掲載された〔②〕

You can order back **issues** directly from us.

バックナンバーは私どもに直接ご注文いただけます〔②〕

📝 「過去の号、バックナンバー」はback issuesとするのが普通

After the summit, the two leaders **issued** a joint statement.

首脳会談の後、2人の首脳は共同声明を発表した〔③〕

A new evacuation warning has been **issued** for the area.

新たな避難警報がその地域に出された〔③〕

Companies **issue** stock in order to raise money.

企業は資金を集めるために株式を発行する〔④〕

📝 「株式」「切手」などの発行の他、「ビザ」「パスポート」「許可証」「逮捕状」など、公的に発行するものに対しても使われる

The authorities declined to **issue** him a visa.

当局は彼へのビザの発給を断った〔④〕

A judge has **issued** an arrest warrant for Troy.

判事はトロイの逮捕状を発行した〔④〕

further

● (副) さらに、これ以上　● (形) さらなる、これ以上の

● (動) 〜を推し進める

物理的にも抽象的にも「より遠い」イメージ

far (遠くに) の比較変化には、far-further-furthestとfar-farther-farthest
の2種類があるのをご存じだろうか。このうちfurtherとfartherという2つの比較級は、
以下のように使い分ける。

・**further**：「より遠くに」という物理的な距離だけでなく、「(度合い・程度が) さらに、
それ以上に」という抽象的な意味でも使われる。

・**farther**：原則として「より遠くに」という物理的な距離にしか用いない。

このようにfurtherの方が使われる範囲が広い。ここでは主に抽象的な意味で使われる
furtherを取り上げる。また、この語は副詞や形容詞 (〈further＋名詞〉の形で用いる)
以外にも、「〜を推し進める (＝ advance)」という動詞としての用法もある。「さらに遠
くへ (動かす)」から「推し進める」という意味になるとイメージしておこう。

I can't walk any **further**.

もうこれ以上歩けない〔①〕

📝 〈物理的な距離〉についてはfartherを使う方が正式だと考える人もいるが、実際にはfurtherもよく使われる

I don't want to talk about it any **further**.

そのことについては、もうこれ以上話したくない〔①〕

They agreed to **further** discuss the matter.

彼らはその問題をさらに話し合うことに同意した〔①〕

📝 discussと結びついて「さらに議論する」という意味でよく使われる

If necessary, I'll be happy to arrange another meeting to **further** discuss this project.

必要であれば、このプロジェクトをさらに議論するために、別の会議を設定いたします〔①〕

In recent years, the situation has worsened even **further**.

近年、状況はさらに悪化した〔①〕

He took the idea one step **further** and started his own business.

彼はそのアイデアを一歩進めて、自ら事業を興した〔①〕

📝 take ~ one step furtherで「~をさらに一歩進める、発展させる」

Looking for a perfect gift? Then look no **further**!

完璧なギフトをお探しですか？　それならこれ以上探す必要はありませんよ！〔①〕

📝 look no furtherは「これ以上（他のところを）見る必要はない」から「あなたが求めているものはここにある」といった意味で、広告などでよく使われる表現。look no further than ~（~より先は探さなくてよい⇒~こそあなたが求めているもの）という形で用いることもある

For **further** information, please don't hesitate to contact me.

さらなる情報を知りたければ、遠慮せずに連絡してください〔②〕

I don't have any **further** questions.

これ以上の質問はありません〔②〕

The accident caused **further** damage to my already injured back.

その事故は、既にけがをしている背中にさらなる損傷を与えた〔②〕

The museum is closed until **further** notice.

美術館は別途通知があるまで閉鎖いたします〔②〕

📝 until further noticeで「別途［以後の］通知があるまで」

They agreed to **further** their cooperation in multiple areas.

彼らは様々な分野での協力関係を推し進めることに同意した〔③〕

He dedicated himself to **furthering** the cause of world peace.

彼は世界平和の理念を推進することに打ち込んだ〔③〕

🔖
- □ **hesitate**（動）~をためらう、躊躇する
- □ **multiple**（形）多数の
- □ **cause**（名）理念、大義

deliver

❶（動）〜を配達する、届ける　❷（動）（様々なもの）を相手に届ける

❸（動）（約束）を守る

「伝える」「提供する」「生み出す」「攻撃する」に共通のイメージ

日本語でも「デリバリー」と言う通り、deliverに「〜を配達する」という意味があるのはご存じかもしれないが、英語のdeliverは単に「配達する」だけでなく、ここから転じて**「様々なものを相手に届ける」**という意味でも使われる。日本人が考える以上に使われる範囲が広い語なので注意が必要だ。具体的には以下のパターンで使うことが多い。

・deliver + **伝える、聞かせる**系

　　　　*speech, lecture, message, warning, verdict

・deliver + **提供する**系

　　　　*service, solution, perspective, analysis

・deliver + **生み出す**系

　　　　*result, outcome, benefit, victory, performance

・deliver + **攻撃する**系

　　　　*blow, punch

これら全てに「届ける」というニュアンスがあることを確認しておこう。deliver a speech（スピーチをする）やdeliver great service（素晴らしいサービスを提供する）などは「スピーチを聴衆に届ける」「サービスを顧客に届ける」と考えることができる。deliver a better result（より良い結果を出す）も、よい結果を出してそれを相手に届けている感じがあるし、deliver a blow to 〜（〜を殴る）も、「パンチを相手に届ける」と考えることができる。

このようにdeliverは、**「（様々なものを）届ける」**というイメージで捉えるのが理解するコツだ。他にも❸「（約束）を守る」という意味でも使う。これも「（約束したこと）を相手に届ける」から、この意味で使うと考えておこう。

The package was **delivered** yesterday.

その小包は昨日配達された〔❶〕

Does the restaurant **deliver**?

そのレストランは宅配をやっていますか？〔❶〕

📝「配達業務をする」という目的語のない自動詞としても用いる

He is scheduled to **deliver** a speech next week at Yale University.

彼は来週、エール大学で演説する予定だ〔②〕

The movie **delivers** a clear message — cheating doesn't pay.

その映画は明確な教訓を伝えている—ズルは割に合わない〔②〕

The South Korean president **delivered** a warning to North Korea.

韓国大統領は北朝鮮に対し警告を発した〔②〕

The jury **delivered** a verdict of not guilty.

陪審員は無罪の評決を下した〔②〕

This book **delivers** an in-depth analysis of Picasso's works.

この本はピカソ作品の綿密な分析を提供している〔②〕

These technologies can **deliver** enormous benefits.

こうした技術は、莫大な利益を生み出す可能性がある〔②〕

Hanyu **delivered** a gold-worthy performance.

羽生選手は金メダルに値する演技を見せてくれた〔②〕

He **delivered** a hard blow to my head.

彼は私の頭にきつい一撃を加えた〔②〕

Bob said he'll do it, but I don't think he will **deliver**.

ボブはそれをすると言ったが、彼がやるとは思えない〔③〕

📝 ③の意味では、このように1語で「約束を守る」という自動詞で使う他、deliver 〜（（約束したこと）を果たす）、deliver on one's promise（約束を果たす）などのパターンで使われる

She won't be able to **deliver** everything she promised.

彼女が約束したこと全てを果たすのは無理だろう〔③〕

🔖 □ **cheating**（名）ずる □ **in-depth**（形）綿密な、掘り下げた

① 上下の文の空所に共通して入る語を答えよう。

1 She headed to Paris to _____ her modeling career.

   He declined to _____ comment on the report.

2 The judge _____ yesterday that the accident was not her fault.

   The report _____ out the possibility of suicide.

3 She _____ another stunning performance to win her second Olympic medal.

   My package was accidentally _____ to the wrong address.

4 Reading plays an essential _____ in developing creativity.

   More than 2,000 people took _____ in the protest.

5 Gun control is a controversial _____ in the U.S.

   Only a police officer is allowed to _____ a speeding ticket.

6 A series of events were organized to _____ the 10th anniversary.

   The number exceeded the 6 million _____ in 2021.

7 Unfortunately, we had no _____ of communication.

   He'll be in big trouble if he continues to live beyond his _____.

8 Her new novel is _____ to hit the shelves later this year.

With all _____ respect, sir, that won't make a difference.

② [ ]内の語を使って次の日本文を英語にしよう。

1 彼の計画は試してみる価値があると思う。[worth]

2 複数の手品師が、自分がそのアイデアを思いついたと主張した。[credit]

③ 下線部に注意して、次の英文の意味を考えてみよう。

1 Life isn't worth living for unless you have something worth dying for.

2 By all means, marry. If you get a good wife, you'll become happy; if you get a bad one, you'll become a philosopher.

— Socrates

*philosopher：「哲学者」

3 Frederick Graff Sr. is credited with inventing the fire hydrant. Graff was the chief engineer of the Philadelphia Water Works when he came up with the first pillar type of fire hydrants in around 1800. Ironically, the patent for the fire hydrant was destroyed when the patent office in Washington, D.C., burned down in 1836.

*fire hydrant：「消火栓」　　*came up with ～：「～を考案した」
*pillar：「柱」　　*patent：「特許」

④ 次のなぞなぞに答えよう。

What he delivered yesterday was something that you can't see or touch. What was it?

stick

① （動）～を刺す、刺さる　② （動）突っ込む、突き出す

③ （動）くっつく、くっつける　④ （動）～を動けなくさせる、立ち往生させる

⑤ （動）定着する、留まる

⑥ （動）（stick to ～の形で）～を忠実に守る、～から離れない

「棒で突き刺す」が基本のイメージ

stickと言えば、野菜スティックのように棒や棒状のものを表すというのはご存じかもしれないが、この語は動詞としても使われる（stick-stuck-stuckと活用する）。

上記のように幅広い意味で使われるが、stickの元になるイメージは**「棒で突き刺す」**。そこから文字通り「刺す、刺さる」や「突っ込む、突き出す」という意味で使われる。

突き刺さったものはそこに固定されるので、そこから

stickのイメージ

「くっつく、くっつける」「動けなくさせる」「定着する、留まる」「忠実に守る」（例えば「計画を忠実に守る」とは「計画にくっついて離れない」と考えることができる）といった意味で使われると考えておこう。

He **stuck** a pin in the map.

彼は地図にピンを刺した〔①〕

The little girl **stuck** out her tongue.

その小さな女の子は舌をペロッと突き出した〔②〕

📝 stick outで「～を突き出す」。②の意味ではout（突き出す）やin/into（突っ込む）など、主に場所や方向を表す前置詞・副詞と共に用いる

Meg is always **sticking** her nose into other people's business.

メグはいつも他人の問題に首を突っ込んでばかりいる〔②〕

📝 stick one's nose in/into ～は直訳すると「～に鼻を突っ込む」だが、これは「～に首を突っ込む、余計な詮索をする」というイディオム

I **stuck** a note on the door, but it fell off.

ドアにメモを貼り付けておいたが、はがれてしまった〔③〕

My shirt is **sticking** to my back with sweat. It feels so gross.

汗でシャツが背中に貼り付いていて、とても気持ちが悪い〔③〕

📝 これと関連してsticky（べたべたした）という形容詞を覚えておこう

Help! My head's **stuck**.

助けて！ 頭が挟まっちゃったんだ〔④〕

📝 ④の意味ではbe stuckやget stuckという受け身の形で使われる

He is **stuck** in traffic right now.

彼は今、渋滞にはまっている〔④〕

We just got **stuck** in a very bad situation.

我々は非常にまずい状況に陥ってしまった〔④〕

A man dressed as Santa Claus was found dead **stuck** in a chimney.

サンタの格好をした男性が煙突にはまった状態で死亡しているのが見つかった〔④〕

They started calling him "Hunk" and the name **stuck**.

彼らは彼を「ハンク」と呼び始め、その呼び名が定着した〔⑤〕

Her kind words **stuck** in my mind.

彼女の優しい言葉が心に残った〔⑤〕

He was determined to **stick to** the original plan.

彼は当初の計画を忠実に守ると決めていた〔⑥〕

Could you **stick to** the point, please?

要点から脱線しないでもらえますか？〔⑥〕

📝 stick to the pointで「要点から離れない、脱線しない」

🔖 □ **fall off** はがれる　□ **gross**（形）気持ち悪い　□ **chimney**（名）煙突

owe

①（動）〜に支払い義務がある、金を借りている

②（動）〜に（…を与える）義務・義理を負っている

③（動）（owe A to Bの形で）AはBのおかげだ

oweに続く形を頭に入れよう

oweは、I owe you 10 bucks.（あなたに10ドルの借りがある）というお金の債務について使うのが基本だが、それ以外にも I owe you lunch.（君には昼飯をおごらないとな）や、You owe me an apology.（君は僕に謝ってもらわなければならない）など、幅広い文脈で使われる。

これらに共通している形を見ておこう。**oweは〈owe＋人＋X〉の形で使われて「（主語は）人にXを与える義務・義理を負っている」と理解しておくのがコツ**。こうすれば、どんなパターンで使われても理解することができる。

【oweのパターン】

I owe **you 10 bucks**.「あなたに10ドルの借りがある」
　　　　人　　X

I owe **you lunch**.「君には昼飯でもおごらないとな」
　　　　人　　X

You owe **me an apology**.「君は僕に謝ってもらわなければならない」
　　　　　人　　　X

また、ここから転じたowe A to B（AはBのおかげだ）という決まり文句についても取り上げる。

Bobby **owes** me $500.

ボビーは私に500ドル借りている（①）

📝 Bobby owes $500 to me. という語順も可能

How much do I **owe** you?

いくらですか？（①）

📝 How much do I owe you?（直訳すると「あなたにいくらの借りがありますか？」）は支払い額を確認する際の決まり文句

How much do I **owe** you for the concert tickets?

コンサートのチケットでいくら払えばいい？（①）

📝 具体的に「何のことで借りがあるのか」を明示する場合はforを用いて表す。owe $1,000 on the car（車の支払いが1000ドル残っている）のように、特に何らかの「債務」を表す場合はonを使うこともある

Lisa **owes** more money than she can afford to pay.

リサは返せる以上のお金を借りている〔①〕

📝〈owe＋人＋X〉の「人」（または「X」）は文脈上省略することも多い

Thanks for your help. I **owe** you a beer.

助けてくれてありがとう。君にはビールでもおごらないとな〔②〕

I think Sadie **owes** us an explanation.

セイディーは私たちに説明する必要があると思う〔②〕

I **owe** you an apology for acting like a jerk.

ばかみたいな振る舞いをしたことで、君に謝らないと〔②〕

OK. I'll let you have her. But you **owe** me big.

分かった、彼女はお前に譲るよ。でもこの借りは大きいぞ〔②〕

📝 You owe me big. は「この借りは大きい」という決まり文句。bigの代わりにbig timeやa lotなども使われる

Thank you. I **owe** you one.

ありがとう。恩に着るよ〔②〕

📝 I owe you one. は「恩に着る、君に借りができた」という決まり文句

I **owe** my success **to** their help.

私が成功したのは彼らの助けのおかげだ〔③〕

📝〈ミス防止〉③の意味ではowe their help my successの語順は誤り

I **owe** what I am **to** my parents.

今の私があるのは両親のおかげだ〔③〕

My father **owes** his life **to** Dr. Willis.

ウィリス先生は父の命の恩人だ〔③〕

📝 直訳は「父の命はウィリス先生のおかげだ」

🔖 □ **jerk**（名）ばか、間抜け、嫌な奴

suffer

❶ (動) 苦しむ　❷ (動) (不快なこと) を受ける、経験する

❸ (動) (suffer from 〜の形で) 〜で (長期的に) 苦しむ

後ろにfromが付く場合と付かない場合の違い

sufferには「苦しむ」という意味があるのはご存じだろう。ややこしいのは、suffer a heart attack (心臓発作を起こす) とsuffer from asthma (ぜんそくで苦しんでいる) のように、後ろにfromが入らないパターン (②の意味) と入るパターン (③の意味) があることではないだろうか。

sufferは「(損害、けが、敗北など) 何らかの不利益・不快なことを経験する」場合は〈suffer＋不快なこと〉という形で使われる。一方、特に病気などで「(長期的に) 苦しむ、〜の持病がある」という意味ではsuffer from 〜の形を取ると考えておこう。

We don't want to see animals **suffer**.

私たちは動物たちが苦しむのを見たくない〔①〕

📝 肉体的・精神的な苦しみ両方に対して使われる

Farmers **suffered** huge losses last year due to drought.

農家は昨年、干ばつで大きな損害を受けた〔②〕

You won't **suffer** any further loss of income.

これ以上収入が減ることはありません〔②〕

Arsenal have **suffered** three consecutive defeats.

アーセナルは3連敗を喫した〔②〕

Our boat did not **suffer** any damage from the storm.

私たちの船はその嵐で損害を受けなかった

Both drivers **suffered** minor injuries in the crash.

どちらの運転手もその事故で軽症を負った〔②〕

The team **suffered** another blow when a knee injury sidelined Lopez.

ロペスが膝のけがで離脱し、チームはさらなる打撃を受けた〔②〕

One in ten patients **suffer** severe side effects from the treatment.

10人に1人の患者は、その治療で重い副反応が出る〔②〕

Mr. Mills **suffered** a massive heart attack yesterday.

ミルズ氏は昨日、重度の心臓発作を起こした〔②〕

📝「心臓発作を起こす」はhave a heart attackのようにhaveを使うことが多い。sufferの方がやや
フォーマルな響きがある

You'd better back off, or you will **suffer** the consequences.

手を引くんだ、さもないとその報いを受けることになるぞ〔②〕

📝 suffer the consequencesで「報いを受ける、結果に苦しむ」。suffer the consequences
of ～（～の報いを受ける）のようにofをつなげて具体的に何の報いを受けるのかを明示することがある

Troy is now **suffering** the consequences of his actions.

トロイは今、自分の行動の報いを受けている〔②〕

My son **suffers from** asthma.

息子はぜんそく持ちだ〔③〕

📝 持病についてはMy son has asthma. のようにhaveを用いて表す方がカジュアルな響きがある

She **suffered from** depression for most of her life.

彼女は、人生の大半をうつで苦しんでいた〔③〕

They help patients **suffering from** Alzheimer's disease.

彼らはアルツハイマーで苦しむ患者の支援をしている〔③〕

China has been **suffering from** serious air pollution for years.

中国は何年も深刻な大気汚染で苦しんでいる〔③〕

📝 病気以外にも「長期にわたって悪影響を受ける」という意味でsuffer from ～を使うことがある

withdraw

1
6
4

① (動)(預金)を引き出す　② (動)(手・足など)を引っ込める

③ (動)〜を取り消す、撤回する、取りやめる

④ (動)〜を撤退させる、撤退する、離脱する

⑤ (動)〜を回収する　⑥ (動)引きこもる

💡 ───

「離れて(with)引く(draw)」イメージ

withdrawは上記のように様々な意味を持っている。この語はwithとdrawという部分に分解できる。drawは「〜を引く」という意味。一方、with-は意外に思われるかもしれないがawayと同じく「離れて」という意味がある。よってwithdrawは「離れて引く」から「**〜を引っ込める、引っ込む**」というのが元の意味。このイメージで捉えるのがwithdrawを理解するコツだ。上記の意味には、全てこのイメージがあるのが見て取れるだろう。

また、withdrawはdrawと同じくwithdraw-withdrew-withdrawnと活用する。過去分詞のwithdrawnは「引っ込んでいる」から「引きこもっている、内向的な」という意味の形容詞としても使われるので、これも押さえておこう(ここでは⑥の意味と一緒に扱う)。

 ───

Police released CCTV footage of Troy **withdrawing** money.

警察はトロイがお金を引き出している監視カメラの映像を公開した〔①〕

📝 逆に「預金する」はdeposit

Mia hastily **withdrew** her hand from his and glared at him.

ミアは彼に握られた手をさっと引っ込めて、彼を睨んだ〔②〕

Owen **withdrew** his previous remarks and apologized.

オーウェンは前言を撤回して、謝罪した〔③〕

The group threatened to **withdraw** its support for the Labour Party.

その団体は、労働党への支持をやめることをちらつかせた〔③〕

He later **withdrew** his resignation and agreed to remain in his post.

彼はその後辞意を撤回し、現在の地位に留まることを承諾した〔③〕

They decided to **withdraw** the case.

彼らはその訴訟を取り下げることを決めた〔③〕

📝 訴訟・告訴を「取り下げる」にはwithdrawの他、dropなども使える

The U.S. **withdrew** its troops from Afghanistan.

米国は軍をアフガニスタンから撤退させた〔④〕

A leg injury forced Amanda to **withdraw** from the competition.

脚のけがでアマンダは競技の欠場を余儀なくされた〔④〕

The pills have been **withdrawn** from the market for further tests.

その薬はさらなる試験のため、市場から回収された〔⑤〕

Meg often **withdraws** into her own fantasy world.

メグはしばしば自分が作り上げた空想の世界に引きこもる〔⑥〕

📝 ⑥の意味ではwithdraw into 〜（〜に引きこもる）、withdraw from 〜（〜との関わりを避けて引きこもる）というパターンで使うことが多い

She **withdrew** into her shell and didn't speak to anyone for weeks.

彼女は自分の殻に閉じこもり、数週間誰とも口をきかなかった〔⑥〕

He **withdrew** from other people and spent most of his time with a life-sized doll in his room.

彼は他人を避けて引きこもり、ほとんどの時間を部屋で等身大の人形と過ごしていた〔⑥〕

Sam was shy and **withdrawn** as a child.

サムは、子供の頃はシャイで内向的だった〔⑥〕

She became **withdrawn** after her son's death.

彼女は息子の死後、引きこもるようになった〔⑥〕

suppose

❶（動）〜だと思う、考える

❷（節）（Suppose/Supposingの形で）〜と仮定すると

❸（動）（be supposed to do 〜の形で）〜することになっている

会話に頻出のbe supposed to do 〜を押さえる

supposeは「〜だと思う、考える」という意味が基本。これはguessと同じく、thinkよりやや意味の弱い語だと考えておこう。この他、Suppose you won the lottery（もし宝くじに当たったとしたら）のように、「〜と仮定すると」というifと同じような意味で使うこともある。①の「〜だと考える」から「仮定する」というニュアンスが生まれて、②の意味で使われると考えておこう。この意味ではSupposeの他、Supposingというing形が使われることもある。

そして、特に注意を要するのはbe supposed to do 〜という形だ。これは**「（主語は）〜することになっている、〜であるはずだ」**という意味で非常に幅広く使われる表現だが、細かく分けると以下のようなパターンで使うことが多い。

> We **are supposed to** follow the rules.
> 「私達はルールに従うことになっている」**（〜するべきだ）** ＊ shouldに近い

> It **is supposed to** run on iOS.
> 「それはiOSで使えることになっている」**（（本来は）〜のはずだ）**

> He **is supposed to** arrive tomorrow.
> 「彼は明日到着することになっている」**（〜の予定だ）**

> This **is supposed to** be a surprise party.
> 「これはサプライズパーティーということになっている」**（〜を意図している）**

> She **is supposed to** be the best chef in town.
> 「彼女は街で一番の料理人ということになっている」**（〜だと考えられている）**

> Hey, what **is** that **supposed to** mean?
> 「おい、それってどういう意味だよ？」**（いら立っている）**

I **suppose** she has some family issues.

彼女は家庭の問題を抱えているのではないかと思う〔①〕

I don't **suppose** you've seen anything like this before.

今までにこんなものを見たことがないだろう〔①〕

"Does this look good on me?" "I suppose so."

「これ私に似合うかな？」「まぁ似合うんじゃない」〔①〕

📝 I suppose（so）. は「そう思う」という意味だが、特にあまり興味がない場合、または完全に賛成していない場合に使われることが多い

"Let's hit the road. It's time to go." "I suppose so."

「行こう、出発の時間だ」「まぁそうだよね」〔①〕

Suppose you were in my place, what would you do?

私の立場にいると仮定したら、何をする？〔②〕

Supposing she turns down our offer, what do we do then?

彼女が申し出を断ったら、その時はどうする？〔②〕

You are supposed to buy a ticket in advance.

事前にチケットを買うことになっています〔③〕

You are not supposed to speak loudly here.

ここでは大声で話してはいけないことになっています〔③〕

"You didn't tell her, did you?" "Was I not supposed to?"

「彼女に言っていないよな？」「言っちゃだめだったの？」〔③〕

📝 Was I not supposed to? で「（〜を）してはいけないことになっていた？」（to以下は文脈から分かるので省略している）。Was I supposed to? なら「（〜を）するべきだった？」

This isn't how things are supposed to be.

本来は、事態はこうあるべきではないのに〔③〕

Where are you now? You were supposed to be here an hour ago!

今どこだ？　1時間前に着いているはずだろ！〔③〕

Was that supposed to be funny?

それって面白いつもりで言っていたの？〔③〕

The Overlook Hotel is supposed to be haunted.

オーバールックホテルには幽霊が出ると信じられている〔③〕

apply

① （動）申し込む　② （動）当てはまる、〜を適用・応用する

③ （動）（化粧品・ペンキ・薬など）を塗る

「（必要なところに）何かを当てはめる」が基本イメージ

applyは上記のように様々な意味で使われるが、**「（必要なところに）何かを当てはめる」**というのが基本イメージ。②の「当てはまる、適用させる」という意味はまさにこのイメージの通りだし、③「（化粧品・ペンキ・薬など）を塗る」も、「（必要なところに）当てはめる」ということからつながる。また①「申し込む」も、「自分自身を募集中のものに当てはめる」から「申し込む」という意味で使われると考えておこう。

名詞形はapplicationで「申し込み、申込書」「適用、応用」「塗ること、塗布」という意味を表す。こちらも押さえておこう。

apply
のイメージ

You can **apply** online or by phone at 1-855-723-1234.

お申し込みはオンラインでもできますし、1-855-723-1234までお電話いただいても結構です（①）

I've **applied** for dozens of jobs, but I haven't had a single interview yet.

何十もの仕事に応募したが、まだ一度も面接に呼ばれていない（①）

📝 apply for 〜で「〜に申し込む、応募する」

I decided to **apply** to ABC University.

ABC大学に出願することに決めた（①）

📝 ここでは、applyの後の前置詞はtoが使われている。〈apply for＋申し込んで手に入れたいもの〉、〈apply to＋申し込み・出願先〉のように、意味によって前置詞を使い分ける点に注意。次の例のように、この2つを合わせたパターンもある

He **applied** to the U.S. embassy for a visa.

彼はアメリカ大使館にビザを申請した（①）

These rules also **apply** to part-time employees.

このルールは、パートタイムの従業員にも適用される〔②〕

📝 apply to ～で「(主語は)～に適用される、当てはまる」

The tax break will not **apply** to high-income families.

この減税は、高収入世帯には適用されない〔②〕

The company intends to **apply** the new technology to their various products.

その会社は、その新技術を様々な製品に応用するつもりだ〔②〕

📝 apply A to Bで「AをBに適用する、応用する」

The concept of mindfulness can be **applied** to all aspects of life.

マインドフルネスの概念は人生のあらゆる側面に応用できる〔②〕

📝 apply A to Bの受け身の形。be applied to ～で「(主語は)～に適用・応用される」

He gave his students a chance to **apply** what they've learned in school.

彼は生徒たちに学校で学んだことを応用する機会を与えた〔②〕

📝 toのないパターン。〈apply+目的語〉で「～を利用する、応用する」

The nurse **applied** the ointment to the cut.

看護師は傷口にその軟膏を塗った〔③〕

Apply the cream over your face gently and evenly.

クリームを、お顔に優しく均一に塗ってください〔③〕

She taught her daughter how to **apply** make-up.

彼女は娘に化粧の仕方を教えてあげた〔③〕

🔖 □ **mindfulness**（名）今起きていることに意識を向けること
□ **aspect**（名）側面
□ **ointment**（名）軟膏
□ **evenly**（副）均等に

dominate

❶（動）〜を支配する

❷（動）（比喩的な意味で）支配する

「支配する」が基本のイメージ

dominateは「支配する」というのが元の意味だが、そこから転じて②「（比喩的な意味で）支配する」という意味でも使われる。これはかなり幅広い文脈で使われるので注意が必要だ。

特に、「その事件が翌日のニュースを支配した⇒翌日のニュースはその事件一色だった」や「その企業はマーケットを支配している⇒マーケットシェアの大半を占めている」のように、「**（あること・ものの中で）最も大きな［重要な］位置を占める**」という意味で使うことが多い。

他にも「試合の前半を支配した⇒前半を優位に進めた」「その銅像は公園を支配している⇒その銅像は公園の中で最も目立っている」のように

dominate ＝支配する
⇒様々なものを（比喩的に）
　支配する

様々な用法があるが、基本的には「**支配する**」というのが元になるイメージ。そこから文脈によって様々な意味になるというわけだ。ここではその代表的なパターンを見ていこう。そうすれば、②の意味の使い方が見えてくるはずだ。

Genghis Khan **dominated** most of Asia.

ジンギスカンはアジアの大部分を支配していた〔①〕

📝 rule (p. 368) とほぼ同じ意味だが、ruleが「統治する」といった意味であるのに対し、dominateの方が「（完全に）支配する」というニュアンスがやや強い

The man obviously **dominated** his wife and son.

その男は明らかに妻と息子を支配していた〔①〕

It is still a male-**dominated** industry.

それはまだ、男性が支配する業界だ〔①〕

📝 他にもwhite-dominated society（白人が支配する社会）のように、〜 -dominatedの形で「〜が支配する」という形容詞になる

...l has **dominated** the news this week.

...、その裁判の話題一色だった〔②〕

...handful of companies **dominate** the market.

...業がマーケットシェアの大半を占めている〔②〕

...ion reform **dominated** the election campaign.

...度改革が選挙戦の中心的な争点となった〔②〕

...tural resources **dominate** the country's exports.

...然資源がその国の輸出の大半を占めている〔②〕

Don't let your work **dominate** your life.

仕事ばかりの生活になってはいけないよ〔②〕

He was **dominating** the conversation.

彼が会話の主導権を握っていた〔②〕

📝 「話題」が主語になったパターンの下の例文と比較しよう

These topics **dominate** our conversation every time we speak.

私たちが話すといつも、こうしたことが話題になる〔②〕

The team **dominated** the first half of the game.

そのチームは試合の前半を優位に進めた〔②〕

She **dominated** the final to win her first Wimbledon title.

彼女は決勝戦で相手を圧倒し、ウィンブルドンで初優勝した〔②〕

His living room is **dominated** by a big aquarium.

彼のリビングでは、巨大な水槽が存在感を放っている〔②〕

📝 水槽がまるで「支配する」ように部屋の中で目立っている様子を想像しよう

🔖 □ **handful**（名）一握り　□ **pension**（名）年金
□ **reform**（名）改革／（動）〜を改革する
□ **aquarium**（名）水族館、水槽

claim

① (動) 〜だと主張する (名) 主張

② (動) 〜への権利を主張する、要求する (名) (〜の) 要求

③ (動) (主にスポーツで) 〜を手に入れる、勝ち取る

④ (動) (命など) 〜を奪う

日本語の「クレーム」は和製英語なので注意

claimは語源的に「**大声で叫ぶ**」というのが元の意味。そこから「〜と主張する、言い張る」「(所有権などの権利)を主張する」という意味で使われる。さらに「所有権を主張する」から「自分のものにする」というイメージが生じ、「(スポーツで)〜を手に入れる、勝ち取る」「(災害などが)〜の命を手に入れる(=奪う)」の意味でも使うと考えておこう。

空港での手荷物受取所をbaggage claimというが、あれも自分に権利がある所有物(baggage)を受け取る場所なので、このように呼ばれる。

ちなみに日本語では苦情を言うことを「クレームをつける」と言うが、英語のclaimは一般にこの意味では使わないので注意。「クレームをつける」はcomplainやmake a complaintで表す。

He **claims** that he has nothing to do with it.

彼はそれとは無関係だと主張している〔①〕

📝 ①の意味ではclaim (that) 〜、claim to do 〜の形で使うことが多い

Pete **claims** to have a sixth sense.

ピートは第六感があると主張している〔①〕

Karen suddenly **claimed** credit for the idea.

カレンは突然、そのアイデアは自分の功績だと主張した〔①〕

📝 claim credit for 〜で「〜は自分の功績・手柄だと主張する」

The terrorist group **claimed** responsibility for the attack.

そのテロ組織は、その攻撃の犯行声明を出した〔①〕

📝 claim responsibility for 〜は「〜が自分の責任であることを主張する」から「〜の犯行声明を出す」の意味で使われる

She couldn't offer any evidence to support her **claim**.

彼女は自らの主張を裏付ける証拠を提示できなかった〔①〕

If no one **claims** the wallet, it'll be yours.

それが自分の財布だと誰も申し出なければ、君のものになる〔②〕

📝 ②の意味ではこのような「所有権」の他、様々な権利を「主張する・要求する」という意味で使われる

You should **claim** compensation for your injuries.

あなたはけがの補償を要求するべきだ〔②〕

What documents do I need to **claim** unemployment benefit?

失業手当の申請のために、どんな書類が必要ですか？〔②〕

A **claim** for expenses must be submitted by the end of the month.

経費の請求は月末までに提出する必要がある〔②〕

📝 claim for 〜で「〜の請求」。このclaimは名詞

He **claimed** his first Masters title last year.

彼は昨年初めてマスターズの優勝を手にした〔③〕

The hurricane **claimed** more than 30 lives.

そのハリケーンは30人以上の命を奪った〔④〕

More pressing matters were **claiming** his attention.

さらに差し迫った問題が、彼の注意を奪っていた〔④〕

📝 ④の意味では「命」以外にも、claim one's attentionの形で「（主語は）〜の注意を奪う、引く」という意味で使うこともある

🔖
- □ **compensation**（名）補償、賠償、埋め合わせ
- □ **expense**（名）経費
- □ **insurance**（名）保険
- □ **pressing**（形）差し迫った

command

- ❶ （動）〜に命令する （名）命令
- ❷ （動）〜を指揮する、統率する （名）指揮、統率
- ❸ （動）（建物などが）〜を見渡す位置にある
- ❹ （名）（外国語などを）自在に操れる能力

「上に立つ」が基本のイメージ

commandは軍隊と関わりの深い語だ。①「命令（する）」は主に軍隊で命令する場合に使われる。また、「彼は100人の部隊を指揮している」のように②「指揮（する）、統率（する）」という意味でも使われる。

この他、建物などを主語にして「〜を見渡す位置にある」という意味を表す用法がある。ややフォーマルな表現だが、よく使われるのでしっかり押さえておこう。

command
のイメージ

また、have a good command of the English language（英語の運用能力が高い）のように、「（外国語などを）自在に操れる能力」という意味で使われることもある。

このように、一見するとバラバラの意味があるように見えるかもしれないが、commandについては「**上に立つ**」というイメージで捉えるのが理解するコツだ。軍隊で「命令する」「指揮する」立場にある上官は上に立っているし、「見渡す」ためには高い位置になければならない。また何かを自在に操ることにも「その上に立ってコントロールしている」イメージがある。

He **commanded** his men to open fire.

彼は部下に射撃を開始するように命令した〔①〕

📝 command A to do 〜で「Aに〜するように命令する」

He gave the **command** to cease fire.

彼は戦闘を停止する命令を出した〔①〕

This device is programmed to act on voice **commands**.

このデバイスは音声コマンドで動くようになっている〔①〕

📝 コンピューターへの「命令、コマンド」という意味でも使われる

The troops are **commanded** by General Harris.

その部隊はハリス将軍が指揮している〔②〕

I am in **command** of the platoon.

私がその小隊を指揮している〔②〕

📝 in command of ～で「～を指揮・統率して」

She is in full **command** of herself in any situation.

彼女はどんな状況でも自分を完全にコントロールできる〔②〕

📝「指揮、統率」から転じて「コントロール」の意味で使うこともある

The café is on a hill that **commands** a view of the entire city.

そのカフェは街全体を見渡せる丘にある〔③〕

📝 command a view of ～で「（主語は）～を見渡す位置にある」

The hotel **commands** a magnificent view of Manila Bay.

そのホテルからはマニラ湾の見事な眺めを堪能できる〔③〕

Tourists flock here for the **commanding** views.

観光客は見晴らしの良い眺めを求めてここに集まってくる〔③〕

📝 commandingは「見晴らしの良い」や「指揮権を持っている」という意味を持つ形容詞

Applicants must have a good **command** of the English language.

応募者は高い英語の運用能力が必要です〔④〕

📝 have (a) good command of ～で「～の運用能力が高い」。goodの代わりにpoorなどを使えば「運用能力が低い」という意味を表せる

🔖
□ **open fire** 射撃を開始する　□ **cease**（動）～をやめる、中止する
□ **act on** ～　～で作動する
□ **troop**（名）部隊　□ **platoon**（名）小隊
□ **magnificent**（形）見事な、壮大な
□ **flock**（動）集まる　□ **applicant**（名）応募者、志願者

end up

① （動）結局～になる、② （動）～する羽目になる、③ （動）～に行き着く

「予想していない場所・状態に行き着く」イメージ

endは「終わる」「終わり」という意味の語だが、これがend up ～の形で使われると「結局～になる、～する羽目になる、～に行き着く」といった意味を表す。

非常に幅広く使われるが、「**結果的に何らかの（しばしば予想していなかったような）場所や状態に行き着く**」というのが、この表現の本質。この意味で捉えておくのが、end upを理解するコツだ。end upの後に続く形は、大きく分けて以下の3つのパターンに分けられる。

- end up **+ing**
- end up **+前置詞+名詞**
- end up **+形容詞**

He missed his flight and **ended up** spending the night in the airport.

彼は飛行機に乗り遅れ、空港内で一夜を過ごす羽目になった

🖉 end up ～ ingの形で「結局～する、～する羽目になる」

If you don't know this, you'll **end up** losing money.

これを知らないと、お金を失うことになるぞ

I had nowhere else to go and **ended up** moving in with my brother.

私には他に行くところがなく、最終的に弟のところに転がり込んだ

One thing led to another and we **ended up** kissing.

あれこれいろいろあって、最終的に私たちはキスしてしまった

🖉 one thing led to another（あれこれいろいろあって ※直訳は「1つのことが別のことにつながって」で、経緯を詳しく説明したくない時に用いる表現）と相性が良く、しばしば一緒に使われる

His father **ended up** in a nursing home.

彼の父親は、結局老人ホームに入った

🖉 end up in ～で「最終的に～に行き着く」。後ろに続く名詞によってはatも使われる

We all got drunk and **ended up** at my place.

私達はみんな酔っぱらって、最後は私の家に行き着いた

I never imagined I would **end up** in prison.

自分が牢屋に入ることになるなんて想像もしなかった

Tons of food **ends up** in the trash each year.

毎年何トンにも及ぶ食べ物がごみ箱行きになっている

Where he will **end up** for the next season is yet to be known.

彼が来シーズンどこに行き着いているのかは、まだ分からない

✎ end upの後に続く場所 (ここではチーム) をwhereに変えた形

I don't want to **end up** like my parents.

両親のようになるのは御免だ

✎ end up like 〜で「(最終的に) 〜のようになる」

I drank too much and **ended up** with a hangover.

私は飲み過ぎて、最終的に二日酔いになってしまった

✎ end up with 〜で「最終的に〜を持つに至る」

If you don't fix the problem now, you'll **end up** with more problems.

その問題を今解決しないと、さらに多くの問題を抱えることになる

You'll **end up** in big trouble.

君は非常に困ったことになるぞ

If you keep wasting your money like that, you'll **end up** penniless.

そんな風にお金を浪費し続けていると、一文無しになってしまうぞ

✎〈end up ＋形容詞〉の形で「最終的に〜という状態になる」。end up a penniless manのように名詞を続けることもある

Or else, you'll **end up** injured.

さもないと、けがをする羽目になるぞ

❶ 上下の文の空所に共通して入る語を答えよう。

1. The first mudslide _____ at least 11 lives.

No group has so far _____ responsibility for the bombing.

2. All rooms _____ a splendid view of the harbor.

Candidates will need to have a good _____ of French, both spoken and written.

3. I _____ what I am now to you.

I think I _____ you an apology for my behavior last night.

4. Trump _____ from the Paris climate deal in 2017.

The woman was robbed after she _____ money from an ATM.

5. These restrictions _____ only to minors.

I always _____ this cream on my face before going to bed.

❷ [ ]内の語を使って次の日本文を英語にしよう。

1. 仕事ばかりの生活になってはいけないよ。[dominate]
2. それって面白いつもりで言っていたの？[supposed]
3. 彼は当初の計画を忠実に守ると決めていた。[stick]
4. 自分が牢屋に入ることになるなんて想像もしなかった。[end]
5. 彼はアメリカ大使館にビザを申請した。[applied]

③ 下線部に注意して、次の英文の意味を考えてみよう。

1 Worrying is like paying a debt you don't <u>owe</u>. — Mark Twain

2 Relationships unlock certain parts of who we <u>are supposed to</u> be. — Donald Miller

*unlock:「〜を解き明かす」

3 Everybody has difficult years, but a lot of times the difficult years <u>end up</u> being the greatest years of your whole entire life, if you survive them. — Brittany Murphy

4 French fries originally came from Belgium. The origin of Belgian fries goes back to the 17th century, when people in the country's Meuse Valley region were already frying sliced potatoes. American soldiers, stationed in Belgium during World War I, called the fried potatoes 'French fries' (probably because the official language of the Belgian army was French) and the name <u>stuck</u>.

*stationed in 〜:「〜に駐留していた」

④ 次のなぞなぞに答えよう。

Mike claims he was born before his father. How is that possible?

account for

①（動）〜の割合を占める　**②**（動）〜を説明する（= explain）

③（動）（主語が）〜の理由になっている（= explain）

④（動）（主に受け身で）〜の所在・消息が確認できる

「割合を占める」「説明する」「所在が分かる」など幅広い内容を表現する

account for 〜は上記のように様々な意味を持つ重要表現だ。まず、「農産物は全輸出の20％を占めている」のように「（主語は）〜の割合を占める」という意味で使われる。この他「〜を説明する」という意味でも用いる。explainと似た意味だが、「なぜそんなことをしたのか説明する」のように「自分の行動や起きたことの理由などを説明する、釈明する、説明責任を果たす」のようなニュアンスで使うことが多い。

また、「悪天候が売上減の理由になっている」のように「（主語が）〜の理由になっている」という使い方もする。これも「売上減の理由は悪天候で説明がつく」のように、②と同じ「説明する」の一種だと考えておこう。他にも「〜の所在・消息が確認できる」という意味もある。これも「〜の所在を説明できる」という意味が元になっている。

このように幅広く使われるが、accountの中にcountが入っていることに注目しよう。accountは語源的に「**（お金を）数えて決算報告をする**」といった意味と関係がある。この「報告する（＝説明する）」から②③④の意味が生じた。①については、「農産物が輸出の20％を占める」ということは、「輸出の20％分は、農産物で説明がつく」といった具合に、ここでも「説明する」という意味が生きていると考えておこう。

Children **account for** 20% of new COVID-19 cases in the state.

その州では、子供がコロナ新規感染者の20％を占めている〔①〕

Young women **account for** the vast majority of our readers.

若い女性がうちの読者の大半を占めている〔①〕

Ted was asked to **account for** his actions.

テッドは自分の行動について説明するよう求められた〔②〕

How do you **account for** his sudden change in

attitude?

彼が突然態度を変えたのを、どう説明しますか？〔②〕

You have to **account for** every penny you spent.

使ったお金は全て報告すること〔②〕

📝「お金の使途を報告・説明する」というニュアンスで使うこともある

You know, they say there is no **accounting for** taste.

蓼食う虫も好き好きってよく言うじゃない〔②〕

📝 There is no accounting for taste(s). は「人の好み (taste) は説明できない、蓼食う虫も好き好き」という決まり文句

The bad weather may have **accounted for** the poor turnout.

悪天候が出席率の低さの理由かもしれなかった〔③〕

Some traumatic experiences may **account for** Troy's strange behavior.

何らかのトラウマが、トロイの奇行の原因かもしれない〔③〕

Well, that **accounts for** it.

なるほど、それで説明がつく〔③〕

Officials were unable to **account for** hundreds of missing guns.

当局は行方不明の拳銃数百丁の所在をつかめなかった〔④〕

Ninety-six people are now **accounted for**, but seven are still unaccounted for.

現在96人の所在はつかめているが、7人が行方不明のままだ〔④〕

📝 be accounted/unaccounted forで「（主語の）所在がつかめている／いない」

Is everyone **accounted for**?

全員の消息はつかめているか？〔④〕

📖 □ **attitude** (名) 態度　□ **turnout** (名) 出席者数、投票率
　□ **traumatic** (形) トラウマになるような

up to

❶（〈up to＋数字〉の形で）最大で〜　❷（基準・期待など）〜に達して

❸（主語は）〜次第だ、〜に決定権がある　❹（主語は）〜の責任だ

❺〜をたくらんでいる

「最大で」「基準に達する」「〜次第だ」など幅広い意味

up to 〜は幅広い意味で使われる表現だ。ここでは特によく使われる用法をマスターしよう。まず①と②はセットで押さえておくとよい。up to 30 people（最大30人）のように後ろに数字を続けると「最大で〜」と可能性として最も大きな数字を表し、up to our expectations（期待に達して）のように何らかの基準や期待を表す語句を続けると「〜に達して」という意味を表す。upはご存じの通り「上」を意味し、toはgo to school（学校に行く）のように〈到達点〉を表す。①②はどちらも「**上にある数字・基準に到達する**」というイメージで捉えることができるのでup toが使われると考えておこう。

また、〈be up to＋人〉の形で③「（主語は）〜次第だ」、④「（主語は）〜の責任だ」という意味を表す。これらは文脈によって「〜次第だ」「〜の責任だ」という意味になるだけで本質的には同じものなので、③④もセットで押さえておこう。

最後に、be up to 〜の形で⑤「（主語は）〜をたくらんでいる、よからぬことを計画している」という意味を表すことがある。特にbe up to something（何かをたくらんでいる）やbe up to no good（よからぬことをたくらんでいる）といった形で用いることが多い。また、「たくらんでいる」という悪い意味が薄れて、単に「〜をしている」といったニュアンスで使うこともある。この意味ではWhat have you been up to?（最近どうしていた?）という相手の近況を尋ねる決まり文句として使うことが多い。

The car can seat **up to** eight people.

その車には最大で8人乗ることができる〔①〕

The bug can live for **up to** two weeks without water.

その虫は水なしで最長2週間生きられる〔①〕

The movie wasn't **up to** our expectations.

その映画は私たちの期待に達しなかった〔②〕

His performance last night wasn't **up to** his usual standard.

昨夜の彼のパフォーマンスは、普段の基準に達していなかった〔②〕

I don't think he is **up to** the job.

彼にその仕事がこなせるとは思えない〔②〕

📝 直訳は「その仕事に求められる基準に達していない」。このように「基準に達している」から転じて「能力的・体力的・精神的に〜できる、〜をこなせる」というニュアンスで使うこともある（下の例も同様）

She is still recovering and not **up to** seeing visitors.

彼女はまだ回復途中で、面会はできない〔②〕

Either will be fine with me. It's **up to** you.

私はどちらでも構いません。あなた次第ですよ〔③〕

How the new year will turn out is entirely **up to** you.

新しい年がどうなるかは完全にあなた次第です〔③〕

📝 entirelyやtotallyを前に付けることで強調することがある

It's **up to** Mr. Hannigan to solve the problem.

その問題を解決するのはハニガン氏の責任だ〔④〕

📝 ④の意味ではIt's up to 人 to do 〜（〜するのは人の責任だ）の形で使うことが多い

He must be **up to** something.

彼は何かたくらんでいるに違いない〔⑤〕

I wonder what they are **up to**.

彼らは何をたくらんでいるのだろう〔⑤〕

What have you been **up to**?

最近どうしていた？〔⑤〕

🔖 □ **seat**（動）〜を座らせる

term

● (名) 用語、言葉　● (名) (任期・刑期・学期などの) 期間

● (名) (契約などの) 条項、条件

「境界、限界」が基本のイメージ

termも数々の意味を持つ語だが、「**(ここからここまでという) 境界、限界**」を表すのが本質的なイメージだ。これを出発点に考えると、一見バラバラに思える上記の3つの意味を貫く共通点が見えてくる。

「期間」は、まさに「ここからここまで」という境界を表すものだし、「(契約の) 条項」も「契約上やってよいのはここまで」といった具合に境界に関わっている。

やや難しいのは①の「用語、言葉」という意味だ。例えば下の絵を見れば分かる通り、「『犬』という言葉で表せるのはここまで」という具合に、言葉にはそれが定義する「範囲(=境界)」があると考えれば、①の意味にも境界のイメージがあるのが分かるだろう。

ちなみにtermの形容詞形のterminalは「(駅が) 終点の」「(病気が) 末期の」。動詞形のterminateは「〜を終わらせる」。これらにも、「ここまで、これで終わり」といった境界や限界のイメージがある。

犬という言葉で表せる境界

完全にオオカミで「犬」とは呼べない

The article is full of technical **terms**.

その記事には専門用語が多い〔①〕

📝 technical term (専門用語) の他、legal term (法律用語)、medical term (医学用語)、scientific term (科学用語)、economic term (経済用語)のように、前に形容詞を付けて使うことも多い。このように、termはwordよりも「特定の分野で使う言葉」という意味合いが強い

A fag is a slang **term** for a cigarette in the U.K.

イギリスではfagはたばこを意味するスラングだ〔①〕

📝 term for 〜で「〜を表す用語」

Who coined the **term** "covidiot"?

「covidiot」という言葉を作ったのは誰ですか?〔①〕

The governor will run for a second **term**.

知事は2期目を目指して出馬する予定だ〔②〕

She has pledged not to raise taxes during her **term** in office.

彼女は自分の任期中には増税をしないと約束した〔②〕

🖉 term in/of officeで「(公職にある人の)任期」

His father is serving a 10-year prison **term** for attempted murder.

彼の父親は殺人未遂で10年の刑期を務めている〔②〕

The spring **term** ends on April 28.

春学期は4月28日に終了する〔②〕

It won't make much difference in the short **term**.

それは短期的にはたいした違いが生じない〔②〕

🖉 in the short termで「短期間で、短期的に見れば」。in the long termなら「長期的に見れば」

Please read the **terms** and conditions carefully before using this site.

当サイトを使う前に利用規約をよくお読みください〔③〕

🖉 terms and conditionsで「利用規約、基本条件」

They have accepted the **terms** of the contract.

彼らは契約の条件を受け入れた〔③〕

Which is a better job **in terms of** salary?

給料の点ではどちらがよい仕事だろうか?

🖉 in terms of 〜は「〜の観点では」という決まり文句

🔖 □ **coin**(動)(新語など)を作り出す
□ **covidiot**(名)「新型コロナウイルスに関する規制に従わない人」という意味のスラング
□ **attempted**(形)未遂の、企てられた　□ **contract**(名)契約(書)

subject

❶ (形) (be subject to 〜の形で) 〜の影響下にある

❷ (形) (be subject to 〜の形で) 〜を受けることがある

❸ (名) 主題、議題、話題　❹ (名) 学科、教科

❺ (名) (君主国の) 臣民

sub(下に) ject(投げる) → 「影響下にある」

形容詞として使われるsubjectは、〈be subject to＋名詞〉の形で①「(法律・規則など) 〜の影響下にある、〜の対象となっている」や②「(災害・変更など) 〜を受けやすい、受けることがある」という意味を表す。

なぜこうした意味になるかは、subjectの成り立ちを考えれば見えてくる。sub-は「下」を意味するパーツ。-jectは「投げる」という意味を持つ (projectorは「前に〔pro-〕画像を投げる・投影する〔-ject〕もの」)。つまり **下に投げる** というのが元の意味。ここから「〜の下に投げられている」⇒「〜の支配下・影響下にある」から上記の①②の意味を表すと考えておこう。

この他、③〜⑤の名詞の意味もあるが、これらも「議論の支配下にある⇒対象となっている」から③「主題」(そこから転じて④「学科」)、「君主の下にいる」から⑤「臣民」という意味が生じたと理解しておこう。ちなみに、ここでは詳しく扱わないが、subjectには「主語」という意味もある。

We **are** all **subject to** the laws of our country.

私たちは皆、国の法律の影響下にある〔①〕

📝 このような「法律・ルール」の他、「(罰則・税金など) の対象となっている」という意味でも使われる

Offenders **are subject to** a fine of $200.

違反者には200ドルの罰金が科せられる〔①〕

When shipping internationally, your shipment may **be subject to** import duties.

海外への発送の場合、あなたの荷物は輸入税の対象となる可能性がある〔①〕

Images may **be subject to** copyright.

画像は著作権の対象となっている可能性がある〔①〕

I don't want to live in an area that **is subject to** earthquakes.

地震の発生しやすい地域には住みたくない〔②〕

📝 ②の意味では「災害」「変更」などを意味する語句が後ろに続くことが多い（実際には①と②の意味は、はっきり分けられないこともある）

The terms of the contract **are subject to** change.

本契約の条件は変更の可能性がある〔②〕

All flights **are subject to** delay.

全てのフライトは遅れることがあります〔②〕

Mia didn't want to talk about her divorce, so she changed the **subject**.

ミアは離婚のことを話したくなかったので話題を変えた〔③〕

She spoke for 30 minutes on the **subject** of poverty.

彼女は貧困について30分間話した〔③〕

My favorite **subject** at school is history.

私の好きな教科は歴史だ〔④〕

The king addressed his loyal **subjects** from the balcony.

国王は忠臣たちに向けてバルコニーから演説した〔⑤〕

□ **duty**（名）義務、税金
□ **poverty**（名）貧困
□ **loyal**（形）忠誠心の高い

CHAPTER3 ・ コアイメージで語彙力アップ

417

likely

❶（形）**起こりそうな、可能性が高い、〜しそうだ**

❷（副）（most/very likelyの形で）**おそらく**

unlikelyもセットで使えるようになろう

likelyという語自体はよく目にしていても、しっかり使いこなす自信がある人は少ないのではないだろうか。上記のうち、最もよく使われるのは①の意味だ。これには主に以下の4つのパターンがある。これを押さえればlikelyはマスターしたも同然だ。ちなみに、これらをunlikelyに変えると「可能性が低い」と逆の意味を表せる。

- **S is likely**.（Sは起こりそうだ）
- **S is likely to do 〜**（Sは〜する可能性が高い）
- **It is likely (that) S will 〜**（Sは〜する可能性が高い）
- **likely A**（（直後の名詞を修飾して）可能性の高いA）

また、He'll most/very likely win.（彼はおそらく勝つだろう）のように、「おそらく（＝probably）」という動詞を修飾する副詞としての用法もある。これは原則としてmost likelyのように強調する語句を前に付ける形で使われる。He'll likely win. のようにカジュアルな会話では単独で用いることも多いが、フォーマルな文脈では避けた方が無難。

Heavy snow is **likely** this weekend.

今週末は大雪が降りそうだ〔①〕

The threat level has been raised to 3, which means a terrorist attack is **likely**.

警戒レベルが、テロが起きる可能性が高い3に引き上げられた〔①〕

Your symptoms are **likely** to disappear soon.

あなたの症状は間もなく消える可能性が高い〔①〕

It is **likely** that your symptoms will disappear soon.

あなたの症状は間もなく消える可能性が高い〔①〕

📝 この2つの形は言い換え可能な場合が多い

He is not **likely** to run for a second term.

彼が2期目を目指して出馬することはないだろう〔①〕

Male workers are more **likely** to have accidents at work.

男性従業員の方が、仕事中に事故を起こす可能性が高い〔①〕

It is more than **likely** that Troy has left the state by now.

ほぼ間違いなく、今頃トロイは州の外に出ているだろう〔①〕

📝 強調する際にはvery/highly/more thanなどを用いる

What is the most **likely** cause of the fire?

その火災の最も可能性の高い原因は何ですか？〔①〕

📝〈likely＋名詞〉は、他にもlikely result/outcome（予想される結果）、likely effect/impact（予想される影響）、likely winner（可能性の高い勝者⇒本命）などのパターンを押さえておこう

He is considered to be the most **likely** successor to Mr. Jones.

彼はジョーンズ氏の最も有力な後継者と目されている〔①〕

Becky seems to be the most **likely** candidate for the job.

ベッキーはその仕事に最も適した候補者のようだ〔①〕

📝「可能性が高い」から転じて、「（何かにとって）適切な」というニュアンスが出ることもある

"I did my homework, but the dog ate it." "A **likely** story!"

「宿題はやったけど、犬が食べちゃいました」「はいはい」〔①〕

📝 A likely story. は「もっともらしい話だ」が直訳だが、相手の話を信じていないことを示す際に使う決まり文句

The prime minister will **most likely** resign in a few days.

首相はおそらく数日で辞任するだろう〔②〕

📝 このmostに最上級の意味はなく、単なる強調

"Will she get promoted?" "More than **likely**."

「彼女は昇進するかな？」「きっとするだろう」〔②〕

📝 more thanで強調している。Not likely. なら「可能性は低いだろう」

hardly

① **（副）ほとんど～ない**　② **（副）（hardly everの形で）めったに～ない**

③ **（副）（hardly ～ when...の形で）～するかしないうちに…**

anyやeverと結びついたパターンに注意

まずhardlyは「ほとんど～ない（＝ almost not）」という否定語である。hard（一生懸命の）の副詞形はhard（一生懸命に）なので注意しよう。否定語なので、notなど他の否定語とは一緒に使わない。

また、hardlyが文中で置かれる位置にも注意が必要だ。以下のように、原則として**「notが置かれるのと同じ位置」**と覚えておけば間違えることはない。

【hardlyの位置は、否定文を作るnotと同じ】

I was **hardly** able to move. / I was **not** able to move.

「私はほとんど動けなかった」

He **hardly** remembers his father. / He **doesn't** remember his father.

「彼は父親の記憶がほとんどない」

I can **hardly** read his handwriting. / I can**not** read his handwriting.

「彼の筆跡はほとんど読めない」

この他、hardly everの形で使われると「めったに～ない（seldom/rarely）」という〈頻度の低さ〉を強調する表現になる。

また、I had hardly entered the room when the phone rang.（私が部屋に入るやいなや、電話が鳴った）のような意味を表す用法もある。これも「電話が鳴った時点では、ほとんど部屋に入っていなかった⇒部屋に入ったのと電話が鳴ったのがほぼ同時」という具合に、①の「ほとんど～ない」を応用したものだと考えることができる。

最後に、barelyやscarcely（やや堅い語）もhardlyと同様の意味を表すので、こちらも覚えておこう。

I **hardly** know him. I've only met him once or twice.

彼のことはほとんど知らない。1回か2回会っただけだ〔①〕

It **hardly** matters.

それはほとんど問題にならない〔①〕

Ellen was so excited that she could **hardly** speak.

エレンは興奮していて、話すことができないほどだった〔①〕

It's **hardly** surprising that he believed her lies.

彼が彼女の嘘を信じてしまったのは驚くことではない〔①〕

Come on. Our son is 18 — **hardly** a child.

おいおい、僕らの息子は18歳だぞ。もう子どもではないよ〔①〕

📝 〈hardly＋名詞〉のパターンも使われるが、hardlyをnotに置き換えて考えれば難しくない。このhardlyのように、「ほとんど」の意味が薄れてnotと同じように使われる場合もある

Now is **hardly** the time to discuss your relationship issues, is it?

今は君の恋愛関係の問題を話し合う時ではないよね？〔①〕

📝 hardlyがあると否定文扱いなので、isn't it? ではなくis it? を使う

There's **hardly** any milk left.

ミルクがほとんど残っていない〔①〕

📝 any〔anyone/anything〕の前にhardlyを置くとnoと同じような意味を表す。この形はfew/littleよりも否定の意味が強く、noよりは弱い

Hardly anyone showed up for my birthday party.

私の誕生日パーティーに、ほとんど誰も来なかった〔①〕

My son **hardly ever** calls me.

息子はめったに電話をくれない〔②〕

He **hardly ever** says nice things to me anymore.

彼は今や、めったに私のことを褒めてくれない〔②〕

We had **hardly** arrived **when** it began to rain.

私たちが着くやいなや雨が降り始めた〔③〕

Hardly had we arrived **when** it began to rain.

私たちが着くやいなや雨が降り始めた〔③〕

📝 フォーマルな文体では〈Hardly had S 過去分詞〉という倒置の形が使われることもある

📑 □ **anymore**（副）（主に否定文で）もう〜ない

possibly

❶（副）ひょっとしたら　❷（副）（依頼に丁寧さを加えて）〜していただけませんか

❸（副）（否定を強調して）とてもじゃないが〜できない

❹（副）（驚きを示して）どうして〜できようか

❺（副）できる限り

canと結びつくことの多い動詞

possible（可能な）の副詞形possiblyは、様々な文脈で使われるので注意が必要だ。possiblyには「ひょっとしたら」という意味がある。これはp. 178で扱ったmaybeやperhapsよりも確信度が低い場合に使うことが多い。

また、②〜⑤の意味では、基本的に**can/can't/could/couldn'tとセットで用いられる**。②Could you possibly do 〜?は「〜していただけませんか」という丁寧な依頼を表し、③can't possibly do 〜は「とてもじゃないが〜できない」と否定を強調する。④How could you possibly do 〜のようにHow could S do 〜（どうして〜できようか）という驚き・ショックを表す表現と共に使われると、この意味を強める働きがある。この他、⑤as soon as I possibly canのように使うことで、as soon as I can（できるだけ早く）よりも「できるだけ」という意味を強めることができる。

This will **possibly** be the last time we see each other.

私たちが会うのは、ひょっとしたらこれが最後だろう（①）

This process will take very long, **possibly** several days.

このプロセスは時間がかかります。ひょっとしたら数日（①）

This is quite **possibly** the best ramen I've ever had.

これはおそらく今までの人生で一番のラーメンだ（①）

📝 quite possiblyのように、quiteで強調することが多い

"Was it an accident?" "**Possibly**."

「それは事故だったのか?」「たぶんね」（①）

📝 質問に対する応答として使うこともある

Could you **possibly** send me the file?

そのファイルを私に送っていただけないでしょうか？〔②〕

Derek, could I **possibly** ask you to help me with something?

デレク、ちょっと手伝っていただけませんか？〔②〕

You can't **possibly** ask him to do it.

彼にそれをするよう頼むなんて無理だよ〔③〕

I can't **possibly** let you risk your life.

君の命を危険にさらすようなまねはさせられないね〔③〕

"Let me pay for this." "That's very nice of you, but I couldn't **possibly**."

「私が支払いましょう」「ありがとうございます、でもそういうわけにはいきません」〔③〕

📝 文脈から明らかな場合は後ろの動詞を省略することもある。ちなみに、ここでcouldn'tを使っているのは丁寧なニュアンスを出すため

How could anyone **possibly** say such a thing?

どうしてそんなことが言えるんだ？⇒信じられない〔④〕

How could you **possibly** fail five times in a row?

どうやったら5回も連続で失敗できるんだよ？〔④〕

Believe me. I've tried everything I **possibly** can think of.

信じてよ。考えられることはすべて試したんだ〔⑤〕

📝 後ろに続く動詞に「できる限り、限界まで」という意味を加える。⑤の意味ではpossibly can/couldの語順をとることが多い（can/could possiblyも使われる）

I will do it as soon as I **possibly** can.

できる限り早くやります〔⑤〕

📝〈ミス防止〉同様の意味をas soon as possibleと表現することもできるが、両者を混同したas soon as possiblyは誤り

highly

❶（副）（後ろの形容詞を修飾して）非常に

❷（副）（後ろの過去分詞を修飾して）高度に、高い水準で、非常に

❸（副）（評価を表す動詞と共に用いて）好意的に、高く

「高く」→「高度、高水準」のイメージ

highlyはhighに-lyが付いた語だが、Fleas can jump really high.（ノミはとても高くジャンプすることができる）のように、物理的に「高く」という意味ではhighを用いる。highlyは**「非常に」「高度に、高水準で」のように「比喩的な高さ」**に対して用いられると考えておこう。

基本的にはveryと同じくhighly successful（非常に成功している）、highly respected（非常に尊敬されている）のように、直後の形容詞を強める。ただし、highlyは完全にveryとイコールではなく、特に相性の良い形容詞と結びつく傾向がある。

また、②で挙げたように特定の過去分詞と結びつくと「高度に、高い水準で」という意味を表す。この意味ではhighly paid（高収入の）、highly educated（高学歴の）、highly priced（値段の高い）、highly skilled（高度な技術を持つ）のように、限られたパターンで使われる。

ちなみにhighly motivated（高い意欲を持つ、非常にやる気のある）などは①の意味でも②の意味でも解釈できるため、あまり両者の区別に神経質になる必要はない。あくまで後ろに続く語を強調すると考えておこう。

最後に③「好意的に、高く」の意味についてはthink highly of ～（～を高く評価する）やspeak highly of ～（～を称賛する）のように、主に決まり文句の中で使われる。

I found out his father is a **highly** successful lawyer.

彼の父親は非常に成功した弁護士だということが分かった〔①〕

This is a **highly** sensitive issue.

これは非常にデリケートな問題だ〔①〕

The elephant is a **highly** intelligent animal.

ゾウは非常に知能の高い動物だ〔①〕

That seems **highly** likely to me.

それは私には非常に可能性が高いように思える〔①〕

I think it's **highly** unlikely that Sam will get promoted this year.

サムが今年昇進する可能性は、非常に低いだろう〔①〕

The method is widely recognized as a **highly** effective approach for teaching languages.

そのメソッドは、言語指導の非常に有効なアプローチ法だと広く認識されている〔①〕

Her parents were always **highly** critical of the school.

彼女の両親は常に学校に対して非常に批判的だった〔①〕

It is **highly** recommended to make reservations well in advance.

十分余裕を持って予約を取ることが強く推奨される〔①〕

Prosecutors took the **highly** unusual step of rearresting him.

検察は、彼を再逮捕するという極めて異例な手段を取った〔①〕

📝 ここに挙げた以外にも、highlyはadvanced（進歩した）、developed（発達した）、dangerous（危険な）、competitive（競争が激しい）、desirable（望ましい）、significant（重大な）、contagious（感染力の強い）、addictive（中毒性のある）などの形容詞と結びつくことが多い

Jess is a **highly** educated woman.

ジェスは高学歴の女性だ〔②〕

I'm not looking for a **highly** paid job. I am looking for a rewarding job.

高収入の仕事ではなく、やりがいのある仕事を探しているんだ〔②〕

The company boasts **highly** skilled staff.

その会社は高度な技術を持つスタッフをそろえている〔②〕

We've always thought very **highly** of him.

われわれは彼のことを常に高く評価してきた〔③〕

Mr. Campbell speaks **highly** of you.

キャンベルさんがあなたのことを称賛していますよ〔③〕

exclusive

①(形) 独占的な、専用の、排他的な　**②(形) 高級な、富裕層向けの**

③(形) 矛盾する、相いれない

「**外に(ex) 閉じる(clude)**」イメージ

exclusiveはexclude（〜を除外する）の形容詞形。excludeは〈ex-（外に）＋clude（閉じる）〉という成り立ちでできた語で、「外に誰かを閉め出したうえで扉を閉じる」から「除外する、排除する」という意味を表す。ちなみに反意語のincludeは「〜を含む」。この形容詞形exclusiveは「**他を除外する**」から①「独占的な、専用の、排他的な」という意味を表す。

一方、なぜ②や③のような意味があるのか今まで分からなかった人がいるかもしれない。②「高級な、富裕層向けの」については、「一般人を除外する」というイメージからこうした意味が生じたものだ。③「矛盾する、相いれない」は「（2つの事柄が）互いに排除し合う」ということから「矛盾する、相いれない」の意味でも使われると考えておこう。③の意味では基本的にmutually exclusive（互いに相いれない）という形で用いる（mutuallyは「相互に」）。

また、ここでは副詞形exclusively（〜のみで、独占的に）もあわせて見ていくことにする。

We have **exclusive** rights to use the logo.

我々にはそのロゴの独占使用権がある〔①〕

The pool is for the **exclusive** use of our guests.

プールはお客様専用です〔①〕

Do you have **exclusive** access to the database?

そのデータベースへの独占的なアクセス権がありますか？〔①〕

This plan is **exclusive** to our members.

このプランはメンバー限定です〔①〕

📝 exclusive to 〜で「〜に限定・専用の」

Check out our **exclusive** interview with Hulk Hogan.

我々のハルク・ホーガンの独占インタビューをご覧ください〔①〕

🖋 これと関連して、exclusive report（独占レポート）、exclusive coverage（独占報道）などの表現を覚えておこう

This is one of the most beautiful and **exclusive** hotels in Los Angeles.

これはロサンゼルスで最も美しく、高級なホテルの1つだ〔②〕

Michelle went to an **exclusive** girls' school in London.

ミシェルはロンドンのお嬢様学校に通っていた〔②〕

It is known to be the oldest and most **exclusive** club in the U.S.

それはアメリカで最も古く、最高級のクラブとして知られる〔②〕

Security and privacy are mutually **exclusive**.

セキュリティーとプライバシーは相いれない〔③〕

These two options are not mutually **exclusive**.

この2つの選択肢は両立可能だ〔③〕

🖋 not mutually exclusiveで「両立可能」

Please note that all prices are **exclusive** of taxes.

価格は全て税抜ですのでご注意ください

🖋 exclusive of 〜は「〜を除いて、〜は含まれない」というややフォーマルな表現。inclusive of 〜なら「〜を含めて」

Nuclear energy should be used **exclusively** for peaceful purposes.

原子力エネルギーは平和目的のみに使うべきだ

🖋 exclusivelyはこのように、文中の何かを指して「〜のみ」という意味を表す。この文ではonlyに置き換え可能

Our staff are almost **exclusively** female.

私たちのスタッフは、ほぼ全員女性だ

🔖
- □ **note**（動）〜に注意する
- □ **nuclear**（形）原子力の、核の
- □ **purpose**（名）目的

bound

● (形) 縛られている

❷ (形) (be bound to do ～の形で) ～するのは避けられない

❸ (形) (be bound to do ～の形で) ～する義務がある

❹ (形) (be bound for ～の形で) (乗り物などが) ～行き

💡 ────────────

「縛られている」が基本のイメージ

boundは、元はbind (～を縛る) の過去分詞形だが、独立した1つの形容詞としても使われる。上記のように様々な意味で使われるが、すべて「**縛られている**」という基本の意味から派生したものだと捉えておくのが、この語を理解するコツだ。

「**縛られていて動きが取れない⇒1つの可能性だけに制限される**」という発想から、②「～するのは避けられない、きっと～するだろう」という意味が生じた。また、③「～する義務がある」も、「**縛られていて他のことができない⇒それをしなければならない**」という同様の発想で生まれた用法だ。④「(乗り物などが) ～行き」は、「**行き先がそこに縛られている**」と考えておこう。

boundのイメージ

🔊 ────────────

He was **bound** from head to toe.

彼は全身縛られていた〔①〕

📝 tie (～を縛る) の受け身形be tiedを使っても上記と同じ意味を表せる

They were **bound** together by shared goals.

彼らは共通の目標で結びついていた〔①〕

📝「縛られている」から転じて「結びついている」「(古い考えなどに) とらわれている」などの比喩的な意味で使うこともある

Such a ridiculous plan **is bound to** fail.

そんな馬鹿げた計画は、きっと失敗するよ〔②〕

📝 ... is likely to failよりも、話し手の確信が強い

It is a bad idea to tattoo yourself. You**'re bound to** regret it.

自分でタトゥーを入れるのはよくない。きっと後悔するぞ〔②〕

Don't lie to Mom. She**'s bound to** find out.

ママにうそをつくのはよせ。きっと気づかれるよ〔②〕

Mistakes **are bound to** happen.

ミスが起きるのは避けられない〔②〕

As a doctor, I **am** legally **bound to** report abuse.

医者として、私には虐待を報告する法的義務がある〔③〕

I **felt bound to** tell her everything.

私は彼女に全てを話さなければならない気がした〔③〕

📝 be動詞の代わりにfeelを使うこともある

He **was** duty **bound to** do so.

彼はそうしなければならなかった〔③〕

📝 duty boundやhonor boundで、特に「(道徳的な) 義務として」という意味を表す (duty-boundのようにハイフンでつなぐこともある)

This train **is bound for** Tokyo.

この電車は東京行きです〔④〕

He is on a plane **bound for** Yemen.

彼はイエメン行きの飛行機に乗っている〔④〕

The Paris**-bound** flight was delayed due to technical issues.

パリ行きの便は技術的な問題で遅れた〔④〕

📝 ~ -bound (~行きの) のように、ハイフンでつないで名詞を修飾する形で使うことも多い

🔖 □ **from head to toe** 体中　□ **legally** (副) 法的に

---

① 上下の文の空所に共通して入る語を答えよう。

1 As I told you, it was _____ to happen sooner or later.

She was tightly _____ to a chair with duct tape.

2 "Generation Z" is the _____ for people born between 1996 and 2010.

Henderson won a second _____ of office in the election.

3 This guideline is _____ to change without prior notice.

They frowned when I brought up the _____ of gender inequality.

4 These discounted rates are _____ to our guests.

These two things aren't necessarily mutually _____.

5 Hispanics _____ for the majority of population growth in the U.S.

That may _____ for his sudden change in attitude.

6 She is a _____ successful entrepreneur who runs multiple businesses in Atlanta.

My wife spoke _____ of you.

---

② 次の [　] 内の語句を日本文の意味に合うように並び替えよう。

※それぞれ1語不足しているので補うこと。

※文頭に入る語も [　] 内では原則として小文字になっている。

---

1 彼らはめったに両親を訪ねない。

[hardly / their / they / parents / visit].

2 違反者は最長で3年間の懲役刑を受ける可能性がある。

[face / up / offenders / prison / three years / could / in].

3 彼は既に死亡している可能性が高い。

[already / is / he's / it / likely / dead / than].

❸ [ ] 内の語を使って次の日本文を英語にしよう。

1 信じてよ。考えられることはすべて試したんだ。[possibly]

2 それはほとんど問題にならない。[hardly]

❹ 下線部に注意して、次の英文の意味を考えてみよう。

1 Research suggests that night owls have psychopathic traits. According to a study published in *Personality and Individual Differences*, people who stay up late at night are more likely to be psychopaths than those who go to bed early.

*night owls：「夜型の人」   *psychopathic：「サイコパス的な」
*traits：「特徴」

2 Rock legend David Bowie launched his own internet service provider called "BowieNet" in 1998. For $19.95 a month, users got an email address (yourname@davidbowie.com), exclusive audio and video of Bowie and access to chat rooms, where the songwriter himself sometimes popped up. The service lasted until 2006.

square

❶（形）正方形の、四角い、角張った、直角の

❷（形）（面積が）〜平方の、四方の

❸（形）（何かに対し）水平な（= level）、平行な

❹（形）貸し借りなしの、同点の　　❺（形）（食事が）しっかりした、量が十分な

❻（形）公正な、公平な　　❼（副）正面から、まともに、直接

❽（副）（fair and squareの形で）正々堂々と、不正なしで

❾（動）（square offの形で）攻撃態勢をとる、争う

💡 ──────────────

「正方形」から「きっちり」「平等」「公正」というイメージ

squareには「正方形」「広場」「二乗、平方」などの意味があるが、ここではこうした名詞以外の用法を押さえよう。①「正方形の」や②「〜平方の」は名詞の意味から連想できると思うが、これ以外にも数多くの意味がある。squareの元の意味は「正方形」。正方形といえば、辺の長さが等しい真四角であることから、**きっちりとまっすぐで、平等で公正な感じがある**。

こうしたイメージから上記の意味が生じたと考えると、それぞれの意味に共通するものが見えるのではないだろうか。

🔊 ──────────────

He has a **square** jaw.

彼は角張った顎をしている〔①〕

 他にもsquare shoulders（怒り肩）のような表現もある

Police searched an area of 1,500 **square** miles.

警察は1500平方マイルに及ぶエリアを捜索した〔②〕

 10 square meters（10平方メートル）と10 meters square（10メートル四方 ※縦10m×横10m）を区別しよう

A boxing ring is about 6 meters **square**.

ボクシングのリングは大体6メートル四方だ〔②〕

The shelf is not **square** with the floor.

その棚は床に対して平行ではない〔③〕

Here's the 50 bucks I owe you. Now we're **square**, right?

はい、借りていた50ドル。これで僕ら貸し借りなしだね? 〔④〕

The two teams were all **square** after the first half.

その2チームは、前半を終えて同点だった〔④〕

📝 この意味では、強調のためallを前に付けることが多い

I haven't had a **square** meal for three days.

3日もしっかりした食事を食べていない〔⑤〕

📝 squareだけでも「しっかりした食事」という名詞の意味がある

I don't think we're getting a **square** deal here.

ここでは、私達は公正な扱いを受けていない〔⑥〕

📝 square dealは「(主に職場での) 公正な扱い」という決まり文句

Sarah looked me **square** in the face and said, "no."

サラは私の顔を真正面から見据え、「ノー」と言った〔⑦〕

📝 squarely (正面から) という副詞を使っても同じ意味になる

They won the game **fair and square**.

彼らは正々堂々とその試合に勝利した〔⑧〕

The two **squared off** but were separated by teammates.

その2人は争う構えを見せたが、チームメートに引き離された〔⑨〕

The two candidates **squared off** against each other in the election.

その2人の候補者は選挙で互いに争った〔⑨〕

📝 このように争う構えを見せる場合にも、実際に争う場合にも使う

🔖 □ **buck** (名) ドル (dollarのくだけた言い方)
　　□ **separate** (動) 〜を引き離す

undergo

（動）（治療・変化など）を経験する、受ける

「**下を通る（go under）**」→「**経験する**」

undergo (undergo-underwent-undergoneと活用する) は「〜を経験する」という意味で用いられるが、特に以下のように**何らかの治療や変化などを表す語を目的語にとって、「〜を経験する」という意味で使うことが多い**。そうした治療・手術や変化などを「耐えながら経験する」というニュアンスのある語で、経験は経験でも主に不快な経験に対して使われる傾向が強い語だ。

underとgoを合わせたundergoが、どうしてこのような意味になるのかがイメージできずに覚えづらかった人がいるかもしれない。下の図にある通り、トンネルに見立てた変化や手術などの過程の「下を通る (go under)」ことが、すなわち「経験する」ことだと考えておくと、覚えやすいのではないだろうか。

$$
\text{undergo} \left[\begin{array}{l} +\langle治療系\rangle \\ \text{surgery/operation(手術)、treatment(治療)} \cdots \\ +\langle変化系\rangle \\ \text{change/transformation(変化)、restoration(修復)} \cdots \end{array} \right.
$$
「〜を経験する」

under
変化・手術など
の過程
go

The actor **underwent** treatment for skin cancer earlier this year.

その俳優は今年、皮膚がんの治療を受けた

📝「治療を受ける」には、他にもgetやreceiveといった動詞が使える

He **underwent** brain surgery in May.

彼は5月に脳の手術を受けた

📝「手術を受ける」は他にもhave a surgeryや、go under the knifeという表現もある（「医者の持つナイフ (＝メス) の下に行く」が直訳）

They do not want their son to **undergo** an autopsy.

彼らは息子の司法解剖を望んでいない

You will have to **undergo** a drug test before being hired.

あなたは採用の前に薬物検査を受ける必要がある

The music industry has **undergone** some major changes over the past decade.

音楽業界は過去10年で大きな変化を経験してきた

Troy **underwent** a personal transformation after he was adopted at age 14.

トロイは14歳で養子になった後に人格が変わった

The monument is **undergoing** restoration.

その記念碑は修復工事を受けている

✒️〈変化〉を表す名詞の中でも、特にrestoration（修復）、renovation（改修）、makeover（作りかえ、改装）、repair（修理）、reconstruction（再建）、reorganization（組織再編）、overhaul（見直し）のように「作り直すこと」を意味する語と一緒に用いることが多い

The clock tower is set to **undergo** an extensive renovation project.

その時計塔の大規模な改修プロジェクトが始まることになっている

The hotel has **undergone** a series of makeovers and expansions over recent years.

そのホテルは近年、改装や拡張を繰り返してきた

The tax system **underwent** a complete overhaul last year.

税制は昨年、完全な見直しが行われた

They will **undergo** training for up to six months.

彼らは最長で6ヵ月間のトレーニングを受けることになる

Surprisingly, her work is **undergoing** a revival in popularity.

驚いたことに、彼女の作品の人気が復活している

✒️ このように、明らかに良いことに対して用いることもある

bid

1 （名）（〜しようとする・〜を得ようとする）努力、試み

2 （動）〜しようとする　3 （名）入札、競売価格

4 （動）入札する、（競売で）値を付ける、（入札などで）競う

5 （動）（別れ・挨拶など）を述べる

「（〜しようとする）試み」が基本のイメージ

bidという語は、辞書によっては非常に多くの意味が載っている。そのため、混乱してしまっていた人がいるかもしれないが、覚えておくべきは上記の意味だ。

中でも特によく使われるのが①の「**（〜しようとする・〜を得ようとする）努力、試み**」という意味。まずは、これを押さえよう。また、これが動詞になったのが②の意味だ。③④はどちらも入札や競売に関する文脈で使われる。入札も結局は「〜を得ようとする試み」と考えれば、①②の意味との関連性が見えるだろう。転じて「競売価格」や「値を付ける」の意味でも使われる。

この他、⑤「（別れ・挨拶など）を述べる」という意味もある。この意味では、farewell（別れ）を後ろに続けてbid farewell（別れを告げる）の形で使うことが多い。

最後に、活用について押さえておこう。bid-bid-bidという活用が基本だが、特に⑤の意味ではbid-bade-biddenという形が使われることもある。

The governor signed the bill in a **bid** to cut carbon emissions.

知事は二酸化炭素の排出を抑えるためにその法案に署名した〔①〕

📝 ①の意味ではbid to do 〜（〜しようとする試み）、bid for 〜（〜を得ようとする試み）という主に2つのパターンがある。特にin a bid to do 〜の形で使うと「〜しようとして、〜するため」という意味を表す

The award ceremony was moved up from 9 p.m. to 8 p.m. in a **bid** to attract more viewers.

視聴者を増やすため、授賞式は9時から8時に繰り上げられた〔①〕

Peter Johnson announced his **bid** to become the party's next leader.

ピーター・ジョンソンは次期党首への立候補を表明した〔①〕

📝 文脈によっては「立候補、出馬」といったニュアンスになる

His **bid** for re-election was not successful.

彼は再選を目指したが、失敗に終わった〔①〕

He lost his **bid** for a no-hitter when Turner singled in the ninth inning.

9回にターナーにヒットを打たれて、彼はノーヒットノーランを達成できなかった〔①〕

Albert Perez is **bidding** to be mayor again.

アルバート・ペレスは再び市長になろうとしている〔②〕

He had the highest **bid** at $18,000.

〔競売で〕彼が1万8千ドルで最も高い値を付けた〔③〕

📝 これと関連してhighest bidder（最高入札者）を覚えておこう

Ellen made a **bid** of $1.2 million for the old painting.

エレンはその古い絵画に120万ドルの値を付けた〔③〕

📝 make/place a bid of... for/on ～で「～に…の値を付ける」

We submitted a **bid** for the construction contract.

私達は、その建設契約への入札を提出した〔③〕

They have decided to accept a takeover **bid** from their rival.

彼らはライバル会社からの株式公開買い付けを受け入れた〔③〕

📝 takeover bidで「株式公開買い付け（略してTOB）」。takeoverは「乗っ取り」

I **bid** $450 for the rare stamp.

私はその珍しい切手に450ドルの値を付けた〔④〕

Three cities are **bidding** to host the next Olympic Games.

次の五輪の開催をめぐって3都市が争っている〔④〕

She **bade** farewell to us.

彼女は私達に別れを告げた〔⑤〕

📝 bade us farewellという形も使われる。bid good night（お休みの挨拶をする）など、「別れ」以外に使うのは古めかしい表現

suspend

❶（動）～をつるす　❷（動）～を（主に一時的に）停止させる

❸（動）～を停職・停学処分にする

suspend
のイメージ

「宙ぶらりん」から「一時停止」「停職」のイメージに派生

suspendは幅広く使われる語だが、基本となる意味は「**つるす、掛ける**」（サスペンダー（suspenders）もズボンを「つるす」ものだ）。ここから、②③の意味でも使われる。一時停止したり停職処分にしたりすることは、「**宙ぶらりんな状態**」にすることであると考えると、意味の関連性が見えてくるのではないだろうか。

特に②の意味では使われる範囲が広く、「**交通機関の運行停止**」「**営業・生産の停止**」「**規則の効力の停止**」「**支払いの停止**」「**刑の執行猶予**」「**免許の停止**」など、様々なものを「停止する」という文脈で使われる。

ちなみに、映画や小説などには「サスペンス（suspense）」というジャンルがあるが、これはsuspendの名詞形。「宙づりにされた不安な状態」から「先がどうなるか分からず、不安でハラハラする作品」という意味で使われる。

I **suspended** a lantern from the ceiling.

天井からランタンをつるした〔①〕

The bridge is **suspended** by four cables.

その橋は、4本のケーブルでつるされている〔①〕

📝 ちなみに「つり橋」はsuspension bridgeという

The ferry service has been **suspended** due to some safety issues.

安全上の問題が生じたため、フェリーの運航が停止された〔②〕

The automaker has recently **suspended** production of its vehicles in Europe.

その自動車会社は最近、欧州での車の生産を停止した〔②〕

His sentence was **suspended** for six months.

彼の刑の執行は6ヵ月間猶予された〔②〕

My license to practice medicine was **suspended** two years ago.

私は2年前に、医師免許停止処分を受けた〔②〕

He was fined for driving with a **suspended** license.

彼は免許停止中に運転した罪で罰金を科せられた〔②〕

His Twitter account has been **suspended** for violating the rules.

彼のツイッターアカウントは、ルールに違反して凍結された〔②〕

You'll really have to **suspend** your disbelief to enjoy the movie.

その映画を楽しむには設定を受け入れる必要がある〔②〕

📝 suspend (one's) disbeliefは直訳すると「信じないこと (disbelief) を一時停止する」だが、これは「(疑いの気持ちを持つことをやめて) フィクションの世界を設定として受け入れる」という決まり文句。名詞形はsuspension of disbelief (設定として受け入れること)

This letter is to inform you that you are **suspended** without pay until further notice.

この文書は、別途通知があるまであなたが無給の停職処分となることを伝えるものである〔③〕

The student was **suspended** from school for allegedly putting a venomous snake in his teacher's bag.

その生徒は、伝えられているところでは、先生のかばんに毒ヘビを入れて停学処分になった〔③〕

Jones was **suspended** for three games after he insulted the referee.

ジョーンズは審判を侮辱して3試合の出場停止処分を受けた〔③〕

📝 スポーツ選手を「出場停止にする」という意味でも用いる

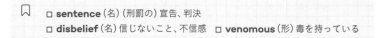

🔖 □ **sentence** (名) (刑罰の) 宣告、判決
□ **disbelief** (名) 信じないこと、不信感　□ **venomous** (形) 毒を持っている

identify

❶ ～が (…であると) 分かる、明かす　　**❷** (原因など) を特定する、見つける

❸ (identify as ～の形で) 自分を～だと認識している

「同じ」という語源から意味が発展

identifyはidentity (アイデンティティー) やidentical (同一の) の関連語で、語源的に「同じ」という意味を持つ。上記のように様々な用法があるが、**「何かと何かが同じである (と分かる)」** というのが基本イメージ。

例えば①の意味では「遺体の身元を確認した」「犯人は彼だと分かった」「自分のバッグがどれだか分かった」「自分を警察官だと名乗る」など幅広い文脈で使われるが、「遺体＝○○さん」「犯人＝彼」「自分のバッグ＝これ」「自分＝警察官」のように、何かと何かが同じというイメージがあるのが分かるだろう。

②と③の意味も同じ。「PCの不具合の原因を特定した (②)」「自分をトランスジェンダーだと認識している (③)」などのケースでも「不具合の原因＝これ」「自分＝トランスジェンダー」のように「同じである」というイメージで捉えることができる。

「遺体の身元を確認した」	「不具合の原因を特定した」	「自分をトランスジェンダーだと認識している」
＝ ○○さん	＝ これが原因	自分 ＝

※「＝(イコール)」で理解するのがコツ

A luggage tag helps **identify** your suitcase quickly at the airport.

タグを付ければ空港で自分のスーツケースが早く見つかる〔①〕

Can you **identify** what kind of vehicle that was?

それがどんな車だったのか言ってもらえますか？〔①〕

～だと「分かる」場合にも、分かったうえで「伝える」場合にも使う

Police **identified** the shooter as 45-year-old Jake Rios.

警察はその狙撃犯が45歳のジェイク・リオスだと分かった〔①〕

✎ identify A as Bで「AがBだと分かる、明かす」

The body has been **identified** as that of his brother.

その遺体は彼の弟であると分かった〔①〕

Show me something that **identifies** yourself.

身元を確認できるものを見せなさい〔①〕

✎identify oneselfで「身元を明らかにする」

The man refused to **identify** himself.

その男は身元を明かすことを拒否した〔①〕

The man **identified** himself as a police officer.

その男は自分を警察官だと名乗った〔①〕

A man, **identified** only as H.S., has been hospitalized after being shot.

H.S.としか名前が分からない男性が、撃たれて入院した〔①〕

✎ be identified only as ～で「～としか身元が分からない」。フルネームが不明な場合などに用いる

They have **identified** the cause of the computer glitch.

彼らはコンピューターが誤作動した原因を突きとめた〔②〕

✎ ②の意味ではfindやdiscoverと近い

Scientists have finally **identified** the gene that causes gray hair.

科学者はついに白髪を引き起こす遺伝子を特定した〔②〕

Judith **identifies as** transgender.

ジュディスは自分をトランスジェンダーだと認識している〔③〕

✎ ... identifies herself as transgenderでも同じ意味。

🔖 ☐ **transgender**（名）身体的な性と自認する性が一致しない人

qualify

❶（動）（〜の）**資格がある、資格を得る**

❷（動）〜に（…の）**資格を与える**

「〜への出場を決める」「適任である」という意味でも使われる

qualifyは大きく分けて「資格がある（①の意味）」、「資格を与える（②の意味）」という2つの用法を押さえておこう。

①では、qualify for 〜（〜の資格がある、資格を得る）、qualify to do 〜（〜する資格がある、資格を得る）、qualify as 〜（〜としての資格がある、資格を得る）という3つのパターンで使うことが多い。また、「W杯への出場を決める」のようなケースでも「出場の資格を得る」と考えてqualifyが使われるということを覚えておこう。

②では、「彼女の受けた訓練が、彼女がその仕事をする資格を与えた」のように「（主語が）〜に資格を与える」という意味の他、be qualifiedと受け身の形で使うことも多い。これは**「資格を与えられている」から「（何らかの）資格がある」。また、そこから転じて「（ある仕事などに）適任である」という意味を表す**。このqualifiedはqualifyの過去分詞形だが、「資格がある」という1つの形容詞だと考えておこう。

ちなみにqualifyの名詞形はqualification（資格、適正、資格を得ること）。

Do **qualify** for unemployment benefits?

私は失業手当の〔受給〕資格がありますか？（①）

Do I **qualify** to receive unemployment benefits?

私は失業手当を受給する資格がありますか？（①）

To **qualify** for the competition, you need to be at least 16 years old.

大会への出場資格は、16歳以上であることが条件です（①）

The allowance will be paid automatically to people who **qualify**.

この手当は、資格のある人に自動的に支払われます（①）

📝 文脈から何の資格があるのかが明確な場合は、qualifyを単独で使うこともある

The top two teams of each group will **qualify** for the World Cup.

各グループの上位2チームがW杯に出場することができる〔①〕

Russia eventually won the match and **qualified** for the semifinals.

ロシアは最終的にその試合に勝利し、準決勝進出を決めた〔①〕

He lost in the second **qualifying** round to Daniel Garcia.

彼は2次予選でダニエル・ガルシアに敗れた〔①〕

📝 qualifyingは「予選の」という意味で使われることがある

It took me five years to **qualify** as a counselor.

カウンセラーの資格を取るのに5年かかった〔①〕

Simply being bilingual doesn't **qualify** you to work as an interpreter.

単にバイリンガルであれば通訳者として働けるわけではない〔②〕

📝 ②の用法では、〈qualify+人+to do ～〉（主語は人が～するのに十分な資格を与える）、〈qualify+人+for ～〉（主語は人に対して～に十分な資格を与える）という形で使うことが多い

Your experience **qualifies** you for the job.

君の経験は、その仕事をするのに十分だ〔②〕

Membership **qualifies** you for exclusive discounts on fitness programs.

会員であれば、フィットネスプログラムの限定割引をご利用いただけます〔②〕

Jessica is **qualified** to teach high school mathematics.

ジェシカには高校の数学を教える資格がある〔②〕

Who is best **qualified** for the job?

その仕事に最も適任なのは誰だろうか？〔②〕

📝 be best qualified for ～（～に最も適任だ）はよく使われる表現。best以外にもwell、highly、fullyなどを前に置いて強調することがある

settle

① (動)(問題・争いなど)を解決する　② (動)(ある場所に)定住する

③ (動)ゆったり座る、快適な姿勢をとる、とらせる

④ (動)落ち着く、〜を落ち着かせる

💡

「落ち着く」→「問題を解決する」とイメージが派生する

settleの基本イメージは**「座らせる、落ち着かせる、落ち着く」**。これを頭に入れた上でそれぞれの意味を押さえるのが、この語をマスターするコツだ。

③④はまさにイメージ通りの意味だし、①「解決する」には問題や争いなどが落ち着くイメージがある。また、②「定住する」も腰を据えて落ち着いている感じがあるのが分かるだろう。以上に加えて、ここではsettleを使った決まり文句もいくつか見ていこう。

settleのイメージ

A mediator was called in to help **settle** the legal dispute.

法的な争いを解決するために調停人が呼ばれた〔①〕

📝 ①の意味ではdispute(争い、論争)、conflict(争い)、disagreement/differences(意見の相違)、argument(議論)、などの名詞と結びつくことが多い

I hope the two sides will **settle** their differences.

双方が意見の相違を乗り越えて和解することを望む〔①〕

They have agreed to **settle** out of court.

彼らは示談にすることに同意した〔①〕

📝 settle out of courtは「裁判所の外で解決する」から「示談にする、和解する」という意味の表現

His family moved around a lot, but they eventually **settled** in this town.

彼の家族は移住を繰り返したが、最終的にこの街に定住した〔②〕

The area was first **settled** in the 17th century.

その地域に人が住み始めたのは17世紀のことだ〔②〕

✍ 〈settle＋場所〉（〜に入植する）のように他動詞としても使うが、この用法は上記のように場所を主語にした受け身の形で使うことが多い

Nelson **settled** back in his chair.

ネルソンはゆったりといすにもたれた〔③〕

✍ settle backは「ゆったりともたれる」感じを表す

She **settled** her baby son on the bed and put a blanket over him.

彼女は幼い息子をベッドに寝かせ、毛布を掛けた〔③〕

Settle down, kids!

子供たち、落ち着きなさい！〔④〕

✍ 「落ち着く」の意味ではsettle downとなることがある。この他settle downは「（結婚や定職に就くなどして）落ち着く」の意味でも使う

I'm not yet ready to **settle** down and have a family.

身を固めて家族を持つ準備がまだできていない〔④〕

I took a deep breath to **settle** my nerves.

落ち着くために深呼吸をした〔④〕

✍ settle one's nerves（神経を落ち着かせる⇒落ち着く）の他、settle one's stomach（（荒れた）胃を落ち着かせる）といった使い方もする

He's not coming, either? That **settles** it. Let's put it off until tomorrow.

彼も来ないのか？　それで決まりだな。明日に延期しよう

✍ That settles it.（それで決まりだ）は、決断するのに十分な情報が出てきた時に使われる表現

I initially asked for $1,200, but eventually **settled for** $1,000.

当初1,200ドルを要求したが、結局1,000ドルで手を打った

✍ settle for 〜で「（不本意ながら）〜で我慢する、手を打つ」

🔖　□ **mediator**（名）調停人　□ **nerve**（名）神経

refer

① (動)（refer to 〜の形で）〜に言及する、触れる

② (動)（refer to 〜の形で）〜を参照する、確認する

③ (動)（refer to 〜の形で）〜のことを示す、意味する

④ (動) 〜を（…へと）差し向ける、〜を（…に）委ねる

「送ったり移動したり」が全ての意味に共通のイメージ

referを理解するには、まずrefer to 〜で使う形（①〜③の意味）と、他動詞として使う形（④）を区別しよう。refer to 〜は「講演の中でその問題に触れる」のように①「〜に言及する」という意味で使う。同様の意味のmentionよりフォーマルな響きがある。

また、②「（資料など）を参照する」や、他にも「『Z世代』は90年代半ば以降に生まれた人を指す」のように③「〜を指す、意味する」という意味もある。④は他動詞で、「その患者を専門医のところへ回す」や「その問題の解決を国連に委ねる」のように「AをBに差し向ける、任せる」といった意味で使い、主にrefer A to Bという形をとる。

このように様々な意味があるが、referの-ferの部分には「運ぶ」という意味があることがポイント（※参考：transfer（移動・転任させる））。①〜④には**「送ったり移動したりする」ニュアンス**があることが見えるだろうか。「言及する」は話の方向をそちらに向けることだし、「参照する」もある資料に向かっていく感じがある。「〜を意味する」も主語の意味が行き着く先を示しているし、④の意味はそのまま「送る」につながる。このように理解すると意味の関連性が見えてくる。ちなみに名詞形のreferenceは「言及」「参照、参考文献」「関連性」「照会」といった意味がある。

Matt repeatedly **referred to** the issue during his speech.

マットは講演の間、繰り返しその問題に触れた〔①〕

📝 referred / referringのように、過去形やing形はrが重なる

I know who you're **referring to**.

君が誰のことを言っているのか分かるよ〔①〕

People often **refer to** the island as a paradise in the Pacific.

人々はしばしばその島を「太平洋のパラダイス」と呼ぶ〔①〕

📝「（特定の呼び名で）言及する」から「AをBと呼ぶ」（refer to A as B）という意味でも使う。refer to oneself as 〜なら「〜と名乗る」

Generally speaking, people who identify as neither male nor female do not like to be **referred to** as he or she.

一般に、性自認が男でも女でもない人はheやsheと呼ばれたくない〔①〕

The victim was not **referred to** by name.

その被害者は名前では呼ばれなかった〔①〕

📝 refer to A by name（Aを名前で呼ぶ）の受け身形

Please **refer to** our website for more details.

詳細はウェブサイトをご参照ください〔②〕

She occasionally **referred to** her notes while delivering her speech.

彼女は講演しながら、何度かメモを確認した〔②〕

These two terms essentially **refer to** the same thing.

この2つの用語は基本的に同じものを指す〔③〕

The figures **refer to** the number of visitors to our website.

この数字は我々のサイトへの訪問者数を示している〔③〕

My doctor **referred** me to a specialist for more tests.

かかりつけ医は、さらなる検査のため私を専門医に回した〔④〕

His case has been **referred** to the Court of Appeal.

彼の裁判は控訴裁判所へと送られた〔④〕

🔖
- **generally speaking** 一般的に言って
- **occasionally** (副) 時々 (＝sometimes)
- **essentially** (副) 基本的に、本質的に

represent

❶（動）〜の代理人・代表を務める　❷（動）〜を象徴する、示す

❸（動）〜を描写する、描く　❹（動）〜と等しい、（主語は）〜である

「ほぼ同じものがある」というイメージ

representも非常に幅広く使われる動詞だ。ここでは特によく使われる意味を見ていこう。①「〜の代理人・代表を務める」は、弁護士が代理人を務めたり、会社の代表として会議に出席したりする場合の他、「日本代表として五輪に出場する」のような文脈でも使われる。

また「レインボーカラーは多様性を象徴している」のように②「〜を象徴する」や、「その本は彼を悪人として描写している」のように③「〜を描写する」という意味でも用いられる。他にも「オンラインでの販売が、昨年の売上の40％に当たる」のような④「〜と等しい、〜である」という意味もある。

このようにrepresentには多くの意味があるが、これらは「**（A≒A'のように）ほぼ同じものがそこにある**」というイメージで捉えておくと分かりやすい。「代理人を務める」とは組織や個人を代表することだが、当然ながら代理人と組織・個人は利害や考え方を共有しているのでイコールで結ぶことができる。その他の意味でも「A≒A'（またはA＝A'）」のイメージを持つのが見て取れるだろう。このイメージを頭に入れたうえで、以下の例文を見てみよう。

【representのイメージ】

$$A \fallingdotseq A'$$

①「代理人を務める」

②「〜を象徴する」

③「〜を描写する」

④「〜と等しい」

I hired the best lawyer in town to **represent** me in court.

私は法廷での代理人として街で一番の弁護士を雇った〔①〕

Mr. O'Sullivan **represented** his company at the conference.

オサリバン氏は社を代表してその会議に出席した〔①〕

The athletes **represented** their country at the Olympics.

選手たちは五輪で自らの国を代表した〔①〕

The union **represents** over 500 drivers.

その組合は500人以上の運転手を代表している〔①〕

He **represents** Michigan's 2nd Congressional District.

彼はミシガン州第2下院選挙区選出の議員だ〔①〕

📝「選挙区を代表する」から「〜選出の議員だ」の意味でも使う

The rainbow colors **represent** diversity.

レインボーカラーは多様性を象徴している〔②〕

What do the blue dots on the map **represent**?

地図上の青い点は何を示していますか?〔②〕

The play **represents** him as a ruthless king.

その芝居は、彼を無慈悲な王として描いている〔③〕

📝 ③の意味はdescribeやdepict（p. 214）に近く、主に「どんな風に描くのか」を表す語句とセットで用いる。特にrepresent A as B（AをBとして描く）という形で使うことが多い。これと関連してmisrepresent（〜を偽って表現する）を押さえておこう

The newspaper **represented** him and his party negatively.

その新聞は彼と彼の党を否定的に伝えた〔③〕

Electric vehicles now **represent** half of our sales.

電気自動車は今やわが社の売上の半分に当たる〔④〕

📝 ④の意味ではbe equal to 〜（〜と等しい）、また下の例ではbe動詞に置き換え可能。いずれも「＝」のイメージで捉えよう

The decision **represents** a major shift in U.S. policy.

その決定は米国の政策の大きな転換だ〔④〕

stir

① （動）〜をかき混ぜる、かき回す

② （動）（感情・騒ぎなど）〜をかき立てる、引き起こす

③ （動）〜を扇動する、〜に行動を起こさせる

④ （名）動揺、興奮、波紋

「渦巻きのようにかき混ぜる」イメージ

stir（stir-stirred-stirredと活用する）は**storm（嵐）と語源的に関係がある**。そこから、台風の雲が渦を巻くように①「〜をかき混ぜる」という意味で使われると考えておこう。さらに「人の心をかき混ぜる」という発想から、②〜④の意味でも用いられる。

いずれも、心がぐるぐるとかき回された結果、感情がかき立てられたり、扇動されたり、動揺が生じたりすると考えることができる。このように、「**渦巻き**」のイメージで捉えるのがstirをマスターするコツだ。

stir のイメージ

He **stirred** his coffee with a spoon.

彼はスプーンでコーヒーをかき混ぜた〔①〕

Lauren **stirred** sugar into her tea.

ローレンは砂糖を紅茶に入れてかき混ぜた〔①〕

📝 stir A into Bで「AをBに入れてかき混ぜる」

Stir the chocolate until it is completely melted.

完全に溶けるまでチョコレートをかき混ぜてください〔①〕

📝 関連語としてstir-fry（かき混ぜながら炒める）を覚えておこう

The announcement has **stirred** anxiety among investors.

その発表は投資家の間で不安をかき立てた〔②〕

📝 ②の意味では、どちらかと言うと「負の感情」に対して使うことが多い。また、しばしばstir upの形が使われる

His words **stirred** up anger within me.

彼の言葉は私の中で怒りをかき立てた〔②〕

Her tweet **stirred** a discussion about diversity.

彼女のツイートは、多様性についての議論を引き起こした〔②〕

📝 感情以外にも「様々なものを引き起こす」という意味でも用いる

That kid is always **stirring** up trouble.

あの子はいつも問題を起こしてばかりいる〔②〕

He's just trying to **stir** things up to get attention.

彼は注目を集めるために騒ぎを起こそうとしているだけだ〔②〕

📝 stir things upで「騒ぎを起こす」

I was deeply **stirred** by his speech.

私は彼の演説に深く感情を揺さぶられた〔②〕

📝 〈stir＋人〉で「人の感情を揺さぶる」。上の文はこの受け身形

Looking at the pictures **stirred** some old memories.

その写真を見て、古い記憶がよみがえってきた〔②〕

📝 「記憶を呼び起こす」という意味でも使われる

His death **stirred** people to protest against police brutality.

彼の死によって、人々が警察の暴力に対して抗議した〔③〕

📝 stir A to do 〜で「Aを刺激して〜の行動を起こさせる」

The singer caused quite a **stir** with his debut single.

その歌手は、デビュー曲で大きな騒ぎを起こした〔④〕

📝 cause/create a stirで「騒ぎを起こす、物議を醸す」。世間を騒がせるようなことに対して使われる。quite a stirの形で強調することが多い

🔖 □ **melt**（動）溶ける、〜を溶かす
　　□ **anxiety**（名）心配、不安

❶ 日本文の意味に合うように空所に適語を入れよう。

※最初の1文字のみ与えられている。

1 His body shows external injuries and will (u   ) an autopsy.

（彼の遺体には外傷の跡があり、司法解剖を受ける）

2 Maybe it's time to (s   ) down and have a family.

（身を固めて家庭を持つ時なのかもしれないな）

3 Meg was (s   ) from her job for pulling down her boss's pants in public.

（メグは皆の前で上司のズボンを下ろしたために、停職処分になった）

4 He became the first Japanese to (q   ) for the 100-meter final at the World Athletics Championships.

（彼は世界陸上の100m走決勝に進出した最初の日本人となった）

---

❷ 上下の文の空所に共通して入る語を答えよう。

1 Slowly   the sauce until it thickens.

 Leave him alone. He's just trying to   things up.

2 Evelyn looks like she hasn't had a   meal for a week.

 I want to beat him fair and   .

3 The lady placed the highest   of $1.4 million.

 The government will hand out cash in a   to stimulate the economy.

4 Police tried to _____ the body of the unknown victim.

Please _____ yourself before asking questions.

❸ [ ]内の語を使って次の日本文を英語にしよう。

1 私は法廷での代理人として街で一番の弁護士を雇った。[represent]

2 ジュディスは自分をトランスジェンダーだと認識している。[identifies]

3 かかりつけ医は、さらなる検査のため私を専門医に回した。[referred]

❹ 下線部に注意して、次の英文の意味を考えてみよう。

1 You may call it hashtag, but the official name for the # symbol is octothorpe. The prefix "octo" means "eight" and refers to its points. The origin of "thorpe" is unclear and sources differ on where it came from. Some people claim it was named after Olympic athlete Jim Thorpe.

*prefix:「接頭辞」　*differ:「異なる」

2 Onions played an interesting role in ancient times. The mummified body of King Ramses IV, who died around 1150 B.C., was found with onions in his eye sockets. People in ancient Egypt thought the vegetable represented eternal life, probably because of its circle-within-a-circle structure. Onions were also found in the chests, ears, and pelvises of other mummified bodies.

*mummified:「ミイラ化された」　*eye sockets:「眼窩」
*pelvises:「骨盤」

dismiss

● (動)（集会・クラスなど）～を解散させる

● (動)～を解雇する、解任する　● (動)（考えなど）～を退ける、却下する

「あっちに行け」と退けるイメージ

動詞dismissは主に上の3つの意味で使われるが、何となくそれぞれの意味に共通する
ものが見えるだろう。この語は「**去らせる、向こうへやってしまう、捨てる**」というイメー
ジを持つ。そこから「解散させる」「解雇する」「退ける」という意味で使われるというわけ
だ。

この中で特に注意すべきなのは③の意味。「提案を退ける」「訴えを棄却する」「批判をは
ねつける」「話を信じない」「疑惑を否定する」など、幅広い文脈で使われる。

以下にdismissと結びつく名詞の代表的なパターンをまとめておくが、基本的には「**（あ
っち行け、という具合に）手で払う**」ようなイメージで捉えておくのが理解するコツ。③
の例文を読む際に、dismissのところで手で払う動きをしてみよう。理解が深まるぞ。

【dismissの代表的なパターン】

・dismiss ＋ **アイデア提案**系 ⇒「～を却下する」

　　　　　　　*idea（アイデア）, proposal（提案）, suggestion（提案）…

・dismiss ＋ **訴え・要求**系 ⇒「～を退ける、棄却する」

　　　　　　　*charge（告訴）, appeal（上告）, demand（要求）, claim（要求）…

・dismiss ＋ **情報・可能性**系 ⇒「～を否定する」

　　　　　　　*rumor（うわさ）, report（報道）, possibility（可能性）,
　　　　　　　speculation（憶測）…

・dismiss ＋ **批判**系 ⇒「～をはねつける」

　　　　　　　*criticism（批判）…

The teacher **dismissed** the class early because of the snowstorm.

吹雪のため、先生は早めにクラスを解散させた〔①〕

The judge **dismissed** the jury after they were unable to reach a majority verdict.

多数評決に至らず、判事は陪審員たちを解散させた〔①〕

The court ruled that he was unfairly **dismissed** from his job.

裁判所は彼が不当に仕事を解雇されたという判断を下した〔②〕

📝 同じく「解雇する」を意味するfireやsackよりも堅い語

The president **dismissed** two ministers over corruption allegations.

大統領は汚職疑惑で2人の閣僚を解任した〔②〕

They **dismissed** the idea without discussing it.

彼らは議論することなく、そのアイデアを退けた〔③〕

These suggestions should not be **dismissed** out of hand.

これらの提案は検討することなく却下されるべきではない〔③〕

📝 out of hand（検討することなく）と結びつくことが多い

Mr. Cox **dismissed** my proposal as unrealistic.

コックスさんは私の提案を非現実的だと退けた〔③〕

📝 dismiss A as Bで「AをBだとして退ける」

The 5-year-old boy's 911 call for help was **dismissed** as a prank.

その5歳男児からの助けを求める通報は、いたずらだとして取り合ってもらえなかった〔③〕

The court **dismissed** his appeal.

裁判所は、彼の上告を棄却した〔③〕

She quickly **dismissed** the rumor as nonsense.

彼女はすぐにそのうわさをナンセンスだと一蹴した〔③〕

The prime minister **dismissed** the possibility of an early election.

首相は早期に選挙を実施する可能性を否定した〔③〕

He **dismissed** criticism and concern about the new policy.

彼は新たな方針についての批判と懸念をはねつけた〔③〕

tear

 ❶（動）〜を引き裂く、裂ける、破れる、〜を引きはがす

❷（動）（**tear down**の形で）（建物）を取り壊す

❸（動）（猛烈な勢いで）動く、進む

---

up、apart、away、off、downなどの副詞と結びつく

tear（「涙」のtearとの発音の違いに注意）の基本的な意味は①「引き裂く」だが、これを知っているだけでは不十分。tearはupやapartなど、特定の副詞と結びついて使われることが多い。以下に代表的なパターンをまとめておこう。いずれも「引き裂く」「引きはがす」というtearの意味と、副詞の表すイメージを合わせて理解しよう。

また、tearはtear-tore-tornと活用するが、受け身のbe tornは「引き裂かれている」から転じて「（何かと何かの間で）迷っている」などの意味でも使われる。

【tear＋副詞の代表的な例】

・tear ＋ **up** ＊「up＝完全に」⇒完全に引き裂いてしまうイメージ

　「〜ビリビリに破く、ズタズタに引き裂く」など

・tear ＋ **apart** ＊「apart＝バラバラに」⇒2つに引き裂いて離すイメージ

　「〜をバラバラに壊す、裂いて分ける」「（関係を引き裂く発想から）分断させる」など

・tear ＋ **away** ＊「away＝遠ざける」⇒引き裂いて遠ざけるイメージ

　「（楽しんでいるものなどから）引き離す」

・tear ＋ **off** ＊「off＝分離」⇒（体から）引きはがすイメージ

　「服を脱ぎ捨てる、急いで脱ぐ」

・tear ＋ **down** ＊「down＝下に」⇒引き裂いて下に落とすイメージ

　「建物を取り壊す」

Rowan **tore** the paper in half in front of them.

ローワンは彼らの目の前でその紙を真っ二つに破った〔①〕

He **tore** a ligament in his left knee last month.

彼は先月、左膝の靱帯を断裂した〔①〕

The fabric is very thin and **tears** easily.

その生地はとても薄く、簡単に破れる〔①〕

I **tore up** all the letters she had sent me.

私は彼女から来た手紙を全てビリビリに破った〔①〕

He decided to **tear up** the contract.

彼は契約を破棄することにした〔①〕

📝「(破るように)破棄する、拒否する」という比喩的な意味でも使う

The building was **torn apart** by last night's airstrike.

その建物は昨夜の空爆で破壊された〔①〕

The issue is **tearing** the country **apart**.

その問題は、その国を分断している〔①〕

It **tears** me **apart** to see animals suffer.

動物たちが苦しむのを見ると、胸が張り裂けそうだ〔①〕

📝〈tear+人+up/apart〉は「人を悲しませる」の意味でも使う

Mia was **torn** between having a family and a career.

ミアは家庭を持つこととキャリアの間で迷っていた〔①〕

I don't think I can **tear** him **away** from the TV.

テレビから彼を引き離すことはできないと思う〔①〕

Luke **tore off** his clothes and jumped onto the bed.

ルークは服を脱ぎ捨てると、ベッドに飛び乗った〔①〕

The owner had to **tear down** the old house.

家主はその古い家を取り壊さなければならなかった〔②〕

Peter suddenly **tore** into the room.

ピーターが突然部屋に飛び込んできた〔③〕

📝 ③の意味ではinto、toward、past、down、throughなど、方向を表す語とセットで用いられる

A mudslide **tore** through the town, killing at least three people.

土石流がその街を飲み込み、少なくとも3人が死亡した〔③〕

fulfill

❶（動）（夢・目標など）〜をかなえる、実現する

❷（動）（約束・義務など）〜を果たす　❸（動）〜を満足させる

十分に（ful＝full）満たす（fill）

fulfillという語の前半部分のful-はfullと同じで、「いっぱい」という意味を表す。後半のfillは「満たす」という動詞。つまりfulfillは「**十分に満たす**」というのが元の意味。そこから、後ろに①「夢・目標」を意味する語が続くと「**夢・目標を十分に満たす**」から「〜をかなえる、実現する」という意味を表す。

また、②「約束・義務」を表す語を目的語にとると「**約束・義務を十分に満たす**」から「〜を果たす」という意味になる。fulfillは主にこの2つのパターンで使われる。この他、「十分に満たす」から③「（仕事などが）〜を満足させる」という意味で使われることもある。いずれのケースでも「満たす」というイメージで捉えておくのが意味を解釈するコツだ。ちなみに名詞形はfulfillmentで、「実現」「（義務などの）履行」「満足感」といった意味を表す。最後に、スペリングについて。fulfillはイギリス英語ではfulfilとつづることが多いが、過去形・ing形はアメリカ英語と同様にfulfilled/fulfillingとなる。

【fulfillの代表的なパターン】

＋夢・目標系⇒「〜をかなえる、実現する」
※dream（夢）、wish（願い）、goal（目標）

＋約束・義務系⇒「〜を果たす」
※promise（約束）、duty（義務）、role（役割）

「十分に満たす」

I **fulfilled** my lifelong dream of publishing a book.

私は、本を出版するという生涯の夢を実現させた（①）

📝 fulfill a/one's dream of 〜で「〜という夢をかなえる」。dreamは同様の意味のwish to do 〜（〜するという願い）やambition to do 〜（〜するという野心）とは異なり、dream to do 〜という形では使わない

Shawn **fulfilled** his childhood wish to become a pro wrestler.

ショーンはプロレスラーになるという子供の頃の願いを実現した〔①〕

The injury didn't stop him from **fulfilling** his political goal.

そのけがは、彼が政治的目標を実現するのを阻むことはなかった〔①〕

Becoming a mother **fulfilled** one of her longtime dreams.

母親になったことで、彼女の長年の夢の1つが実現した〔①〕

📝 人以外にも、ある行動や事実などを主語にして「それが〜をかなえる」という使い方をすることもある

The president **fulfilled** his pledge to cut taxes.

大統領は、減税するという公約を果たした〔②〕

He failed to **fulfill** his duties as an employer.

彼は雇用主としての義務を果たさなかった〔②〕

Is the government **fulfilling** its role in the fight against COVID-19?

コロナウイルスとの闘いにおいて、政府はその役割を果たしているだろうか？〔②〕

These factories failed to **fulfill** safety requirements.

これらの工場は安全要件を満たさなかった〔②〕

📝「要件・要求を満たす」も「義務を果たす」の一環と考えられる

Martha is looking for work that will **fulfill** her.

マーサは満足できる仕事を探している〔③〕

Half of the people surveyed are considering quitting their jobs for more **fulfilling** work.

調査を受けた半数が、もっと満足できる職に就くために今の仕事を辞めることを検討している〔③〕

📝 fulfillingは「(人を)満足させる」、fulfilledは「(人が)満足した」

□ **lifelong**（形）生涯の　□ **surveyed**（形）調査対象となった

bother

● (動) ～を困らせる、不快にさせる、邪魔をする

❷ (動) わざわざ～する

まずは2つの意味を押さえることから出発する

botherは非常に幅広い用法を持つ厄介な動詞だが、しっかりマスターすれば英語で理解できること・表現できることが広がってくる。**この語を理解するコツは、極力シンプルに考えること。幅広い意味で使われるbotherも、大きく分けると上記の2つになる。**

まずは①「～を困らせる、不快にさせる、邪魔をする」という意味。相手の邪魔をしたり、相手を困らせたり嫌がらせをしたりするなどして、何らかの点で相手を不快にさせるという意味があると理解しておこう。

もう1つは②「わざわざ～する」という意味。わざわざ時間や労力を使って何かをする、ということを表す際に使われる用法で、don't bother to do ～（わざわざ～しようとしない）のように否定文で使うことが多い。

これら2つの意味を押さえた上で、例文で取り上げているようなbotherを使った代表的な決まり文句を覚えていくのが、この語をマスターする近道だ。ちなみに、ここでは扱わないがbotherには「面倒」「悩みの種」といった意味で使う名詞としての用法もある。

If that guy keeps **bothering** you, why don't you tell him to stop?

そいつがあなたを困らせ続けるなら、やめろって言えば？〔①〕

My neighbor plays the saxophone every night, but it doesn't **bother** me.

近所の人が毎晩サックスを吹くが、私は別に気にならない〔①〕

Sorry to **bother** you, but could you help me with something?

邪魔してすみませんが、ちょっと手伝ってくれますか？〔①〕

Don't **bother** your brother when he's trying to study.

お兄ちゃんが勉強しようとしている時に邪魔しちゃだめ〔①〕

It **bothers** me when my husband farts loudly in public.

夫が人前で大きなおならをするのが嫌だ〔①〕

📝 It bothers me when/that 〜 (〜が私に不快感を与える) のように、itを主語にすることもある。itはwhenやthat以降の内容を指す

Does it **bother** you that Lily borrows your clothes without asking you?

リリーがあなたに無断で服を借りていくのは嫌じゃない?〔①〕

Will it **bother** you if I turn the radio on?

ラジオをつけたら迷惑かな?〔①〕

Don't **bother** to pick me up.

わざわざ迎えに来ていただかなくても結構です〔②〕

📝 bother to do 〜、またはbother 〜 ingで「わざわざ〜する」。否定文 (「わざわざ〜しない」「あえて〜しようとしない」) で使うことが多い

The girl didn't even **bother** to answer our questions.

その少女は我々の質問に答えようとすらしなかった〔②〕

📝 not even botherで「〜しようとさえしない」という意味を表す

Don't **bother** asking about my secret recipe. I'm not going to tell you.

私の秘伝のレシピについて聞いても無駄だよ。教えないから〔②〕

Why **bother** inviting him? You know he won't come.

なぜわざわざ彼を誘うんだ? 来ないって知っているだろ〔②〕

📝 Why bother 〜 ? は「なぜわざわざ〜するのか?」という決まり文句

"Shall I tell him to call you back?" "No, don't **bother**."

「かけ直すよう彼に言いましょうか?」「それには及びません」〔②〕

I don't know why I **bother**. It won't work anyway.

なぜわざわざする必要があるのか。うまくいくわけないのに〔②〕

I can't be **bothered** to go out tonight.

今夜は外出する気が起きない〔②〕

📝 can't be bothered (to do 〜 / 〜 ing) で「〜をする気が起きない」

feature

①（動）～を（特徴として）持つ、含む　②（名）（注目すべき）特徴、特色

③（名）特集（記事）

捉えどころない動詞featureの本質を捉える

featureという語について、特に注意すべきなのは動詞の用法だ。まずは①の例文をいくつか見てほしい。「搭載している」「出演している」「展示される」「参加している」など、一見するとバラバラの意味で使われているように思えるが、これらに共通するfeatureのイメージが見えるだろうか？

動詞のfeatureは「（主語は）～を特徴として持つ、含む」というのが本質的な意味だ。簡単に言うと、haveやincludeに「特徴として」というニュアンスが加わったものだと捉えておこう。これを踏まえて改めて①の例文を見ると、すべて主語が何らかの特徴となるものを持っているという意味で使われているのが分かるはずだ。

このように本質を捉えると、どんな文脈で使われていても意味が見えてくるし、逆にこの本質が頭に入っていないと動詞のfeatureを理解することは永遠にできないといっても過言ではない。

この他、featureには②「（注目すべき）特徴、特色」や、③「（新聞などの）特集記事」、「（ニュース番組などの）特集」という名詞としての用法もある。

The latest model **features** a more powerful engine.

最新モデルは、より強力なエンジンを搭載している〔①〕

The play **features** several famous actors.

その劇には、有名な俳優が何人か出演している〔①〕

The movie **features** Brad Pitt as a vampire.

その映画にはブラッド・ピットが吸血鬼役で出演している〔①〕

The exhibit will **feature** his works.

その展覧会では、彼の作品が展示される〔①〕

His new album **features** Stevie Wonder.

彼のニューアルバムには、スティービー・ワンダーが参加している〔①〕

The hotel **features** 95 spacious and comfortable rooms.

そのホテルには、95室の広々としていて快適な部屋がある〔①〕

The newspaper **featured** the event on its front page.

その新聞は、その出来事を1面で取り上げていた〔①〕

📝「(メディアが) 〜を特集する」というニュアンスで使うこともある

The updated version has some new **features**.

アップデート版にはいくつかの新機能が入っている〔②〕

The most distinctive **feature** of the Kingfisher is its bright blue color.

カワセミの最も際立った特徴は、鮮やかな青い色だ〔②〕

📝 distinctive/striking feature（際立った特徴）、unique feature（他にはない特徴）、important/key/significant feature（重要な特徴）、common feature（よくある特徴）、main feature（主な特徴）などの〈形容詞＋feature〉のパターンを押さえておこう

A unique **feature** of the sword is its shape.

その剣の他にはない特徴は、その形だ〔②〕

The city's main **features** are considered to be its river and beautiful old bridges.

その街の主な特徴は、川と美しい古い橋だと考えられている〔②〕

The car has some advanced safety **features**.

その車には、高度な安全機能が搭載されている〔②〕

Sophia has very delicate **features**.

ソフィアはとても繊細な顔立ちをしている〔②〕

📝「顔の特徴」という意味で使うこともある。この意味では主に複数形で用いられる

The paper recently ran a **feature** on whitewashing.

その新聞は最近、ホワイトウォッシングの特集を掲載した〔③〕

🔖 □ **Kingfisher**（名）カワセミ ※アメリカ英語では鳥類の名前の最初の文字を大文字で表記することがある
　□ **whitewashing**（名）有色人種の役を白人が演じること

sneak

❶（動）こっそり動く、入る、出る　　**❷（動）〜をこっそり取る、持ち込む、渡す**

❸（動）（sneak a lookの形で）こっそり見る　　**❹（形）こっそりの**

「こっそり動く」イメージ

sneak（sneak-sneaked-sneakedの他、特にアメリカ英語ではsneak-snuck-snuckと活用することも多い）には様々な用法があるが、基本的には「**こっそり何かをする**」というイメージで捉えておこう。

まず①「こっそり動く」という動詞の意味がある。これはsneak into 〜（〜にこっそり入る）、sneak out of 〜（〜からこっそり出て行く）、sneak past 〜（こっそり〜の脇を通り過ぎる）のように、〈**方向・動き**〉**を表す語句と一緒に使われて、見つからないようにそっと出たり入ったり、横を通り過ぎたりなどの「こっそり動く」という意味で使われる**（sneaker〔スニーカー〕も、元は「こそこそ動く人」の意味だった）。

他にも②「〜をこっそり取る、持ち込む、渡す」や、③「こっそり見る」という意味でも使われる。動詞以外にも、sneak peek（こっそり見ること）や、sneak attack（不意打ち）のように「こっそりの」という形容詞としての用法もある。

【sneak＋〈方向・動き〉を表す語句のパターン】

- ・sneak in 「こっそり入る」　　・sneak into 〜「こっそり〜に入る」
- ・sneak out 「こっそり出る」　　・sneak out of 〜「こっそり〜から出る」
- ・sneak past 〜「こっそり〜の脇を通り過ぎる」
- ・sneak off/away 「こっそり立ち去る」

My brother **sneaked** into my room.

兄は、こっそり部屋の中に入ってきた〔①〕

Lisa often **sneaks** out of her house at night.

リサはよく夜中にこっそり家を出る〔①〕

He **sneaked** off without paying.

彼は料金を払わずにこっそり立ち去った〔①〕

Jim tried to **sneak** past the guard.

ジムは警備員の脇をこっそりすり抜けようとした〔①〕

They **sneaked** up the stairs.

彼らはこっそり階段を上がった〔①〕

He **sneaked** up on the woman from behind and grabbed her shoulder.

彼は背後からその女性に忍び寄り、肩をつかんだ〔①〕

📝 sneak up (on 〜) は「(〜に) こっそり近づく」

Joey **sneaked** some cookies when Mom was out of the room.

ママが部屋を出ている時に、ジョーイはクッキーをくすねた〔②〕

They tried to **sneak** food into the library.

彼らは図書館に食べ物をこっそり持ち込もうとした〔②〕

I didn't have a ticket, but they managed to **sneak** me in.

チケットがなかったが、彼らがうまく私を入れてくれた〔②〕

📝「(人) をこっそり入れる」の意味でも用いる

Savannah **sneaked** me a note during class.

サバンナは授業中にこっそり私にメモ書きを渡した〔②〕

She **sneaked a look** at the answers.

彼女は答えをこっそり見た〔③〕

📝 sneak a look/glance/peek at 〜で「こっそり〜を見る」

In 1941, Japan launched a **sneak** attack on Pearl Harbor.

1941年、日本は真珠湾を奇襲攻撃した〔④〕

They offered us the chance to have a **sneak** peek at their new product.

彼らは私達に新商品を見る機会を提供してくれた〔④〕

📝 sneak peekは「こっそり見ること」から転じて、「(発売・公開前に) 見ること、プレビュー」の意味もある。have/get a sneak peek at 〜 (〜を見る)、give/offer a sneak peek at 〜 (〜を見せる) のように使う

pose

1 （動）（写真用に）ポーズをとる、～にポーズをとらせる

2 （動）（pose as ～の形で）～のふりをする

3 （動）（問題・脅威など）を引き起こす、もたらす

4 （名）ポーズ、見せ掛け

「引き起こす」という意味でもよく使われる

日本語でも「ポーズ」と言うが、英語のposeにも①「ポーズをとる」や「～にポーズをとらせる」という意味がある。ただ、日本語の「ポーズをとる」にはピースをするなど何らかの姿勢をとるイメージがあるかもしれないが、英語のposeは単にカメラ目線になることを指す場合も多い。要は、写真撮影のために動きを止めることだと理解しておこう。

また、②「～のふりをする」という意味もある。この意味ではpose as a police officer（警官のふりをする）のように、pose as ～（～のふりをする、～を装う）という形で使うことが多い。

そして、忘れてはならないのが③「（問題・脅威など）を引き起こす、もたらす」という意味。この意味で使うことは非常に多く、以下のような語と結びついて用いられる。

最後に、日本語でも「あいつは強気に見えるが、ポーズに過ぎない」と言うように、poseは「見せ掛け」という名詞の意味もある。

【poseの後ろに続く語のパターン】

・pose ＋ **脅威・リスク系**

  *threat（脅威）, risk（リスク）, danger（危険）, crisis（危機）…

・pose ＋ **困難・問題系**

  *challenge（難題）, problem（問題）, difficulty（困難）,
  dilemma（ジレンマ）…

They **posed** for a group photo.

彼らは集合写真のためにポーズをとった〔①〕

📝 この意味ではpose for a photo/pictureという形で使うことが多い。写真以外にも絵のモデルとしてポーズをとる場合にも使われる

I **posed** for a selfie with Hannah.

ハンナと一緒に自撮り写真のためポーズをとった〔①〕

The photographer **posed** her on a chair.

カメラマンは、彼女を椅子に座らせポーズをとらせた〔①〕

A 34-year-old woman **posed as** a student and sneaked into a high school in Dallas.

34歳の女が生徒のふりをして、ダラスの高校に忍び込んだ〔②〕

He **posed as** a police officer in a bid to persuade the woman to hand over her bank account details.

彼はその女性から口座情報を引き出すため、警官のふりをした〔②〕

"What does SPAM stand for?" "Something **Posing As** Meat?"

「SPAM って何の略？」「肉のふりをした何か、かな？」〔②〕

Nuclear weapons **pose** a threat to people all over the world.

核兵器は世界中の人々に脅威をもたらす〔③〕

Microplastics **pose** a huge risk to marine life.

マイクロプラスチックは海洋生物に大きなリスクをもたらす〔③〕

Authorities claimed the leak would not **pose** an immediate danger to human health.

当局は、その流出は人間の健康に直ちに危険を及ぼさないと主張した〔③〕

The change can **pose** serious economic problems.

その変更は、深刻な経済的問題をもたらす可能性がある〔③〕

Despite challenges **posed** by the pandemic, my company did well last year.

感染拡大がもたらした困難にもかかわらず、昨年うちの会社は業績がよかった〔③〕

His friendliness is merely a **pose**.

彼の気さくさはポーズに過ぎない〔④〕

📝 ④の意味では「〜だけ、〜に過ぎない」を意味するjust/only/merelyと結びつくことが多い

spoil

❶（動）（価値・楽しみなど）〜を台無しにする、損なう

❷（動）〜を甘やかす　❸（動）（食品が）いたむ、腐る（go bad）

「（価値を奪って）台無しにする」イメージ

spoilも様々な意味で使われるが、語源をたどると「獲物から剥ぎ取った皮」といった意味に行き着く。**「皮を剥ぎ取る」⇒「奪う」⇒「価値を奪う」から「台無しにする［なる］」というイメージ**が生じたと理解しておこう。

子供を甘やかすと、子供がまともに育たずに駄目（＝台無し）になってしまうし、食品がいたむのも「台無しになる」とイメージ的につながっている。

最後に活用について。spoil-spoiled-spoiledという規則変化の他、特にイギリス英語ではspoil-spoilt-spoiltという形も使われる。

Our trip was **spoiled** by bad weather.

私たちの旅行は悪天候で台無しになった〔①〕

📝 同様の意味を表す語にruinがあるが、ruinの方が若干意味の強い語。ちなみに、destroyは物理的に破壊する場合に用いられる

The fight completely **spoiled** the party.

そのけんかのせいで、パーティーは完全に台無しになった〔①〕

Don't tell me how it ends. You'll **spoil** the movie!

結末は言わないで。映画が台無しになっちゃう！〔①〕

📝 ネタバレで映画や小説などの楽しみをなくすという意味でも使う

Spoiler Alert

ネタバレ注意〔①〕

📝 ネットなどでネタバレになるような内容が書かれている場合に、読者に注意を与えるために使われる表現。spoiler（（ネタバレで）台無しにするもの）があることに対するalert（警告）ということ

Don't eat any more chocolates. You'll **spoil** your appetite for dinner.

もうチョコレートはやめておけ。夕食が食べられなくなるぞ〔①〕

Telescopes work better in space where there is no atmosphere to **spoil** the view.

望遠鏡は、眺めに悪影響を与える大気のない宇宙の方が、より効果を発揮する〔①〕

Don't let that **spoil** your day.

それが起きたからって、一日を台無しにするなよ〔①〕

📝 直訳は「そのことがあなたの一日を台無しにするのを許すな」

Grandparents often **spoil** their grandkids.

祖父母はしばしば孫を甘やかす〔②〕

His mother **spoiled** him rotten.

彼の母親は、彼をひどく甘やかした〔②〕

📝〈spoil＋人＋rotten〉で「人をひどく甘やかす」。rottenは「腐っている」。甘やかされて駄目になっている様子をイメージしておこう

She was a **spoiled** girl. She got everything she wanted.

彼女は甘やかされた子だった。望むものは何でも手に入った〔②〕

They really **spoiled** me on my birthday.

彼らは誕生日に私のことを本当によくもてなしてくれた〔②〕

📝「甘やかす」から転じて「〜をもてなす、大事にする」という意味でも使う。spoil myselfなら「（思い切って）ぜいたくする、楽しむ」

Food **spoils** easily in hot weather.

暑いと食べ物は腐りやすい〔③〕

📝 同じ「腐る」でも、同様の意味を表すrotやdecayより前の段階を指すことが多い

🔖 □ **alert** (名) 警告／(動) 警告する／(形) 警戒している
　　□ **appetite** (名) 食欲
　　□ **telescope** (名) 望遠鏡
　　□ **atmosphere** (名) 大気

somehow

① （副）どういうわけか、はっきりと説明できないが

② （副）何とかして、何らかの方法で

「何らかの（some）方法（how）」というイメージで捉える

somehowという副詞は、「どういうわけか、その作戦はうまくいった」のように①「どういうわけか、はっきりと説明できないが」という意味で使うのが基本。簡単に言うと**方法や理由はよく分からないが…**」という場面で使われる語だ。someには「何らかの」という意味があり、howは「方法」を意味する。つまり、「（はっきりとは分からないが）何らかの方法・プロセスで」というのが元の意味。そこから「どういうわけか」という意味で使われると考えておこう。

また、「何とかしてお金を用意しなければならない」のように、②「何とかして、何らかの方法で」というニュアンスで使うこともある。これも根っこは①と同じ。どちらも「方法ははっきりとは分からない」という点は共通している。つまり「（今のところ方法は分からないが）何とかして〜する」と、①の意味に前向きなニュアンスが加わったのが②の意味というだけで、両者の間に根本的な違いがあるわけではない。

The information **somehow** leaked out.

どういうわけか、その情報は漏れた〔①〕

📝 文頭、文末、動詞の前など、様々な位置に置かれる

They started to call her Mimi, and **somehow** the name stuck.

彼らは彼女をミミと呼び始め、なぜかその名前が定着した〔①〕

"I can't believe it." "Neither do I, but **somehow** it's true."

「信じられないな」「私も。でもどういうわけか本当なんだ」〔①〕

Nina looked a little different **somehow**.

どういうわけか、ニーナはいつもとは少し見た目が違っていた〔①〕

My room must have been bugged **somehow**.

私の部屋が何らかの方法で盗聴されたに違いない〔①〕

Somehow, I don't think this is going to work.

どうしてか分からないが、これがうまくいくとは思えない〔①〕

📝 Somehow, I think/feel 〜（どうしてか分からないが〜だと思う）やSomehow, I don't think/feel 〜（どうしてか分からないが〜だとは思えない）というパターンで使うことも多い

He was nice to me, but **somehow** I didn't like the way he talked.

彼は私に良くしてくれたが、なぜか彼の話し方が好きではなかった〔①〕

We must find her **somehow**.

何とかして彼女を見つけなければならない〔②〕

Somehow or other, we'll raise at least $5,000.

何とかして最低でも5000ドルは集める〔②〕

📝 ①の意味でも②の意味でも、somehow or otherの形でsomehowの意味を強めることがある

It has to be done **somehow** or other.

それは何とかして実行されなければならない〔②〕

I **somehow** managed to persuade my parents.

何とか両親を説得することができた〔②〕

📝 manage to do 〜（〜できる）と相性が良いため、しばしばセットで使われて「何とか〜することができる」という意味を表す

He **somehow** managed to survive the crash.

彼はどうにかしてその衝突事故を生き延びた〔②〕

🔖 □ **leak out**（液体などが）漏れる、（情報が）漏えいする
　　□ **survive**（動）〜を生き延びる
　　□ **crash**（名）衝突事故／（動）衝突事故を起こす

all the way

① （副）わざわざ、はるばる

② （副）（きっちり）最後まで、完全に

💡 ────────────────

「道の全て」→「わざわざ」「最後まで」のイメージ

all the wayは副詞として使われる表現で、「カナダからわざわざ会いに来た」のように
①「わざわざ、はるばる」という意味で用いる。文字通りは「道の全て」ということ。つまり
「（A地点からB地点まで）全行程を」ということから「わざわざ、はるばる」といった**「距離
の長さ」**や**「手間」を強調する表現**になる。

また、ここから転じて②「（きっちり）最後まで、完全に」という意味を表すこともある。これ
は、**「道の全て」⇒「全行程を行く（＝ゴールまで到達する）」⇒「（途中でやめた
りせずに）きっちり最後まで、完全に」**という発想から生じたと考えておこう。「プラグを
（最後まで）きっちり差し込む」や「靴を（かかとの部分を踏んだりせず）最後まで履く」な
ど幅広いことに使える表現で、覚えておくと何かと便利だ。しっかり押さえておこう。

 ────────────────

John came **all the way** from California to see me.

ジョンはカリフォルニアからわざわざ会いに来てくれた〔①〕

📝 ①の意味ではcome、go、walk、runなど、「移動」を表す動詞とセットで用いることが多い

He ran **all the way** to the police station.

彼は警察署まで走っていった〔①〕

I had to go **all the way** back home to get the wallet.

財布を取りにわざわざ家まで戻らなければならなかった〔①〕

Hugh walked **all the way** around the pond.

ヒューは池の周りをぐるりと歩いた〔①〕

His mother pushed him **all the way** to school in a wheelchair.

彼の母親が、彼を車椅子に乗せて学校まで押していった〔①〕

The man offered me a ride **all the way** to Las Vegas.

その男は、私をわざわざラスベガスまで車で送ってくれると申し出た〔①〕

Be sure to insert the plug **all the way**.

必ずプラグを最後まで差し込んでください〔②〕

Put your shoes **all the way** on.

靴を最後まで履け〔②〕

📝「かかとの部分を踏むな」ということ

The two sisters sang songs **all the way** home.

その2人の姉妹は家に帰る道中ずっと歌っていた〔②〕

The flag was **all the way** up.

旗はてっぺんまで揚がっていた〔②〕

📝「途中まで揚がった」ならhalfway up

So, did you go **all the way** with her?

で、彼女とは最後までいったのか？〔②〕

📝 go all the wayは「最後まで行く」という意味で、ここでは性的関係を持つことを意味している。この他 go all the way with 〜の形で「〜に全面的に賛同・同意する」という意味を表すこともある

The team members went **all the way** with her plan.

チームのメンバーは、彼女の企画に全面的に賛成した〔②〕

I'll support you **all the way**.

あなたを全面的にサポートします〔②〕

📝 supportやagreeなど「支援する」や「賛成する」系の動詞と結びついて、「完全に、全面的に（≒ completely）」の意味で使うこともある

🔖　□ **pond**（名）池
　　□ **wheelchair**（名）車椅子

① 次の文を [ ]内の動詞を使って言い換えよう。

※動詞の形は適宜変えること。

⬜1 I approached him quietly to see what he was doing.

[sneak]

⬜2 The workers destroyed the old school yesterday. [tear]

⬜3 He refused to accept my proposal. [dismiss]

⬜4 The man pretended to be a student to get into the school.

[pose]

---

② 上下の文の空所に共通して入る語を答えよう。

⬜1 The film _____ Christian Bale as former U.S. vice president Dick Cheney.

The latest model includes several new safety _____.

⬜2 The bad weather completely _____ their camping trip.

That kid is _____ rotten and very selfish.

⬜3 We're happy to support you all the _____.

We had to walk all the _____ back home.

⬜4 Sarah was _____ from her job last month and now works part-time as a language teacher.

The lawmaker _____ claims that she had accepted bribes.

⬜5 Don't worry. It doesn't _____ me at all.

"Do you want me to pick you up?" "No, don't _____."

---

6 I _____ managed to find my way to her hotel without getting lost.

Everything will work out, _____ or other.

③ [ ]内の語を使って次の日本文を英語にしよう。
1 私は、本を出版するという生涯の夢を実現させた。[fulfilled]
2 今夜は外出する気が起きない。[bothered]
3 必ずプラグを最後まで差し込んでください。[all]
4 核兵器は世界中の人々に脅威をもたらす。[pose]

④ 下線部に注意して、次の英文の意味を考えてみよう。
1 The luna moth is a green moth found in North America. The large moth doesn't have a mouth or a digestive system and therefore does not eat in its adult form. They have around seven days to fulfill their purpose of mating and then starve to death.

*moth:「蛾」　　*digestive system:「消化器官」

2 The Eiffel Tower is arguably the most famous monument in France, but there is a hidden secret inside it: It has a secret apartment on the third level. When Gustave Eiffel designed his namesake tower, he created a private apartment for himself. The room features paisley wallpaper, wooden furniture, and a grand piano.

*namesake:「名前にちなんだ」

📋 Review Exercise 1 Answer　　　※▷の後の数字は、復習するユニット番号

① ① take (▷ 001) ② get (▷ 007) ③ took (▷ 002) ④ get (▷ 006) ⑤ over (▷ 005)

② ① take (▷ 002) ② get (▷ 008)

③ ① took her (own) life (▷ 002) ② going out (▷ 010) *go out with 〜は「〜と付き合う、交際する」。They have been going out for 10 years.（彼らは10年付き合っている）のようにwithを使わないパターンもある。③ taken out (▷ 005) ④ went on and on (▷ 010) ⑤ get dressed (▷ 008)

④ ① Jim is gone, but not forgotten. (▷ 009) ② Thank you for taking time out of your busy schedule. (▷ 004) ③ Stronger measures should be taken to protect the environment. (▷ 003) ④ I got the impression that she's really into me. (▷ 007)

⑤ ① 夢は魔法で現実となるのではない。それには汗と決意と努力が必要だ。(▷ 004) ② 1915年に、ある女性が姉[妹]の葬式に遅れてきた。彼女が到着すると、最後に姉[妹]に会えるように棺が上げられた。棺のふたが開けられると、エジー・ダンバーは起き上がって微笑んだ。エジーは生きていたのだ！　彼女はその後47年間生きた。(▷ 010)

📋 Review Exercise 2 Answer

① ① make (▷ 011) ② gives (▷ 020) ③ made (▷ 011) ④ comes (▷ 017) ⑤ makes (▷ 012)

② ① coming (▷ 016, 019) *You shouldn't have started it in the first place. は「そんなことはそもそも始めるべきじゃなかった」② up (▷ 014, 020) *put their differences asideは「(意見などの)違いを脇へ置いておく」③ nothing (▷ 018, 016) ④ it (▷ 013, 016)

③ ① My son has a slight fever. (▷ 015) ② Please make room for me. (▷ 011) ③ This photo makes me look fatter than I really am. (▷ 012) ④ I'm having a hard time finding information about it. (▷ 015) ⑤ At first Troy came across as a nice fellow. (▷ 019) ⑥ I have given this a lot of thought over the last few days. (▷ 020) ⑦ I was made to wait for hours before receiving treatment. (▷ 012)

④ ① 偉大なリーダーたちはリーダーになろうとしているのではなく、変化をもたらそうとしているのだ。大事なのは役割ではなく、常にゴールだ。(▷ 011) ② 「World Biggest Liar」とは、英国で年に一度開かれる大会だ。参加者はその場でうそをでっち上げ、それを5分間で審査員に話す。公平を期すために、政治家と弁護士の参加は認められていない。(▷ 014)

---

① ① working (▸ 025) ② left (▸ 023)

② ① work (▸ 025) *strategyは「戦略」 ② for (▸ 022, 026) ③ run (▸ 021, 022)
④ help (▸ 030) ⑤ turned (▸ 028, 027) *下の文は「赤井氏は元ボクサーの俳優だ」
⑥ left (▸ 024)

③ ① Don't use slang if you can help it. (▸ 030) ② Turn the music down!
I'm trying to study. (▸ 029) ③ Jack, stop it! Leave your sister alone. (▸
024)

④ ① 間違いを犯さないなら、それは（あなたにとって）十分に困難な問題に取り組んでいな
いということ。それこそが大きな間違いだ。(▸ 026) ② あなたが今日、いて当然だと思ってい
た人が、明日には必要な人になるかもしれない。人の扱いには注意しなさい。(▸ 028) ③
Match.comの創業者ゲイリー・クレメンは辛い別れを経験した。自分の彼女が彼を捨て
て、そのオンライン出会い系サイトで知り合った男と付き合い始めたのだ。これは辛いことだ
とクレメンは言ったが、少なくとも自分の作ったサイトが効果を発揮するということは分かっ
た。(▸ 023, 025)

---

① ① done (▸ 032) ② break (▸ 033) ③ showed (▸ 039) ④ pay (▸ 037)

② ① did (▸ 031) ② off (▸ 037, 039) ③ hit (▸ 040) *それぞれ「義兄［弟］とはあまり
うまが合わなかった」「彼らの第一四半期の利益は過去最高を記録した」という意味。 ④
met (▸ 038) ⑤ picked (▸ 035, 036)

③ ① hit the jackpot. (▸ 040) ② broke down (▸ 034) ③ picked up speed
(▸ 036) ④ hit the shelves (▸ 040)

④ ① I went for a walk to break in my new shoes. (▸ 034) ② Do you
have any ID? A passport will do. (▸ 031) ③ They failed to meet the
sales target last year. (▸ 038)

⑤ ① Silence (▸ 033) *break + silenceで「沈黙を破る」という意味になるのがポイ
ント。話せばその時点で「沈黙」ではなくなるので、沈黙が破られたことになる。② A nose
(▸ 035) *can be picked but not chosenのところがポイント。pickもchooseも
「選ぶ」という意味だが、pickはchooseと異なり、pick one's noseで「鼻をほじる」と
いう意味を表すことができる。runは「鼻水が出る」ということを表している。My nose is
running. で「鼻水が出ている」。 ③ His eyes (▸ 039) *show upで「現われる、やっ
て来る」。ガールフレンドがやってきた時、ジェイクは寝ていたので、彼が最初に開けたのは
「目」だ。

① ① blowing（▸049）② hold（▸050）③ walk（▸043）

② ① believe（▸047）＊veganismは「完全菜食主義」② mean（▸046）＊それぞれ「私はあなたにとってどれだけの意味を持つの、ピーター？（「どれだけ大切な人なのか」ということ）」「ごめんなさい、わざと足を踏んだわけではないんです」という意味。③ up（▸044, 045）＊それぞれ「この話題を持ち出したくはないが、君はまだ私に30ドル借りている」「彼女はトイレへと走り、嘔吐した」という意味。

③ ① for the world.（▸048）② more.（▸041）③ through it.（▸043）④ or not.（▸047）⑤ to our feet.（▸044）

④ ① You're missing the point.（▸048）② There are some lawyers practicing in this town.（▸042）③ Of course we don't agree on everything.（▸041）

⑤ ① Throw parties（▸045）＊throwは「投げる」の他、throw a party（パーティーを開く）という意味があるのがポイント。② Your breath（▸050）＊holdは「持つ」以外にも「（息）を止める」という意味があるのがポイント。またcatch one's breathで「（運動などの後）呼吸が正常に戻る」。

① ① hideous（▸060）② nowadays（▸056）③ abrupt（▸057）④ stiff（▸059）＊difficult to bendは「簡単には曲がらない」

② ① lifted（▸054）＊restrictionsは「制限」。下のliftは「解除する」の意味。② immediate（▸057）＊poseについてはp. 466参照。③ happen（▸053）＊whereaboutsは「居場所」。④ gained（▸055）⑤ firm（▸059）⑥ at（▸060, 058）

③ ① I'll never forgive you for lying to me.（▸052）② He declined to comment on the matter.（▸051）③ How did you come by the money?（▸055）④ A fire broke out in the old house.（▸053）

④ ①苦難や失敗でやる気をそがれたり疲れたりせず、それらを自分を奮い立たせるために使いなさい。（▸052）＊ Don't let this discourage you. という例文と似ていることがヒントになる。②月での地震は月震（moonquake）と呼ばれる。月震は地球での揺れよりも起こる頻度が低く、規模も小さい傾向にある。月震は地球の引力など、様々な原因で引き起こされると科学者は考えている。（▸053）

⑤ ① Money（▸054）＊お金は稼ぐ（make）ことも節約する（save）ことも両替する（change）ことも集める（raise）ことも可能。raiseに「（資金）を集める」という意味があるのがポイント。② A window（▸052）＊「あなたが壁の向こうを見ることを可能にする」古代の発明とは、つまり「窓」。

---

① ① terrific（▸061）② offbeat（▸065）③ uneasy（▸067）④ absurd（▸066）

② ① fit（▸069）② odd（▸065）③ suit（▸069）

③ ① Firefighters are searching the building <u>for</u> survivors.（▸070）② The heavy rain caused rivers <u>to</u> overflow and triggered landslides.（▸062）*overflowは「（液体が）あふれ出る」という動詞。 ③ The skier was banned <u>from</u> competing for a year.（▸063）④ Fiji depends heavily <u>on</u> tourism for its economy.（▸064）

④ ① Racism should be dealt with seriously.（▸068）② They are anxious about losing their jobs.（▸067）③ What brought about the change in his attitude?（▸062）

⑤ ①結局のところ、あなたが頼れる唯一の人はあなた自身だ。（▸064）②快適になり過ぎるな。困難を求め、自分を駆り立て、新たなことに挑戦するのを恐れるな。（▸070）③楽観主義とは達成へとつながる信念だ。希望や自信がなければ何もなしえない。（▸062）④カナーン・バナナはジンバブエの独立後の初代大統領だ。彼は1982年に人々が自分の名前をからかうことを禁ずる法律に署名した。（▸063）

---

① ① plummet（▸073）② revere（▸079）③ accomplish（▸078）④ soar（▸072）⑤ concede（▸077）⑥ contemplate（▸075）

② ① estimated（▸076）② defies（▸080）③ dwell（▸075）

③ ① Brian was once looked up <u>to</u> as a role model.（▸079）*role modelは「模範的な人物、手本となる人」。 ② My house has increased <u>in</u> value over the last few years.（▸072） ③ The work is expected <u>to</u> take longer than originally planned.（▸076）④ She admitted <u>to</u> the press that she was dating someone.（▸077）

④ ①目標を達成してあなたが何を得るのかよりも、目標を達成したことであなたがどう変わるのかの方が重要だ。（▸078）②見返りを期待せず、誰にでも親切にしなさい。いつか誰かがあなたに同じことをしてくれるでしょうから。（▸074）③ウォルター・サマーフォードは、おそらく歴史上最も不運な人間だ。彼は生前3回雷に打たれ、死後4年経って彼の墓石にも雷が落ちた。当時多くの人が、彼は誰かに呪われていたのではないかと考えた。（▸071, 075）

📋 Review Exercise **9** Answer

① ① looming (▸088) ② involved (▸090) ③ detect (▸081) ④ assured (▸ 086) ⑤ depicts (▸087)

② ① We urged him to reconsider his decision. (▸083) ② They opposed the proposal to equip teachers with firearms. (▸089) ③ I will keep you informed of any updates. (▸085) ④ The lawyer tried to convince them of her innocence. (▸084)

③ ① The sign would help deter people from dumping trash here. (▸ 082) ② I didn't notice them leaving the room. (▸081)

④ ① 「tattoo」という語は「肌の上の印」を意味するポリネシア語の「tatau」に由来する。この語は18世紀後半に初めて英語で使われ始めたと信じられている。それはクック船長が、人々がたくさんのタトゥーをしているタヒチから英国に帰国した後のことだ。(▸088) ② 19世紀後半にベルギーのリエージュでは37匹の飼い猫を、郵便を配達するように訓練したことがあった。手紙の入った防水のバッグが猫たちの首に巻き付けられた。ある猫は5時間以内に手紙を届けたが、他の猫は自分の家に郵便を配達するのに最大で1日かかった。明らかに猫たちは時間通りに配達することに興味がないようだった。このプロジェクトが長続きしなかったのも無理はない。(▸090)

📋 Review Exercise **10** Answer

① ① shoved (▸099) ② chuckled (▸098) ③ blame (▸094) ④ stared (▸ 097) ⑤ alleviate (▸095) ⑥ probe (▸096)

② ① I don't know how you put up with his bad behavior. (▸092) ② Rob tried to cover up for his friend. (▸100) ③ Dr. Stevenson devoted himself to saving people's lives. (▸093) ④ The company replaced some of its warehouse workers with robots. (▸091)

③ ① We exchanged email addresses. (▸091) ② I think you should have your stomach examined. (▸096) ③ He was criticized for not wearing a face mask. (▸094)

④ ① 機会はたいてい大変な仕事に偽装している。だから、たいていの人はそれが機会だと気が付かない。(▸100) *be disguised as ～で「～のふりをしている、～に偽装している」。 ② 現代人は静かな場所を求めているようだが、世界で最も静かな場所は45分間で気が狂ってしまう。ミネソタにあるオーフィールド研究所には、特別に設計された無響の部屋があり、そこはとても静かで自分の肺の音まで聞こえるほどだ。その研究所の設立者スティーブン・オーフィールドによると、その極端な静寂に耐えられる最長時間は45分間だという。(▸092)

① ① decent（▸108）② vital（▸109）③ conventional（▸105）④ appropriate（▸107）⑤ unprecedented（▸106）

② ① overheard（▸104）② abusing（▸102）③ Mostly（▸110）④ unique（▸106）⑤ abandoned（▸101）⑥ mediocre（▸105）⑦ boasts（▸103）

③ ① We got rid of a lot of furniture before moving.（▸101）② I canceled my cable TV subscription mainly because it was too expensive.（▸110）③ This book is suitable for beginner-level learners of English.（▸107）

④ ①ordinary（普通）とextraordinary（並外れた）の違いは、そのちょっとしたextraだ。（▸106）*この2単語の違いのように、ちょっとしたextra（追加、プラスアルファ）を加えることで、最終的に「普通」から「並外れた」にレベルアップできるということ。例えば、英語を読んで終わりにせずに音読もすることで並外れた英語力を身につけるなど。 ②携帯電話を使って最初に電話をかけたのは、その発明者であるマーティン・クーパーだ。このモトローラ社のエンジニアは、AT&T社のベル研究所に勤めるライバルのジョエル・エンゲルに、自分の成し遂げたことを自慢するために電話した。（▸103）

⑤ A banana（▸101）*throw awayは「捨てる」。黒くなったら捨てるのはバナナ。

① ① evident（▸113）② ample（▸117）③ modest（▸120）④ ambiguous（▸114）⑤ enthusiastic（▸119）

② ① fully（▸112）② precise（▸115）③ humble（▸120）④ ardent（▸119）⑤ alike（▸116）⑥ appreciated（▸118）⑦ bit（▸111）⑧ obvious（▸113）⑨ vague（▸114）⑩ altogether（▸112）

③ ① I'm deeply grateful to all of you for your support.（▸118）② He was eager to hear the test results.（▸119）③ The two products are similar in appearance.（▸116）

④ ①ロブスターは脚で味を感じる。彼らのはさみには細かい毛が生えていて、これは人間の味蕾に相当する。（▸116）②一般的に、女性の方が男性よりもアルコールの影響を受けやすい。アルコールが血中に入る前に分解するのに必要な酵素が、女性の方が少ない傾向にあるというのがこの理由の1つだ。（▸111）

① ⑴ immense(▸ 122) ⑵ savage(▸ 121) ⑶ successive(▸ 125) ⑷ ashamed(▹123)

② ⑴ latter(▸ 129) ⑵ certain(▸ 124)＊certain amountは「一定の量」。このcertainは「ある、何らかの」の意味。 ⑶ almost(▸ 126) ⑷ for(▸ 130)

③ ⑴ quite(▸ 127) ⑵ awkward(▸ 123)＊socially awkwardは「社会的に不器用な」から「人付き合いが苦手」の意味になる。 ⑶ vicious(▸ 121) ⑷ row(▸ 125) ⑸ rather(▸ 127)

④ ⑴その名前から、シーザーサラダはあの有名なローマ帝国ジュリアス・シーザーにちなんだものだと思うかもしれない。実際には、そのサラダを1924年に考案したイタリア系アメリカ人のシーザー・カルディーニにちなんで名付けられた。(▸ 128) ⑵耐久性はスマートフォンの最も重要な特徴の1つだ。スマホを（ズボンの）後ろのポケットに入れることが多いため、サムスンは電話の上に座ってその圧力に耐えられるかどうかを確かめるための、人間の尻に似たロボットを開発した。そのロボットはジーンズまで着用している。(▸ 124)

⑤ Yesterday, today and tomorrow(▸ 125)＊three consecutive daysは「連続した3日」。曜日を使わなくても「昨日」「今日」「明日」で「3日連続」を表現できる。

① ⑴ degree(▸ 135) ⑵ outcome(▸ 132) ⑶ defect(▸ 134) ⑷ turmoil(▸ 133)

② ⑴ adopt(▸ 139) ⑵ effect(▸ 137) ⑶ considerable(▸ 136)＊so farは「これまでのところ」。 ⑷ overseeing(▸ 138) ⑸ respectful(▸ 140)

③ ⑴ extent(▸ 135) ⑵ relation(▸ 131) ⑶ respectively(▸ 140) ⑷ adapt(▸ 139)

④ ⑴ He believes a poor diet can result in hair loss.(▸ 132) ⑵ I don't know why she's making such a fuss about it.(▸ 133)＊make such a fussで「そんなにも大騒ぎする」。 ⑶ Why do you find fault with your own father?(▸ 134)

⑤ ⑴自分自身の中にある1つの欠点を知ることは、他人の欠点を1,000個知るよりもずっと価値がある。(▸ 134) ⑵コーヒー好きの人には良いニュースだ。2015年の研究によって、適度なカフェインの摂取（1日に2〜5杯のコーヒー）と、健康な高齢者の記憶力の向上には相関関係があることが明らかになった。(▸ 131)

① ⑴ serves(▸ 144) ⑵ forced(▸ 143) ⑶ address(▸ 142) ⑷ figure(▸ 150)

5 level (▸ 148)

② 1 charge (▸ 141) 2 matter (▸ 149) *end upについてはp. 406参照。 3 case (▸ 147) 4 line (▸ 146) 5 point (▸ 145)

③ 1 That's not the case with me. (▸ 147) 2 Mr. Johnson served three terms as governor. (▸ 144) 3 The masked man pointed a gun at me. (▸ 145)

④ 1 自分らしくいなさい。そして感じるままを口にしなさい。（そのことを）気にする人は重要ではないし、（あなたにとって）重要な人は気にしないのだから。(▸ 149) *このmindは「気にする」という動詞。2 俺が一線を越えたわけじゃない。俺が横切った後にお前がその線を引いただけだ。(▸ 146) 3 ギネス世界記録によると、初めてスピード違反の罪に問われたのは英国人男性のウォルター・アーノルドだった。1896年1月28日に、アーノルドは「馬の引かない車」を、法定速度の4倍以上のスピードで運転していた。時速13キロだった！　彼は自転車に乗ったお巡りさんに追いかけられ、停止させられた。(▸ 141)

📋 Review Exercise **16** Answer

---

① 1 further (▸ 159) *上のfurtherは「（モデルとしてのキャリア）をさらに進める」という動詞、下は「さらに（コメントする）」という副詞として使われている。 2 ruled (▸ 152) 3 delivered (▸ 160) 4 part (▸ 151) 5 issue (▸ 158) 6 mark (▸ 153) 7 means (▸ 155) 8 due (▸ 154)

② 1 I think his plan is worth a try. (▸ 157) 2 Several magicians claimed credit for the idea. (▸ 156)

③ 1 人生は、そのためなら死ねるというほど価値のあるものを持たない限り、生きる価値がない。(▸ 157) *live for ～（～のために生きる）とdie for ～（～のために死ぬ）という表現がworthの後につながった形。2 何としても結婚しなさい。良い妻と結婚すれば幸せになれるし、悪い妻と結婚すれば哲学者なれる。(▸ 155) 3 フレデリック・グラフ・シニアは、消火栓を発明したと考えられている。グラフが最初の柱タイプの消火栓を考案した1800年前後、彼はフィラデルフィア水道のチーフエンジニアだった。皮肉なことに、消火栓の特許は、1836年にワシントンDCの特許事務所が全焼した際に消失してしまった。(▸ 156)

④ A speech (▸ 160) *deliverは「配達する」以外にも、「（演説）をする」など様々な意味で使われるのがポイント。speechの他にmessageやwarningなど、deliverの後に続けることのできる抽象的な意味の名詞であれば正解。

📋 Review Exercise **17** Answer

---

① 1 claimed (▸ 168) 2 command (▸ 169) 3 owe (▸ 162) 4 withdrew (▸ 164) 5 apply (▸ 166)

② 1 Don't let your work dominate your life. (▸ 167) 2 Was that supposed to be funny? (▸ 165) ③ He was determined to stick to the original plan. (▸ 161) ④ I never imagined I would end up in prison. (▸ 170) ⑤ He applied to the U.S. embassy for a visa. (▸ 166)

❸ ①心配することは、してもいない借金を返すようなものだ。(▸ 162) ②恋愛関係は、私達が本来あるべき姿の特定の部分を解き放つ。(▸ 165) *who we are supposed to beで「本来あるべき姿」。恋愛をすることで、(それまで内側に眠っていた) 思いやりの気持ちなどの理想的な部分が解き放たれることがあるということ。③誰しも困難な時期を迎えることがある。しかし多くの場合、それを乗り切れば、そうした困難な時期は、結果的に人生で最高の時期になるものだ。(▸ 170) ④フレンチフライ (フライドポテト) は、元はベルギーが発祥だ。ベルギーのフライの起源は17世紀に遡る。当時、同国のミューズ渓谷地域の人々は既にスライスしたジャガイモを揚げていた。第一次世界大戦時にベルギーに駐留していた米兵が、そうしたフライドポテトを (おそらくはベルギー軍の公用語がフランス語であったことから)「フレンチフライ」と呼び、その名前が定着した。(▸ 161)

❹ When Mike was born, his father was in the same room. (▸ 168) *claimは「〜だと主張する、言い張る」という意味。beforeは「(時間的に) 〜の前」だけでなく、「(位置的に) 〜の目の前で」という意味でも使われる。

Review Exercise 18 Answer

❶ ① bound (▸ 180) ② term (▸ 173) ③ subject (▸ 174) ④ exclusive (▸ 179) ⑤ account (▸ 171) ⑥ highly (▸ 178)

❷ ① They hardly <u>ever</u> visit their parents. (▸ 176) ② Offenders could face up <u>to</u> three years in prison. (▸ 172) ③ It is <u>more</u> than likely he's already dead. (▸ 175)

❸ ① Believe me. I've tried everything I possibly can think of. (▸ 177) ② It hardly matters. (▸ 176)

❹ ①夜型の人は、サイコパス的な特徴があることが調査によって示唆された。『Personality and Individual Differences』誌で発表された研究によると、夜遅くまで起きている人は早く寝る人に比べて、サイコパスである可能性が高いという。(▸ 175) ②ロック界のレジェンド、デビッド・ボウイは1998年に「BowieNet」という自身のインターネット・プロバイダーを立ち上げた。月に19.95ドルで、ユーザーはメールアドレス (自分の名前@davidbowie.com)、会員限定のボウイの音声や動画、チャットルームへのアクセスなどの特典を得ることができた。チャットルームには、そのソングライター自身が登場することもあった。このサービスは2006年まで続いた。(▸ 179) *このexclusiveは「契約者限定の」といった意味。

① ① undergo（▸182） ② settle（▸187） ③ suspended（▸184） ④ qualify（▸186）

② ① stir（▸190） ② square（▸181） ③ bid（▸183） ④ identify（▸185）

③ ① I hired the best lawyer in town to represent me in court.（▸189） ② Judith identifies as transgender.（▸185） ③ My doctor referred me to a specialist for more tests.（▸188）

④ ①あなたはハッシュタグと呼ぶかもしれないが、「#」という記号の正式な名前はoctothorpeだ。接頭辞の「octo」は「8」を意味し、その突き出た部分を指している。「thorpe」の起源ははっきりせず、由来については資料によって異なる。オリンピック選手のジム・ソープにちなんでいると主張する人もいる。（▸188） ②タマネギは古代において、興味深い役割を果たしていた。ラムセス4世（紀元前1150年頃没）のミイラは、眼窩にタマネギが置かれている状態で発見された。古代エジプトの人々は、この野菜は永遠の命を表すと考えていた。おそらくそれは、円の中にまた円があるというタマネギの構造からきていると思われる。タマネギは、他のミイラの胸、耳、骨盤からも見つかっている。（▸189）

① ① I sneaked/snuck up on him to see what he was doing.（▸196） ② The workers tore down the old school yesterday.（▸192） ③ He dismissed my proposal.（▸191） ④ The man posed as a student to get into the school.（▸197）

② ① features（▸195） ② spoiled（▸198） ③ way（▸200） ④ dismissed（▸191） ⑤ bother（▸194） ⑥ somehow（▸199）

③ ① I fulfilled my lifelong dream of publishing a book.（▸193） ② I can't be bothered to go out tonight.（▸194） ③ Be sure to insert the plug all the way.（▸200） ④ Nuclear weapons pose a threat to people all over the world.（▸197）

④ ①ルナ・モスは北アメリカで見られる緑色の蛾だ。この大型の蛾は口や消化器官を持たないため、成虫になってからは食事をしない。彼らは交尾するという目的を果たすのに7日前後しかなく、その後餓死する。（▸193）＊ここでのfulfillは、purpose（目的）を後ろにつなげて「目的を果たす」という意味で使われている。 ②エッフェル塔はおそらくフランスで最も有名なモニュメントだが、その中には隠された秘密がある。3階部分に秘密の部屋があるのだ。ギュスターヴ・エッフェルが自分の名を冠した塔を設計した時、彼は自分用の部屋を作った。この部屋にはペイズリー柄の壁紙や木製の家具、グランドピアノがある。（▸195）

T

W

U

おわりに

ボキャブラリー学習は「人付き合い」と同じ

　全200ユニット＋エクササイズを終えた皆さん、お疲れ様でした。今まで知らなかった単語に触れたり、知っている単語の知らない使い方が出てきたりなど、毎回新鮮な学びがあったのではないでしょうか。

　僕が常日頃主張していることですが、ボキャブラリー学習は「人付き合い」と同じ。英単語の日本語訳を覚えるのは、人付き合いで言ったら、名前を知ることに過ぎません。名前を知っているだけではその人のことが何も分からないのと同じく、訳語を覚えるだけではその単語の本当の姿が見えてこないのです。本書が提供したのは、単なる日本語訳よりも、もっと深い情報です。皆さんは本書を通じてこうした情報に触れてきたわけですが、この経験は実際に単語と「付き合ってみた」ことに他なりません。これにより、今まで「名前」しか知らなかった各単語のいろいろな面が見えてきたのではないでしょうか。

　本書を仕上げた後、皆さんにやっていただきたいことがあります。「えっ、200ユニットを終えたのにまだやることがあるの？」と思われたかもしれませんが、そもそも語学学習自体が、知識を増やしてスキルを伸ばし、さらにそれを不断の努力で維持していくという性格のものなので、仕方がありません。ただ、「不断の努力」とはいっても、本書に関してやることはすごくシンプルです。以下の２つを続けてください。

・今後英語に触れていて本書で学習した単語を見つけたら、その使われ方を観察し、必要であれば本書の該当ページを開いて復習する
・音声は、今後も聞き続ける

　この２つを続けることで知識が強化されて完全に定着し、結果的に英

語を使える力がどんどん伸びていきます。また、僕の方でも皆さんの知識の定着をお手伝いします。僕は仕事でもプライベートでも、毎日のように英文メディアの情報に触れているので、本書で取り上げた語句を見つけたら、X（旧Twitter）に「＃5分間英単語」のハッシュタグを付けて、解説付きで投稿します。ぜひ僕のアカウント（@st_takahashi）をフォローして復習にお役立てください。英語学習の他、子育てやヤクルトスワローズのことなど、いろいろ呟いています。

　最後になりますが、遅々として進まない僕の執筆に根気よく付き合ってくださった、株式会社ダイヤモンド社の斉藤俊太朗さんに心より感謝申し上げます。一緒に作り上げた本書によって、読者の皆さんがご自分の英語に自信が持てるようになることを願ってやみません。

2023年新春

【参考文献】
『ジーニアス英和辞典』（大修館書店）、『Oxford Dictionary of English』（Oxford University Press）、『LONGMAN Dictionary of Contemporary English』（Pearson Education）、『Practical English Usage』（Oxford University Press）

[著者]

高橋敏之（たかはし・としゆき）

英語学習者向けの英字新聞『The Japan Times Alpha』編集長。慶應義塾大学卒業後、予備校英語講師、英語教材編集者を経て、2007年にジャパンタイムズ入社。『週刊ST』（Alphaの前身）編集部で国際ニュースページや英語学習コラムの執筆等を担当し、2012年より編集長を務める。本職の傍ら、企業・大学等での英語研修や講演も多数実施。仕事柄、大量の英文メディアに日々触れる過程で、単語の使い方を深く知ることが英語力アップの鍵だという確信を持ち、単語の用法を徹底的に観察。そうして身につけた知識を伝えることを、今後のライフワークにしたいと考えている。モットーは「単語学習は人付き合いと同じ。深く付き合わないと本当のことは分からない」。TOEIC®990点、英検®1級、動物検定3級。趣味は最近始めたウクレレ。

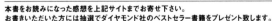

話す力が身につく

5分間英単語
── 「知ってる単語」を「使える単語」に変える毎日の練習

2023年2月28日　第1刷発行
2024年10月22日　第5刷発行

著　者───高橋敏之
発行所───ダイヤモンド社
　　　　　〒150-8409　東京都渋谷区神宮前6-12-17
　　　　　https://www.diamond.co.jp/
　　　　　電話／03·5778·7233（編集）　03·5778·7240（販売）

ブックデザイン──佐藤ジョウタ（iroiroinc.）
イラストレーション──こつじゆい
DTP────────キャップス
校正───────円水社
英文校正──────AtoZ English
録音────────一般財団法人 英語教育協議会（ELEC）
ナレーション───Karen Haedrich, Dominic Allen
製作進行─────ダイヤモンド・グラフィック社
印刷───────勇進印刷
製本───────ブックアート
編集担当─────斉藤俊太朗

本書の感想募集 http://diamond.jp/list/books/review

本書をお読みになった感想を上記サイトまでお寄せ下さい。
お書きいただいた方には抽選でダイヤモンド社のベストセラー書籍をプレゼント致します。